달인에게 배우는
무역실무
300문 300답

달인에게 배우는

무역실무 300문 300답

궁금증을 쉽게 풀어쓴 최강 무역 지침서!

오시학(경영학 박사) 지음

중앙경제평론사

| 책머리에 |

저는 약 40여 년간 대학과 기업에서 무역실무를 강의해 왔습니다. 강의실에서 수강생들에게 "무역이 무엇이고 왜 무역을 하느냐?"고 물으면 대부분 거창하고 난해하게 대답합니다.

무역은 한마디로 말하면 장사이며 무역을 하는 이유는 돈을 벌기 위해서입니다. 따라서 무역은 남녀노소, 학력이나 전공에 관계없이 장사 마인드만 있으면 누구나 할 수 있습니다.

무역을 배우는 방법은 크게 두 가지입니다. 하나는 무역회사에 입사하여 시행착오를 겪으면서 무역을 배우는 것입니다. 다른 하나는 쉽고 일목요연하게 엮은 무역실무 교재나 무역실무 교육에서 실전에 가까운 경험을 하는 것입니다.

이 책은 전자는 물론 후자를 위한 무역 입문서로 무역실무 지침서 내지는 무역실무 매뉴얼입니다. 이 책의 특징은 대학이나 기업의 무역 초보자는 물론 무역 현장의 실무자를 위한 책으로, 수출입 단계별로 실무 위주의 300개 질문과 답변으로 쉽게 풀어서 쓴 것입니다.

중앙경제평론사가 설립되면서부터 30여 년 동안 저자와 각별한 인연을 맺고 무역 분야는 물론 다방면에 걸쳐 양질의 도서를 출판해오신 중앙경제평론사 김용주 사장님과 임직원 여러분께 깊이 감사드립니다.

오시학

| 차 례 |

PART 2 수출절차와 실무

PART 3 수입절차와 실무

PART 4 무역클레임의 예방과 해결방법

PART 5 무역의 바이블, 인코텀즈 2020

PART 6 초보자도 할 수 있는 무역영어

PART 1

오퍼상·무역업 창업을 위한 기본 상식

무역으로 돈을 벌려면

Q1 무역은 누구나 할 수 있나?

사람들은 대부분 해외에서 유학한 뒤 무역 전문지식을 갖추고 영어를 유창하게 할 줄 아는 사람들만이 무역을 하는 것으로 알고 있지만 이는 잘못된 생각이다.

무역은 장사다. 국내 시장에서 청바지를 사고파는 것처럼 누구나 할 수 있다. 장사하는 데는 나이도 성별도 학력도 무관하기 때문이다. 청바지를 다른 나라에 팔면 수출이라 하고 다른 나라에서 사오면 수입이라고 할 뿐이다.

무역은 봄에 씨앗을 뿌린 만큼 가을에 수확하는 농부와 같이 정직하다. 한마디로 무역은 씨앗을 뿌린 만큼, 즉 노력한 만큼 반드시 대가를 거두어들인다.

Q 2 무역은 부동산 투자처럼 돈이 많아야 할 수 있나?

공무원이나 회사원들은 고정수입으로 안정적인 생활을 하는 것이 특징이다. 그러나 이들이 큰돈을 벌어 빌딩을 산다든지 호화별장을 짓는다는 것은 그리 쉽지 않은 일이다.

흔히 우리 사회에서 큰돈을 벌려면 부동산 투자나 무역을 해보라고 한다. 그런데 부동산 투자는 초기투자자금, 즉 종자돈(Seed Money)이 최소한 수억 원은 있어야 하며, 온갖 수단과 방법을 동원하여 개발예정지역 등 특정 투자정보를 입수해야만 성공할 수 있다. 반면 무역은 초기투자자금이 팩스 한 대를 구입하는 데 필요한 10여 만 원이면 충분하다.

Q 3 수출할 때 수출대금을 떼이지 않으려면?

무역 초보자들은 수출 후 돈을 떼일까봐 염려하는데, 통계적으로 수출대금을 떼일 확률은 비행기가 추락할 확률과 비슷하다. 오늘날 수출상은 대부분 수입상을 보증하는 은행으로부터 보증장인 신용장을 받고 수출하기 때문이다. 은행이 파산할 확률이 비행기가 추락할 확률과 비슷하므로 수출 후 돈을 떼일 위험은 거의 없다.

Q 4 수입할 때 불량품을 받지 않으려면?

무역 초보자들은 수입 후 불량품을 받아 망하지 않을까 우려하는데, 수입상이 선적 전에 수입물품에 대해 검사하면 이를 예방할 수 있으므로 이 역시 전혀 걱정할 일이 아니다. 그러나 수입 후 국내 판매가 부진할 경우는 재고 위험이 있으므로 수입할 때 상품 선정과 국내 유통시장에 밝아야 한다.

Q5 무역으로 성공하려면?

무역은 누구나 쉽게 입문할 수 있다. 그러나 무역으로 성공하는 사람은 그다지 많지 않다. 무역으로 성공하려면 최소한 다음 세 가지 요건을 갖추어야 한다.

첫째, 무역으로 성공하려면 사람을 볼 줄 알아야 한다. 무역업계에는 국제적인 사기꾼이 득실거리기 때문이다. 사기꾼인지 진정한 무역상인지 구분하지 못하고 무역을 하면 망하는 것은 시간문제다. 내가 무역을 모르면 상대방을 볼 줄 모른다. 이것을 해결하기 위해 무역 교육을 받고 무역책을 사서 공부하게 된다.

둘째, 무역으로 성공하려면 물품을 볼 줄 알아야 한다. 물품의 품질을 볼 줄 모르면 눈뜬장님이기 때문이다. 오늘날 상경계나 어문계 출신보다는 이공계 출신이 물품의 기능과 성능을 잘 식별할 수 있어 무역을 더 잘한다. 그러나 전공과 관계없이 수출·수입할 물품을 취급하다보면 자연히 물품에 대한 지식을 얻게 되므로 전공에 너무 집착할 필요는 없다.

셋째, 무역으로 성공하려면 영업을 할 줄 알아야 한다. 수출은 해외영업을 할 줄 알아야 하며, 수입은 국내영업을 할 줄 알아야 하기 때문이다. 자본주의 사회 자체가 영업 활동을 근간으로 한다. 팔 수 없는 물품은 만들지 말아야 하며, 팔 수 없는 물품을 공짜로 받아와서도 안 된다. 그러나 영업을 두려워할 필요는 없다. 영업은 고객에게 피해를 주는 것이 아니라 돈을 벌 기회를 제공하는 것이기 때문이다.

오퍼상을 창업하려면

Q 6 오퍼상은 무엇을 하는 사람인가?

오퍼상이라는 말은 일반인에게도 널리 알려진 용어다. 대우그룹 김우중 회장도 한성실업이라는 오퍼상에서 출발하여 세계적 기업으로 성장시켰으며, 지금은 해체되었지만 한때 대단한 명성을 떨쳤던 율산그룹의 신선호 회장도 오퍼상에서 출발해 거대한 그룹으로 만들었다고 한다.

그런데 도대체 오퍼상이란 무엇을 일컫는가? 대부분 일반인은 물론 대학이나 대학원에서 무역을 전공하거나 무역회사에서 수년간 무역을 경험한 무역 실무자조차 십중팔구는 오퍼상의 개념을 잘못

알고 있다.

일반인들은 오퍼상을 중소무역상으로 본다. 이들은 규모가 작다 보니 수출하거나 수입하는 금액이 매우 적으며 액세서리 등 온갖 품목을 다 취급하는 것으로 알고 있다. 다시 말해 소량 다품목을 수출 또는 수입하는 중소 무역업체를 오퍼상이라고 알고 있다. 하지만 이는 천만의 말씀이다! 오퍼상은 수출이나 수입을 하는 사람이 아니다.

그러면 오퍼상은 무엇을 하는 사람인가? 오퍼상은 본인이 직접 수출이나 수입을 하는 것이 아니라 수출상과 수입상 사이에서 수출입 거래를 알선 내지는 소개해주고 수출입 거래가 성사되면 수출입 거래상으로부터 소개 대가로 수수료(Commission)을 받는 사람을 말한다.

Q 7 부동산과 오퍼상의 공통점은?

부동산에서는 부동산을 팔려는 사람과 사려는 사람 사이에서 매매를 알선하고 거래가 성사되면 거래 당사자들로부터 소개 수수료를 받는다.

이와 마찬가지로 수출자와 수입자 사이에서 수출입 거래를 소개해주고 거래가 성사되면 거래 당사자들로부터 소개비를 받는 것을 업으로 하는 사람이 바로 오퍼상이다.

Q 8 무역대리업자란?

오퍼상은 수출 알선과 수입 알선을 모두 할 수 있다. 하지만 외국 수출상의 위임을 받아 외국 수출상의 물품을 수입할 수입상을 발굴하여 소개해주고 수출입 거래가 성사되면 외국 수출상으로부터 수수료를 받는 것이 일반적이다.

그래서 오퍼상(Offering Agent)이라는 말은 외국 수출상 입장에서 붙여진 이름이다. 오퍼상은 우리나라 입장에서는 수입 알선을 주업으로 하며 부수적으로 수출 알선도 해주고 수수료를 받는 것을 업으로 하는 무역대리업자를 말한다.

즉 오퍼상이라는 말은 무역업계에서 실무자들이 많이 사용하는 속어이고 법적 표준용어는 무역대리업자다. 따라서 오퍼상 관련 법규를 찾아보려면 무역 관련 법규상의 무역대리업자를 찾아보아야 한다.

Q 9 | 오퍼상을 창업할 때 가장 먼저 할 일은?

오퍼상을 창업하려는 사람은 먼저 개인사업자로 창업할지 아니면 법인사업체로 창업할지를 결정해야 한다. 개인사업자로 오퍼상을 창업하려면 사업장 소재지 관할세무서에 가서 사업자등록을 신청해야 한다. 이때 사업장은 오퍼상을 할 사무실을 의미하며 사무실을 임대한 경우는 임대차계약서를 첨부해야 한다. 물론 본인 소유 사무실일 경우는 임대차계약서를 첨부하지 않아도 된다.

법인으로 오퍼상을 창업할 경우 사업자등록을 신청하기에 앞서 관할 지방법원이나 등기소에 가서 법인등기를 한 후 개인사업자와 같은 절차를 밟으면 된다.

Q 10 | 자택 주소지에서는 오퍼상을 창업할 수 없나?

본인 소유 사무실이 없을 경우 오퍼상을 창업하기 위하여 반드시 타인 소유 사무실을 임차하고 임대차계약서를 첨부해야 하는 것은 아니다. 사무실을 임차할 경제적 여유가 없으면 본인이 거주하는 자택 주소지에서도 오퍼상을 창업할 수 있다.

세무서 직원이 공장이나 창고는 물론 사무실도 없는데 어떻게 오퍼상을 창업하느냐며 오퍼상의 사업자등록 신청을 거절하는 경우가 있는데, 이는 오퍼상의 성격을 몰라서 하는 말이다.

Q 11 오퍼상을 창업하려면 공장이나 창고가 있어야 하나?

오퍼상을 창업하는 데는 공장도, 창고도 없어도 된다. 해외 수출상(또는 해외 수입상)과 국내 수입상(또는 국내 수출상) 사이에서 수출입 거래만 알선하고 수출입 거래가 성사되어 수수료만 받으면 해야 할 일은 다 끝나기 때문이다.

그 후 수출입계약 당사자 간 수출물품의 생산 · 운송과 대금결제 등은 수출입계약 당사자의 문제로 오퍼상은 관여하지 않는다. 따라서 오퍼상이 공장이나 창고를 가지고 있어야 할 이유가 없다.

Q 12 오퍼상을 창업하려면 자금이 얼마나 필요한가?

초보자가 오퍼상을 창업하기 위해 준비해야 할 것은 20~30만 원 내외의 팩스 한 대만 구입하면 된다. 팩스기를 가정에서 사용하는 전화선과 연결해서 전화기와 함께 사용하면 오퍼상을 창업할 준비는 모두 갖춘 셈이다.

더러 오퍼상을 창업하여 사기행위 등 불법을 저지르는 경우가 있으므로 관할 세무서 직원이 오퍼상의 창업 여건과 창업 진의를 확인하는 것은 당연한 절차다. 그러므로 오퍼상을 창업하려고 관할 세무서에 사업자등록 신청을 하면 세무서 직원이 사업장을 방문해 창업 진의를 확인한 후 사업자등록증을 발급하는 것이 원칙이다.

그러나 관할 세무서 직원이 업무 한계상 직접 사업장을 방문하는 경우는 많지 않으며, 대부분 전화나 구두로 창업 진의를 확인한 다음 사업자등록증을 발급한다.

Q 13 오퍼상을 창업하기 위해 사업자등록 신청을 하려면 무엇을 준비해서 어디로 가야 하고 비용은 얼마나 드나?

오퍼상을 창업하기 위해 사업자등록 신청을 하려면 주민등록증과 도장(반드시 인감도장일 필요는 없음)을 가지고 앞으로 오퍼상을 창업하려는 사업장 소재지 관할 세무서에 가야 한다.

관할 세무서의 주로 1층에 있는 민원실에서 그곳에 비치된 사업자등록신청서에 상호, 대표자 성명(동업 시는 공동대표란에 동업자 성명 기재)과 주소를 기재하고 업태란에는 서비스, 종목란에는 무역대리업 또는 수출입알선업으로 기재하여 담당자에게 제출하면 된다. 사업자등록 신청을 하는 데는 비용이 전혀 들지 않는다.

Q 14 오퍼상을 창업하기 위해 사업자등록 신청을 하면 사업자등록증은 얼마 만에 나오나?

오퍼상을 창업하기 위해 사업장 소재지 관할 세무서에서 사업자등록 신청을 하면 경우에 따라서는 사업자의 사업 진의를 파악하고 사업 현장을 확인하는 기간이 소요될 수 있으나 대부분 당일에 사업자등록증이 발급된다.

[별지 제3호서식(1)] (앞 쪽)

접수번호	사업자등록신청서(개인사업자용) (법인아닌 단체의 납세번호 신청서)	처리기간 7(14)일

인적사항	상 호(단체명)		면세포기한 등록번호	— —
	성 명(대표자)		주 민 등 록 번 호	—
	사업장(단체) 소재지	도·시 / 구·시·군 / 동·읍·면 / 가·리 / 번지 / 호 / 아파트 / 동 / 호 / 통 / 반		전화번호
	주 소			

신 청 내 용

사업장명세	사 업 의 종 류					개 업 일	종업원수
	주업태	주종목	주업종코드	부업태	부종목	부업종코드	

소유구분	자가	타 가		임 대 인 명 세		임차료지급명세	
		개인	법인	성 명(법인명)	주민(법인사업자)등록번호	전세(보증)금	월 세
	1	2	3			천원	천원

사업자금명세(전세·보증금 포함)		사업장 면적	관 허 사 업		공 동 사 업	
자 기 자 금	타 인 자 금		여	부	여	부
천원	천원	㎡	1	2	1	2

납세의무구분	과세유형	일반	간이	특례	면세	납세번호	아파트관리사무소	특별소비세	제조	판매	장소	유흥	교육세	여	부
		1	2	3	4	5	6		1	2	3	4		1	2
	주류면허	제조	도매	직매장	전문소매		공업용주정소매	관광업소	일반소매		유흥음식점		원천징수의무	여	부
		1	2	3	510		520	530	541		542			1	2

과세유형적용	과세특례배제기준해당여부 (직원 기재사항임)	여	부	년간 공급대가 예상액	기 타 참 고 사 항
		1	2		

공동사업자명세	출 자 금	천원			성 립 일			
	성 명	주민등록번호	지분율	관계	성 명	주민등록번호	지분율	관계
		-				-		
		-				-		

부가가치세법 [제5조제1항 / 제25조제3항] 및 동법시행령 [제7조제1항 / 제74조제4항]의 규정에 의하여 위와 같이 사업자등록 [☐ 일반과세자 ☐ 간이과세자 ☐ 과세특례자 ☐ 면세사업자]을 신청합니다.

년 월 일

신청인 (서명 또는 인)

세무서장 귀하

구비서류 : 1. 주민등록표 등본 1부. 2. 사업허가증 사본(법령에 의한 허가사업자인 경우)1부.

기재요령 : 1. 사업장 약도를 기재하여야 합니다.
2. 과세유형적용란에는 간이과세 및 과세특례의 적용을 받고자 하는 사업자만 기재합니다.
3. 표시된 란은 사업자가 기재하지 아니합니다.

22226-00311민
2020. 12. 28승인

이 신고서는 무료로 배부합니다

210mm×297mm
일반용지70g/m²

□ 사업장 약도

(뒷 쪽)

4

∗ 아래 면은 사업자가 기재하지 않습니다.

담 당	주 무	과 장

사업자등록 사전조사 복명서

1. 조사내용

(단위 : 만원)

사업자	본인 면담	개업전 경력	개업일	신고	. . .	특례 배제 기준	지역해당 여·부	사업장	건평	대지	소유 구분	임차료
	여 · 부			확인	. . .		종목해당 여·부		㎡	㎡	·자가 ·타가	·보증금 ·월 세

임대인	성 명	주 소	사업자 등록번호	기본 사항	주요시설	종업 원수	월 기본 경비			
							계	인건비	임차료	기 타

신 용 카 드	신용카드가맹의사 : 여 · 부	신용카드가맹적정 : 여 · 부

2. 기타조사사항 및 조사자 의견

3. 종합판단

∗ 신청 : 일반 · 간이 · 특례 ∗ 교부 : 일반 · 간이 · 특례 ∗ 거부

※ 첨부서류 : ①

②

199 . . .

조사자 직급 : 성명 : 인

사 업 자 등 록 증

(일반과세자)

등록번호 : 210-01-77404

상　　　호 : 국제무역컨설팅　　　성　　　명 : 이화자

개업 년월일 : 1998 년 4 월 1 일　　　주민등록번호 : 610117-2320960

사업장소재지 : 서울 도봉 도봉 595 럭키아파트 103-1404 39/2

사업자의주소 : 강원 화천 사내 광덕 148 3/1

사업의 종류 : 업태 서비스　　　종목 컨설팅

교 부 사 유 : 신규등록

공동 사업자 :

주류판매신고번호 :

1998 년 4 월 8 일

도봉세무서장 인

Q 15 오퍼상을 하려면 반드시 대리점계약서를 작성해야 하나?

오퍼상을 창업하는 데 가장 중요한 것이 바로 대리점계약서(Agency Agreement)다. 대리점계약서는 오퍼상이 국내외의 수출상이나 수입상을 대리하여 수출상이나 수입상이 수출 또는 수입할 상품을 취급할 국내외 수출입상을 물색해 수출입 계약이 성사되면 수출입 계약금액의 일정 비율을 국내외 수출입상으로부터 받는다고 명시한, 오퍼상과 국내외 수출입상 간에 체결한 계약서다. 따라서 대리점계약을 체결하려면 국내외 수출상이나 수입상을 확보해 오퍼상과 수출입상 간에 대리점계약서를 2부 작성하여 서명한 뒤 1부씩 나누어 가지면 된다.

이처럼 오퍼상을 창업하려면 취급하려는 상품에 대한 전문지식이 있어야 하고, 국내외 수출입상을 물색하기 위해 외국어 구사능력도 있어야 하며, 국내외 수입상을 확보하기 위한 영업능력도 겸비해야 한다. 즉 오퍼상으로 성공하려면 일인 다역을 할 수 있는 만능 탤런트여야 한다.

그러나 이와 같은 요건을 모두 구비한 사람이 과연 몇이나 될까? 물론 거의 없을 것이다. 그러므로 처음부터 능력을 완벽하게 갖추고 시작하는 것이 아니라 일단 오퍼상을 창업한 후 시행착오를 겪으면서 성공적인 오퍼상으로 커가는 것이다.

초보자가 오퍼상을 창업하는 가장 빠른 방법은 국내외에서 사업을 하는 친지와 대리점계약을 체결하는 것이다. 그 후 새로운 공급자와 상품을 추가로 확보해나가면 된다.

Q16 대리점계약서는 어떻게 작성하나?

대리점계약서는 어느 나라의 누구와 대리점계약을 체결하더라도 영문으로 작성하는 것이 일반적이다. 따라서 영문으로 대리점계약서를 작성하는데, 영어를 전공하거나 미국이나 영국에서 수년간 살았더라도 대리점계약서를 작성할 줄 아는 사람은 거의 없다. 그 사람들의 영어실력이 모자라서가 아니라 실무적으로 사용되는 대리점계약서 양식을 모르기 때문이다.

예컨대 이들이 평소 영어 실력으로 대리점계약서를 작성하면 거의 대부분 꼭 들어가야 할 사항이 누락되고 명시하지 않아도 될 내용은 구구절절 삽입해 혼란과 분쟁의 소지가 남는 경우가 많다.

전 세계적으로 널리 사용되는 무역대리점계약서 양식은 다음과 같으며, 반드시 명시해야 할 내용은 대리점계약 당사자(즉 Supplier 또는

Buyer와 Agent)의 상호와 주소, 취급품목, 대리점 활동지역, 계약일자와 대리점계약 유효기간, 수수료, 수수료 지급 방법과 지급시기, 클레임 발생 시 해결방법, 서명 등이다.

AGENCY AGREEMENT

This agreement is made between XYZ Co., Ltd.(hereinafter called the Principal), 456 Wall Street, New York, NY 10008, U.S.A. and ABC Co., Ltd.(hereinafter called the Agent), 123 Dobong-dong, Dobong-gu, Seoul 06170, Korea, and both parties hereto have agreed as follows:

1. Sales Area: The Agent shall act as a (sole) sales agent for the Principal within the geographic area of the Republic of Korea as well as the area mutually agreed upon.
2. Sales Products: Blue Jeans
3. The Agent shall do its best to promote sales of the above products and sales transactions should be confirmed in advance by the Principal.
4. Commission rate will be 3% of the purchase amount, and such commission must be paid within 10 days after shipment.
5. This agreement is effective from October 1, 2020 and remains effective for 5 years. This agreement shall be extended by mutual agreement.
6. The Principal shall observe those regulations described in international agreement provisions as regulated in Korean Anti-trust and Fair Trade Acts, against which the Agent shall not be bound by the Principal.
7. In the event of the agency contract being terminated by the Principal, for any reason other than willful misconduct on the part of the Agent, the agent shall be entitled to an amount to be paid to him by the Principal by the way of compensation for loss of goodwill suffered by the Agent.

Such compensation shall be an amount equal to an indemnity for one year calculated from the Agents average annual sum, earned by the agent in respect of commission under the agency during the 5 years immediately preceding the said termination.

In the event of the agency having existed for a shorter period than 5 years, the amount of the compensation shall be calculated on the average for the entire period of the agency.

8. Any disputes arising out of or in connection with the present contract shall be finally resolved by arbitration in Seoul, Korea under the Rules of Arbitration of the Korean Commercial Arbitration Board by one or more arbitrators appointed in accordance with the said Rules.

IN WITNESS WEREOF, the parties have caused this agreement to be executed by their duly authorized representatives as of October 1, 2020.

For and on behalf of
XYZ CO., LTD.
Robert H. Brown
Robert H. Brown, President

For and on behalf of
ABC CO., LTD.
Si-Hak Oh
Si–Hak Oh, President

대리점계약서

본 계약은 미국 뉴욕주 뉴욕시 월가 456번지 소재 XYZ사(이하 "본인"이라 칭함)와 한국 서울 도봉구 도봉동 123번지 소재 ABC사(이하 "대리점"이라 칭함) 간에 체결되며 양 계약당사자들은 다음과 같이 합의를 한다.

1. 판매지역: 대리점은 대한민국의 영토 및 상호 합의된 지역에서 본인을 위한 (독점)판매대리점으로서 활동한다.
2. 판매제품: 청바지

3. 대리점은 상기 제품의 판매 촉진을 위해 최선을 다하며 매도거래는 사전에 본인에 의해 확인되어야 한다.
4. 수수료율은 구매금액의 3%이며 동 수수료는 선적 후 10일 이내에 지급되어야 한다.
5. 본 계약은 2020년 10월 1일부터 발효하며 5년 동안 유효하다. 본 계약은 상호 합의에 의하여 연장될 수도 있다.
6. 본인은 한국의 독점규제 및 공정거래에 관한 법률에 규정된 국제계약규정의 명시규정을 준수해야 하며, 이 규정을 위반하였을 경우 대리점은 본인에 의하여 구속되지 않는다.
7. 대리점 측의 고의적인 비행 이외의 여하한 사유로 본인에 의하여 대리점계약이 종료될 경우, 대리점은 그가 당하는 선의의 의지 상실에 대한 보상으로 보상금을 받을 권리를 가진다.
   그러한 보상금액은 계약 종료 전 5년 동안 대리점이 대리점수수료로 받은 평균년 보수액으로부터 산출된 연간 보수액과 동일한 금액이다.
   계약의 존속기간이 5년 미만인 경우에는 보상금액을 동기간의 평균년 보수액을 기준으로 산출한다.
8. 본 계약과 직접 또는 간접적으로 관련하여 발생하는 여하한 분쟁은 대한상사중재원의 중재규칙에 따라 동 규칙에 의하여 지명된 1인 또는 그 이상의 중재인에 의하여 대한민국 서울에서 중재에 의하여 최종적으로 해결된다.

본 계약의 증거로, 양 계약당사자들은 본 계약이 이행되도록 각자 정히 위임받은 대표에 의하여 2020년 10월 1일자로 다음과 같이 서명한다.

XYZ CO., LTD.사를 대표하여	ABC CO., LTD.사를 대표하여
Robert H. Brown	Si-Hak Oh
Robert H. Brown, President	Si–Hak Oh, President

Q 17 일반대리점계약과 독점대리점계약은 어떻게 다른가?

대리점계약을 체결하는 방법에는 크게 일반대리점계약(Agency Agreement)과 독점대리점계약(Sole or Exclusive Agency Agreement)이 있다.

일반대리점계약은 국내외 수출상 입장에서 국내외 여타 오퍼상과 복수로 대리점계약을 체결할 수 있는 반면 독점대리점계약은 상호 합의된 일정 기간 동안 국내외에 오직 한 오퍼상하고만 대리점계약을 체결할 수 있다.

그러므로 오퍼상 입장에서는 가능한 한 독점대리점계약을 체결하고자 할 것이며, 외국 수출상 입장에서는 가능한 한 많은 오퍼상과 대리점계약을 체결해야 많은 양을 판매할 수 있으므로 일반대리점계약을 체결하고자 할 것이다.

독점대리점계약에는 다시 Sole Agency Agreement와 Exclusive Agency Agreement(배타적독점대리점계약)가 있다.

Sole Agency Agreement는 수출상과 수입상이 오퍼상 개입 없이 독자적으로 거래처를 확보하여 수출입 매매계약이 성사되었을 경우 오퍼상에게 수수료를 지불하지 않는다. 한편 Exclusive Agency Agreement는 수출상과 수입상이 오퍼상 개입 없이 독자적으로 거래처를 확보하여 수출입 매매계약이 성사되었을 경우도 오퍼상에게 수수료를 지불해야 한다.

따라서 일반적으로 독점대리점계약의 경우 대부분 Sole Agency Agreement이다.

Q 18 지급보증대리점계약이란?

무역대리업자에게 수입상 소개를 의뢰하는 경우 무역대리업자로 하여금 수입상 수입대금의 지급을 보증시키는 것을 '지급보증대리점계약(Del Credere Agency Agreement)'이라고 한다.

다시 말해 지급보증대리점계약은 수입상이 파산했을 때 무역대리업자가 수입상 대신 수출상에게 돈을 지불해야 하는 것이다. 지급보증대리점계약은 무역대리업자가 수입상의 채무불이행 위험까지 부담해야 하므로 수수료가 비싸다.

Q 19 무역대리업자의 책임한계는?

무역대리업자는 수출자 또는 수입자로부터 수수료를 받고 수출입을 중개·알선하는 자로, 수출입 본거래에 자기명의를 사용하지 않는다. 즉 본인(Principal)이 아닌 계약대리인(Agent)으로서 수출입 계약 단계에서만 개입해 '계약대리권'만 행사하므로 무역대리업자는 수출입 본거래에 대하여 책임을 지지 않는다.

따라서 무역업자는 수출입을 이행하기 전에 거래 상대방과 거래에 따른 제반 사항에 대하여 본인 대 본인 기준으로(Principal to Principal basis) 총괄계약(Master Contract)으로서 '무역에 관한 일반협정(General Agreement → Agreement on General Terms and Conditions of Business)'을 체결하는 것이 바람직하다.

> **Agreement on General Terms and Conditions of Business**
> **(총괄계약서/일반거래조건협정서)**
>
> All business hereunder shall be transacted between Buyer and Seller on a principal to principal basis and both parties agree to the following terms and conditions:
> (1) Quantity: Quantity shall be subject to a variation of five(5)% plus or minus at seller's option.

(2) Shipment: On board date of bills of lading shall be accepted as conclusive of the date of shipment. Partial shipment and/or transshipment shall be permitted. If shipment is prevented or delayed in whole or in party, by reason of Acts of God, or the consequence of, affecting Seller or any supplier to Seller of the goods sold hereunder or any manufacturer of the goods sold hereunder or any supplier to such manufacturer, such Acts of God to include but not limited to fire, flood, typhoon, earthquake, or by reason of riots, wars, hostilities, governmental restrictions, trade embargoes, strikes, lockouts, labor disputes boycotting of Korean goods, unavailability of transportation of loading facilities, wrecks, delays or damages in transportation or any other causes of a nature beyond Seller's control, then, Seller may, at its option perform the contract of the unfulfilled portion here of within a reasonable time from the removal of the cause preventing or delaying performance, or rescind unconditionally and without liability this contract or the unfulfilled portion here of.

(3) Payment: Irrevocable and confirmed letters of credit negotiable at sight draft shall be established through a prime bank satisfactory to Seller immediately after conclusion of contract with validity of at least 15days after the last day of the month of shipment for negotiation of the relative draft. The amount of such letter of credit shall be sufficient to cover the contract amount and additional charges and/or expenses to be borne by the Buyer. If Buyer fails to provide such letter(s) of credit, Seller shall have the option of reselling the contracted goods for Buyer's account, holding the goods for Buyer's account and risk, and/or canceling the contract and claiming for damages caused by Buyer's default.

(4) Inspection: The inspection of quantity shall be done according to the export regulation of the Republic of Korea and/or by the manufacturers which shall be considered as final. Should any specific inspector be designated by the Buyer, all additional charges thereby incurred shall be borne by the Buyer and shall be added to the invoice amount, for which

the letter of credit stipulates accordingly.

(5) Packing: Packing shall be at the Seller's option. In case special instructions are necessary the same should be intimated to the Seller in time so as to enable the Seller to comply with it.

(6) Insurance: In case of CIF or CIP basis, 110% of the invoice amount, will be insured, unless otherwise agreed. Any additional premium for insurance coverage over 110% of the invoice amount, if so required, shall be borne by Buyer and shall be added to the invoice amount for which the letter of credit shall stipulate accordingly.

(7) Increased Costs: If seller's cost of performance are increased after the date of this agreement by reason of increased freight rates, taxes or other governmental charges and insurance rates including war risk, or if any variation in rates of exchange increases Seller's costs or reduces Seller's return, Buyer agrees to compensate Seller of such increased cost or loss of income.

(8) Price: The price stated in the contract is subject to change and the actual price to be paid will be that of Seller's current price list ruling at the time of dispatch of the goods. Seller shall notify Buyer in writing or by telex, cable or telegram of any revised price which shall be applied to goods still to be shipped, unless Buyer cancels in writing or by cable or telex the undelivered balance within 15 days from such notification.

(9) Any claim: Dispute, or complaint by Buyer of whatever nature arising under this contract, shall be made in cable within 10 days after arrival of the cargo in the destination port. Full particulars of such claim shall be made in writing and forwarded by airmail so as to reach Seller within 20 days after cabling. Buyer must submit with such particulars as Public Surveyor's report when the quality and quantity of merchandise is in dispute. A claim made after the said 30 days period shall have no effect and Seller shall not be obligated to honor it. Seller shall not under any circumstances be liable for indirect or consequential damages.

(10) Trade Terms: The trade terms used herein such as CIF, CIP and FOB shall be in accordance with Incoterms 2020. In all other respects, this Contract shall be governed by and construed in accordance with the laws of Korea.

(11) Arbitration: All disputes, controversies, or differences which may arise between the parties out of or in relation to or in connection with this contract of for the breach thereof, shall be finally settled by arbitration in Seoul, Korea in accordance with the Commercial Arbitration Rules of the Korean Commercial Arbitration Board and under the Laws of Korea. The award rendered by arbitrator(s) shall be final and binding upon both parties concerned.

(12) Deduction: Buyer may not deduct any amount from the price without seller's advance written authorization.

(13) Patents, Trade Marks, Designs, etc: Buyer is to hold Seller harmless from liability for any infringement with regard to patent, trade mark, copyright, design, pattern, construction, stamp, etc., originated or chosen by Buyer.

(14) Force Majeure: Seller shall not be responsible for non–delivery or delay in delivery resulting from causes bevond its control. In the event of such an occurrence, Seller may at its option either postpone delivery until removal of the causes, or cancel the balance of the order in the Contract.

IN WITNESS WHEREOF, the parties have caused this Agreement to be executed by their duly authorized representatives as of the date first above written:

Seller: SEOUL TRADING CO., LTD.	Buyers: SMITH & CO., LTD.
Kil-Dong Hong	Robert H. Brown
Kil–Dong Hong, Export Manager	Robert H. Brown, Import Manager

무역업을 창업하려면

Q 20 무역업은 오퍼상과 어떻게 다른가?

앞에서 살펴본 바와 같이 오퍼상은 본인이 직접 수출이나 수입을 하지 않고 다만 수출상과 수입상 사이에서 수출입 거래를 알선해주고 수출입 거래가 성사되면 수출입 계약 당사자(수출상, 수입상 또는 양 당사자 모두)로부터 수수료를 받는 것을 업으로 한다.

그러나 거래금액이 크든 작든 거래상품의 종류가 많든 적든 본인 명의로 본인이 자금을 투자하여(즉 본인의 책임하에) 수출 또는 수입을 해서(즉 무역을 해서) 이익이 나도 본인이 이익을 보고 손해가 나도 본인이 손해를 보는(즉 손익이 본인에게 귀속되는) 것이 무역업이다.

무역업과 무역대리업 비교

구분	무역업	무역대리업
개념	자기명의로 자기 책임하에 물품의 수출과 수입을 업으로 영위하는 것	외국의 수입업자 또는 수출업자의 위임을 받은 자가 국내에서 수출품의 구매 또는 수입 계약의 체결과 이들에 부대되는 행위를 업으로 영위하는 것 → 계약대리권만 행사
업무범위	• 수출·수입 취급품목의 범위를 제한하지 않음(단, 약사법 등에서 이중적으로 무역업 영위요건을 정하는 경우는 예외) • 수출입 대행 가능	• 외국 수출업자를 대리하여 물품매도확약서(offer sheet) 발행 • 외국 수입업자를 대리하여 국내 수출품의 구매알선 • 수출입 대행 불가능
관련협회	한국무역협회 (☎ 1566-5114)	한국수입협회 (☎ 02-583-1234)

Q21 무역업을 창업하기 위해 가장 먼저 할 일은?

무역업을 창업하려는 사람은 개인사업자로 창업할지 아니면 법인사업체로 창업할지 결정해야 한다. 개인사업자로 무역업을 창업하려면 먼저 사업장 소재지 관할 세무서에 가서 사업자등록 신청을 해야 한다. 이때 사업장은 무역업을 할 사무실을 의미하며 사무실을 임

대한 경우는 사무실 임대차계약서를 첨부해야 한다. 물론 본인 소유 사무실일 경우는 임대차계약서를 첨부하지 않아도 된다.

법인으로 무역업을 창업할 경우 사업자등록을 신청하기에 앞서 관할 지방법원이나 등기소에서 법인등기를 한 후 위의 개인사업자와 동일한 절차를 밟으면 된다.

Q 22 자택 주거지에서는 무역업을 창업할 수 없나?

본인 소유 사무실이 없을 경우 무역업을 창업하기 위해 반드시 타인 소유 사무실을 임차하고 임대차계약서를 첨부해야 하는 것은 결코 아니다. 사무실을 임차할 경제적 여유가 없을 경우 본인이 거주하는 주거지에서도 무역업 창업이 가능하다. 세무서 직원이 공장이나 창고도 없고 사무실도 없는데 어떻게 무역업을 창업하느냐며 무역업의 사업자등록 신청을 거절하는 경우가 있는데, 이는 무역업의 성격을 몰라서 하는 얘기다.

Q 23 무역업을 창업하려면 공장이나 창고가 있어야 하나?

무역업을 창업하는 데는 공장도 사무실도 없어도 된다. 해외 바이어와 수출계약이 성사되면 국내 생산자로부터 수출물품을 구매하여 생산자의 공장이나 창고에서 곧바로 선적하는 항구나 공항까지 운송해서 해외로 보내면 되기 때문이다. 즉 무역업자에게는 대한민국의 모든 공장이 협력업체다.

Q 24 무역업을 창업하려면 자금이 얼마나 필요한가?

초보자가 무역업을 창업하기 위해 준비해야 할 것은 20~30만 원 내외의 팩스 한 대만 구입하면 된다. 팩스기를 가정에서 사용하는 전화선과 연결해서 전화기와 함께 사용하면 무역업을 창업할 준비는 모두 갖춘 셈이다.

더러 무역업을 창업하여 사기행위 등 불법을 저지르는 경우가 있으므로 관할 세무서 직원이 무역업의 창업 여건과 창업 진의를 확인하는 것은 당연한 절차다. 그러므로 무역업을 창업하려고 관할 세무서에 사업자등록 신청을 하면 세무서 직원이 사업장을 방문해 창업 진의를 확인한 후 사업자등록증을 발급하는 것이 원칙이다.

그러나 관할 세무서 직원이 업무 한계상 직접 사업장을 방문하는 경우는 많지 않으며, 대부분 전화나 구두로 창업 진의를 확인한 다음 사업자등록증을 발급한다.

Q 25 무역업을 창업하기 위해 사업자등록 신청을 하려면 무엇을 준비해서 어디로 가야 하며 비용은 얼마나 드나?

무역업을 창업하기 위해 사업자등록 신청을 하려면 주민등록증과 도장(반드시 인감도장일 필요는 없음)을 가지고 앞으로 무역업을 창업하려는 사업장 소재지 관할 세무서에 가야 한다.

관할 세무서의 주로 1층에 있는 민원실에서 그곳에 비치된 사업자등록신청서에 상호, 대표자 성명(동업할 때는 공동대표란에 동업자 성명 기재)과 주소를 기재하고 업태란에는 도소매, 종목란에는 무역업 또는 수출입업으로 기재해 담당자에게 제출하면 된다. 사업자등록을 신청하는 데는 비용이 전혀 들지 않는다.

Q 26 무역업을 창업하기 위해 사업자등록 신청을 하면 사업자등록증은 언제 나오나?

무역업을 창업하기 위해 사업장 소재지 관할 세무서에 사업자등록 신청을 하면 당일 사업자등록증이 발급된다. 동서고금을 막론하고 개인이든 국가든 수출로 외화를 획득하는 것이 부국강병의 지름길이다. 요즈음 무역업을 창업하려고 사업자등록 신청을 하면 관할 세무서에서는 특별한 하자가 없는 한 사업자등록증을 발급해준다.

Q 27 사업자등록증을 발급받으면 무역업을 할 수 있나?

무역업을 하려면 사업자등록증을 발급받아야 한다. 그러나 사업자등록증만으로는 무역업을 할 수 없다. 현행 규정상 무역업을 하려면 반드시 무역업고유번호를 받아야 하기 때문이다. 다시 말해서 무역을 업으로 하고자 하는 자는 대외무역관리규정에 따라 산업통상자원부장관에게 무역업고유번호를 신청해 부여받아야 하며 이 권한은 한국무역협회장에게 위탁되어 있다.

Q 28 무역업고유번호를 부여받으려면 무엇을 구비해 어디로 가야 하고 비용은 얼마나 드나?

현행 대외무역관리규정상 무역업을 하려면 사업자등록증을 발급받은 후 한국무역협회(지방은 한국무역협회 지부)로부터 무역업고유번호를 부여받아야 한다.

사업자등록증 사본(원본대조필 날인) 한 부를 첨부하여 온라인(www.kita.net) 신청하거나 또는 사업자등록증 사본(원본대조필 날인) 한 부를 지참하고 한국무역협회에 직접 방문해 무역업고유번호신청서를 작성하여 신청하면 즉시 무역업고유번호부여서를 발급받게 된다. 무역업고유번호신청서는 한국무역협회에 비치되어 있다.

무역업고유번호 신청방법

- 신청자격: 무역을 업으로 하고자 하는 사업등록자
- 구비서류
  - 무역업고유번호신청서
  - 사업자등록증 사본 1부
- 신청방법: 온라인(www.kita.net) 또는 방문하여 한국무역협회장에게 신청
- 의무사항
  - 무역거래자는 관세법에 의한 수출(입)신고 시 무역업고유번호를 수출(입)자 상호명과 함께 기재해야 한다.
  - 무역업고유번호를 부여받은 무역업자는 상호, 대표자, 주소, 전화번호 등의 변동이 있는 경우 그 사실을 신속히 한국무역협회장에게 통보해야 한다.

무역업고유번호신청서
(APPLICATION OF TRADE BUSINESS CODE)

처리기간 (Handling Time)
즉시(Immediate)

① 상 호 (Name of Firm)		② 무역업고유번호 (Trade Business Code)	
③ 주 소 (Address)		④ 업 종 (Business Type)	
⑤ 전화번호 (Phone Number)		⑥ 이메일주소 (E-mail Address)	
⑤ 팩스번호 (Fax Number)		⑦ 사업자등록번호 (Business Restry Number)	
⑧ 대표자 성명 (Name of Rep.)		⑨ 주민등록번호 (Passport Number)	

대외무역법 제18조 및 동법 시행령 제30조 및 제31조, 대외무역관리규정 제3-5-1조의 규정에 의하여 무역업고유번호를 위와 같이 신청합니다.

We hereby acknowledge (I hereby apply for) the above-mentioned trade business code in accordance with Article 3-5-1 of the Foreign Trade Management Regulation.

신청일: 년 월 일

Date of Application Year Month Day

신청인: (서명)

Applicant Signature

사단법인 한국무역협회장

Chairman of Korea International Trade Association

무역업고유번호부여서
(CERTIFICATE OF TRADE BUSINESS CODE)

처리기간 (Handling Time)
즉시(Immediate)

① 상 호 (Name of Firm)			② 무역업고유번호 (Trade Business Code)	
③ 주 소 (Address)			④ 업 종 (Business Type)	
⑤	전화번호 (Phone Number)		⑥ 이메일주소 (E-mail Address)	
	팩스번호 (Fax Number)		⑦ 사업자등록번호 (Business Restry Number)	
⑧ 대표자 성명 (Name of Rep.)			⑨ 주민등록번호 (Passport Number)	

대외무역법 제18조 및 동법 시행령 제30조 및 제31조, 대외무역관리규정 제3-5-1조의 규정에 의하여 무역업고유번호를 위와 같이 부여합니다.

We hereby acknowledge (I hereby apply for) the above-mentioned trade business code in accordance with Article 3-5-1 of the Foreign Trade Management Regulation.

년 월 일
Year Month Day

사단법인 한국무역협회장
Chairman of Korea International Trade Association

무역업고유번호는 수출입 통계목적상 부여받는 것으로 수출(입)신고 시 무역업고유번호를 수출(입)자 상호명과 함께 기재해야 한다. 무역업고유번호를 부여받는 데는 비용이 전혀 들지 않으며, 한국무역협회에 회원으로 가입해야 할 의무도 없다. 현재 무역업체는 10만여 개사다.

Q 29 사업자등록증을 받으면 수반되는 책임과 의무는?

자본주의사회에서 사업을 한다는 것은 곧 소득이 발생한다는 것을 의미하며, 소득이 있는 곳에 그림자처럼 따라다니는 것이 바로 세금이므로 사업자등록증을 받은 사업자등록자는 반드시 납세의무를 져야 한다.

Q 30 사업자등록증을 받으면 무슨 세금을 내야 하나?

사업자등록증을 받은 사업자가 내야 할 세금의 종류에는 부가가치세와 소득세 그리고 근로소득세가 있다.

부가가치세는 상품 거래나 서비스 제공과정에서 얻는 부가가치(이윤)에 대하여 부과되는 세금이다. 소득세(개인소득세, 법인소득세)는 사업을 해서 얻은 소득에 대하여 부과되는 세금이다. 근로소득세는 종업원에게 지급하는 급여 금액에 따라 원천징수하여 납부하는 세금이다.

사업자가 내야 할 세금의 종류

- 부가가치세: 상품 거래나 서비스 제공 과정에서 얻은 부가가치(이윤)에 대하여 부과되는 세금
- 소득세(개인소득세, 법인소득세): 사업을 해서 얻은 소득에 대하여 부과되는 세금
- 근로소득세: 종업원에게 지급하는 급여 금액에 따라 원천징수하여 납부하는 세금

Q 31 부가가치세란 무엇이며 계산방법은?

부가가치세(Value Added Tax, VAT)는 상품 거래나 서비스 제공과정에서 얻는 부가가치(이윤)에 대하여 부과되는 세금으로 일반적으로 물건값에는 부가가치세가 포함되어 있다.

따라서 부가가치세는 사업자가 얻은 수입(Income) 중에서 내는 세금이 아니지만 사업자는 소비자가 부담한 세금을 잠시 보관했다가 추후 세무서에 납부해야 한다. 즉, 부가가치세는 실제 세금부담자와 납세의무자가 다른 간접세다.

부가가치세 신고납부

구분	과세기간	신고기간
제1예정신고	1. 1~3. 31	4. 1~4. 25
제1확정신고	1. 1~6. 30	7. 1~7. 25
제2예정신고	7. 1~9. 30	10. 1~10. 25
제2확정신고	7. 1~12. 31	다음 해 1. 1~1. 25

* 6개월을 과세기간으로 함.

Q 32 수출입대행이란 무엇이며 무역대리업과는 어떻게 다른가?

수출입대행자는 대행위탁자와의 '수출입대행계약'에 따라 일정한 대행 수수료를 받고 자기명의로 거래하는 무역업자로, 자기명의로 거래한다는 점에서 무역대리업과 구별된다. 수출입대행자는 대행위탁자에게 위탁받은 범위 내에서 대외무역법 및 금융(은행거래)상 무역업자로서 책임을 져야 한다.

우리나라의 수출입관리제도

Q 33 무역업자들이 알아야 할 수출입 관련 법체계는?

무역(International Trade)이란 국제간의 물품 매매, 즉 수출입을 말하며, 수출입관리란 물품 수출입에 따른 절차와 이를 규제 또는 지원하기 위한 각종 법규와 제도적 장치를 말한다. 운동선수가 운동규칙을 알아야 하듯이 무역업자는 수출입 관련 법규를 알아야 한다.

수출입관리를 위한 법규에는 수출입에 따른 기본사항을 관리하는 '대외무역법', 수출입대금의 결제와 관련된 사항을 규정한 '외국환거래법', 물품 통관과 감시를 위한 '관세법' 등이 있으며, 수출입 물품의 종류에 따라 관련되는 법규로는 약사법 등 50여 개 '특별법'

이 있다.

따라서 수출입을 하려면 이와 같은 여하한 수출입 관련 법규에 위반되어서는 안 된다. 예컨대 어떤 물품을 수출입하려고 하는데 대외무역법, 외국환거래법, 기타 특별법 등에는 전혀 저촉되지 않으나 관세법에 저촉된다면 수출입이 불가능하다. 그러므로 수출입, 즉 무역을 하려면 우선 우리나라의 수출입 관련 법체계를 이해해야 하며, 이들 수출입 관련 법규가 개정될 때는 그 내용을 파악해야 선의의 피해를 보지 않는다.

수출입관리를 위한 법규

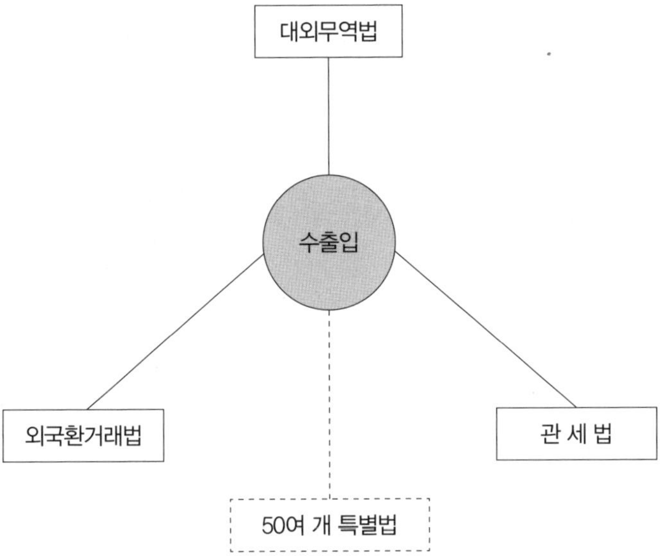

Q 34 대외무역법이란?

대외무역법은 수출입관리를 위한 기본법으로 1986년 12월 31일 종전의 무역거래법(67. 1 제정)이 폐지됨에 따라 제정되었다. 대외무역법은 '대외무역을 진흥하고 공정한 거래 질서를 확립하여 국제수지의 균형과 통상의 확대를 도모함으로써 국민경제의 발전에 이바지함'을 목적으로 한다.

대외무역법령의 체계

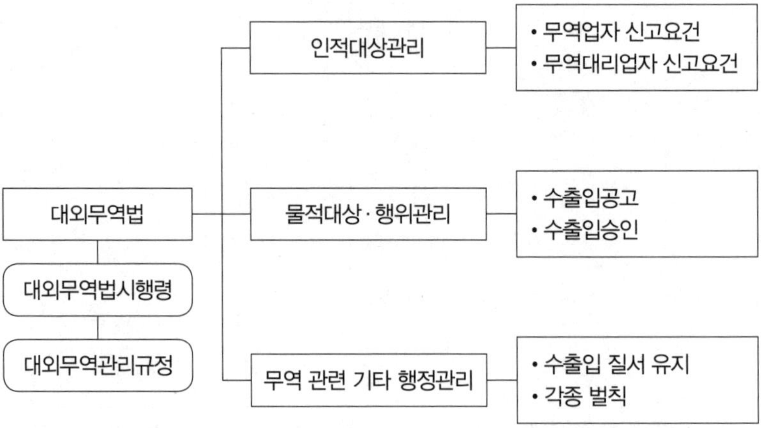

Q 35 외국환거래법이란?

외국환거래법은 대외거래에 따른 대금결제를 규제하는 법으로 1999년 4월 1일에 제정되었으며, '외국환과 그 거래 기타 대외거래를 합리적으로 조정 또는 관리함으로써 대외거래의 원활화를 기하고 국제수지의 균형과 통화가치의 안정을 도모하여 국민경제의 건전한 발전에 이바지함'을 목적으로 한다.

외국환거래법령의 체계

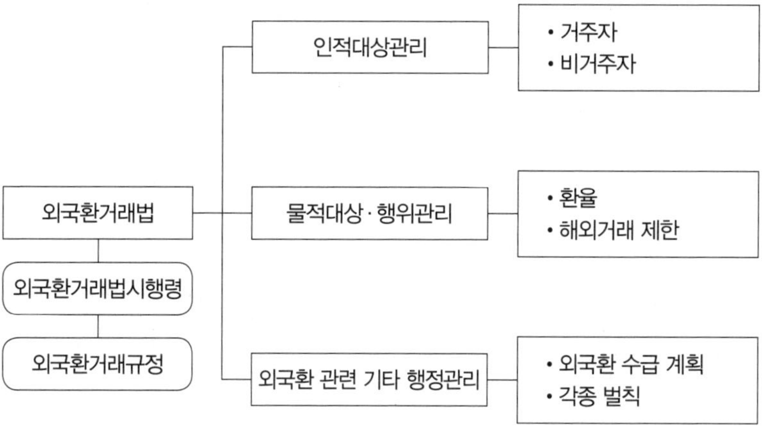

Q 36 관세법이란?

관세법은 수출입 물품의 관세선(Customs Line) 통과, 즉 통관을 규제하는 법으로 1967년 12월 29일 제정되었으며, '관세의 부과, 징수 및 수출입 물품의 통관을 적정하게 하여 국민경제의 발전에 기여하고 관세수입의 확보를 기함'을 목적으로 한다.

관세법령의 체계

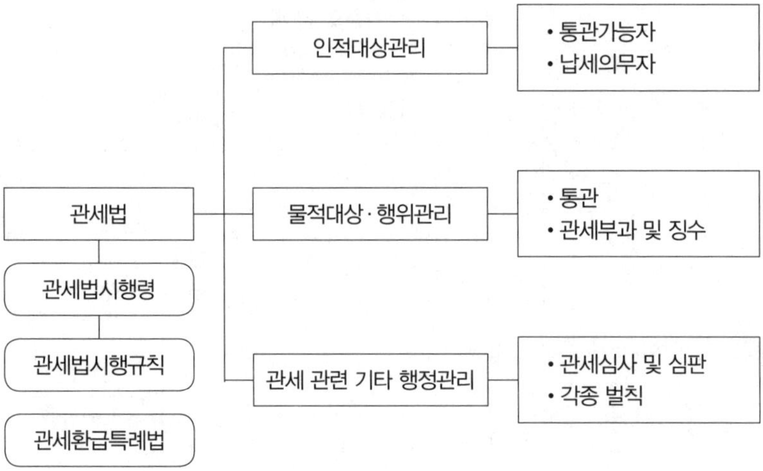

Q 37 수출입관리의 내용은?

수출입관리에 관련된 대외무역법, 외국환거래법, 관세법 및 특별법에 따라 수출입을 하려면 사업자등록을 한 자로서(수출입 주체에 대한 관리), 수출입이 가능한 지역에(수출입 지역에 대한 관리), 수출입이 허용되는 품목을(수출입 품목에 대한 관리), 허용되는 수출입 대금 결제방법으로(수출입 결제방법에 대한 관리), 산업통상자원부장관에게서 권한을 위임받은 관련 협회나 조합 등으로부터 수출입 승인을 얻어야만(수출입 행위에 대한 관리) 수출입이 가능하다.

Q 38 수출입 주체에 대한 관리란?

수출입을 하려면 특별한 경우를 제외하고 사업장 관할 세무서에 사업자등록을 한 자만이 가능하다.

Q 39 수출입 지역에 대한 관리란?

원칙적으로 수출입은 세계 어느 지역이나 국가를 막론하고 할 수 있다. 그러나 전쟁, 천재지변, 국민건강 등의 이유로 대통령령에 의한 특별조치에 따라 수출입 지역을 제한 또는 금지할 수 있다. 또 전략물자수출입공고상 전략물자의 경우 공산권 지역에 대한 수출입이 제한된다.

Q 40 수출입 품목에 대한 관리란?

수출입 품목에 대한 관리는 산업통상자원부장관이 대외무역법상 수출입이 제한 또는 금지되는 품목을 공고하는 '수출입공고(Negative List System)', 품목의 특성상 별도 관리를 요하는 '수출입별도공고(전략물자수출입공고 등)' 그리고 약사법 등 50여 개 특별법상 수출입이 제한 또는 금지되는 품목을 통합해 공고하는 '통합공고'로 관리되고 있다.

수출입공고, 수출입별도공고 및 통합공고상 수출입이 금지되는 품목을 '수출입금지품목', 관련협회나 조합 등으로부터 승인을 받아야만 수출입이 가능한 품목을 '수출입제한승인품목', 이들 공고상 전혀 언급이 없어 자동적으로 수출입이 가능한 품목을 '수출입자동승인품목'이라고 한다.

Q 41 수출입 결제방법에 대한 관리란?

수출입 결제방법에 대한 관리는 외국환거래법으로 규제한다. 즉 수출입 대금의 결제는 외국환거래법상 허용되는 방법으로 해야 하며, 한국은행총재에게 신고해야만 수출입이 가능하다.

Q 42 수출입 행위에 대한 관리란?

사업자등록을 한 자라 할지라도 수출입이 제한되는 품목을 수출입하려면 원칙적으로 산업통상자원부장관으로부터 권한을 위임받은 관련 협회나 조합 등으로부터 건별로 수출입 행위에 대한 승인을 받아야만 수출입이 가능하다.

수출절차와 수입절차

Q 43 수출절차는 어떻게 되나?

수출절차는 해외시장조사 후 거래처를 발굴하여 수출계약을 체결하고 신용장을 수취한 다음 수출승인을 받아 수출물품을 확보하며 수출통관 후 수출물품을 선적하고 수출대금을 회수하여 거래가 종료될 때까지 거치는 일련의 절차를 말한다.

이러한 수출절차에서는 필수적인 단계로 수출계약 체결, 수출물품 확보, 수출통관 및 선적, 수출대금 회수 등의 일반적 절차와 거래형태나 수출품목의 특성에 따라 신용장 수취, 수출승인, 수출용 원자재의 국내 구매 및 수입, 해상보험, 관세환급 및 사후관리 등 여러

절차를 거치게 된다.

수출절차

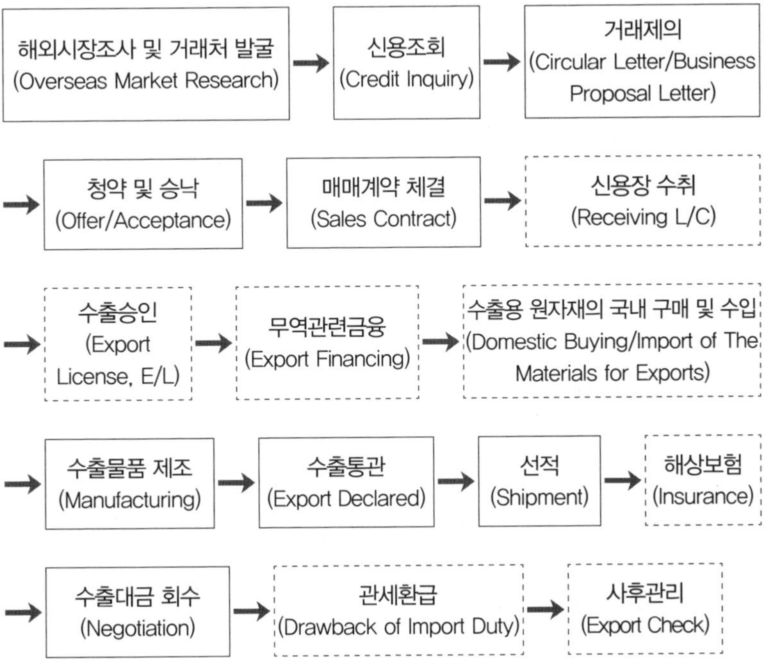

Q 44 수입절차는 어떻게 되나?

수입절차는 수입대상물품과 거래처를 선정하여 수입계약을 체결하고 수입승인을 받아 신용장을 개설한 후 수입화물과 선적서류가 도착하면 수입대금을 결제하고 수입통관 후 수입물품을 수령하는 일련의 절차를 말한다.

수입절차

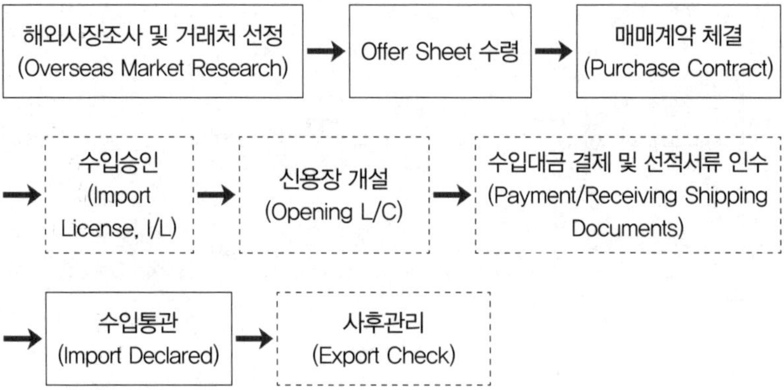

PART
2

수출절차와 실무

해외시장조사와 거래처 발굴

Q 45 해외시장조사는 무엇을 어떻게 하나?

해외시장조사(Overseas Market Research)는 수출절차의 최초 단계로 특정 상품에 대한 판매 가능성(Selling Feasibility)을 조사하는 것을 말한다.

해외시장조사에서는 우선 목적시장의 전반적인 개황(정치, 경제, 사회, 문화, 풍토, 기후, 언어, 종교 등)을 조사한 다음 취급 상품에 대한 세부적인 내용(무역관리제도, 시장특성, 수요와 공급, 유통구조, 경쟁대상 등)을 조사한다.

해외시장조사 내용

구분	주요 조사 내용
일반사항	정치, 경제, 사회, 문화, 풍습, 기후, 인구, 언어, 종교 등
경제동향	경제성장, 국민소득, 물가, 임금, 고용, 국제수지 등
산업동향	산업구조(특히 관련산업) 등
무역동향	대외무역구조(특히 품목별, 지역별, 경쟁국 진출 동향)
무역관리제도	수출입관리제도 및 절차, 외환관리제도, 통화정책, 관세정책, 대한수입규제 등
시장특성 및 유통구조	소비자계층, 상관습 및 구매시기와 유통구조 등
시장접근방법	수입상, 중개상 등
교역현황	우리나라와의 전체 교역량 및 해당품목의 수입규모 등
기타	항만·통신시설 등

Q 46 거래처는 어떻게 발굴하나?

해외시장조사로 자사제품의 시장성이 있는 목적시장이 선정되면 다음과 같은 방법으로 거래처를 발굴해야 한다.

거래처 발굴방법

구분	주요 거래처 발굴방법
자체 홍보물	자체적으로 홍보물을 제작하여 주요 잠재고객에게 배포
국내외발간 해외광고매체	• 국내발간매체 –한국무역협회 《Korea Export》(연 2회): 약 140개국 배포 《Korea Trading Post》(월간) 약 140개국 배포 –KOTRA(한국무역투자진흥공사) 《Korea Trade & Business》(연 1회): 약 100개국 배포 《Korea Trade》(연 1회): 약 100개국 배포 –KOEX(한국종합전시장) 《Korea Exhibition》(계간, 연4회): 약 100개국 배포 《KOEX Buying Directory》(연 1회): 약 100개국 배포 • 해외발간매체 –미국경제전문지: 《The Wall Street Journal》 등 –영국경제전문지: 《The Financial Time》 등
해외공공기관 이용	각국의 상공회의소 및 수출입 관련기관에 거래알선 의뢰 《Circular Letter》 발송
사절단 및 전시회 이용	무역사절단, 전시회(Exhibition) 및 박람회(Exposition) 등에 참가
직접방문	해당 지역 직접방문 (우리나라 무역업계가 시장개척을 한 주된 방법)
인터넷	인터넷 영문 홈페이지를 만들거나 인터넷(www.alibaba.com 등)을 통한 해외 바이어 발굴

신용조사와 거래제의, 거래수락

Q 47 거래처 신용조사는 어떻게 하나?

앞에서 살펴본 해외시장조사로 거래처가 발굴되면 거래상대방의 신용상태를 확인하는 신용조사(Credit Inquiry)를 해야 한다. 신용조사의 내용과 방법, 신용조사 서신 작성 시 포함시켜야 할 사항은 다음과 같다.

신용조사 내용 및 방법

구분	신용조사 내용 및 방법
신용조사 내용 (3C's)	• Character(평판): 계약이행에 대한 평판, 성실성 등 • Capital(재무상태): 대차대조표(Balance Sheet), 손익계산서 (Profit and Loss Statement) 등 지불능력에 직결되는 재무상태 • Capacity(생산 · 영업능력): 생산량 · 매출액 등 생산 · 영업능력
신용조사 방법	• Bank Reference(은행조사): 거래은행을 이용한 가장 일반적인 신용조사 방법〈유료〉 • Trade Reference(동업자 조사): 상대국의 기존 거래처를 이용한 신용조사 방법(회신용 봉투와 서식을 동봉하면 상대편의 부담이 경감됨)〈무료〉 • 기타: 상대국의 상업회의소, 협회, 조합 등이나 대한무역진흥공사, 신용보증기금, 한국수출보험공사 등에 의뢰
신용조사 서신 작성 시 포함 사항	• 조사하고자 하는 상사명과 주소 • 조사하고자 하는 이유 • 조사내용을 극비 취급하겠다는 서약 • 감사의 말과 협조의 부탁

신용조사 의뢰

HANIL BANK
321 Samsung–Dong, Kangnam–Ku, Seoul, Korea

Citi Bank, *May 15, 2020*
40 Liberty St., New York, N.Y. 10005, U.S.A.

Manager, Credit Department

Your bank was given as a reference of XYZ Co., Ltd of Liberty St., New York, who are interested in the import of blue jeans.

We would appreciate it very much if you could inform us of their financial standing and reputation. Any information provided by you will be treated as strictly confidential, and expenses will be paid by us upon receipt of your bill.

Your prompt reply would be highly appreciated.

Your truly,
Hanil Bank

M. Y. Song
Manager, Foreign Exchange Dept.

신용조사에 대한 회답

CITI BANK

40 Liberty St., New York, N.Y. 10005, U.S.A.

M. Y. Song
Manager, Foreign Exchange Department
Hanil Bank
321 Samsung - Dong, Kangnam - Ku,
Seoul, Korea

May 25, 2020

Gentlemen :

XYZ Co., Ltd.
Liberty St., New York, N. Y. 10005, U. S. A.

The above firm has been engaged in importing blue jeans for over twenty years and has sufficient capital for their requirements. As far as we knew, all their obligations have been paid promptly.

We believe that because of their steady and sincere way of conducting business, they can enjoy a good reputation among the lead wholesalers in our district.

Please note that this information is furnished without any responsibility on our part and should be treated in strict confidence.

Yours truly,
Citi Bank

Charles Brown
Manager, Credit Department

Q 48 거래상대방에게 거래제의는 어떻게 하나?

위와 같이 신용조사를 한 결과 거래상대방의 신용상태가 확실하면 다음과 같은 요령으로 거래제의 서신(Circular Letter/Business Proposal Letter)을 이메일, 팩스, 텔렉스를 이용해 발송한다.

거래제의 서신 작성요령과 유의점

작성요령	유의점
• 상대방을 알게 된 동기 • 거래제의 회사의 업종, 취급상품 및 거래국가 • 거래제의 회사의 자국 내에서의 위치, 경험, 생산규모 • 거래조건 • 신용조회처 • 정중한 결론	• 간단명료한 문장 • 해당 시장을 상대회사를 통해 처음 개척하고자 한다는 점을 강조 • 과장된 회사소개를 삼가고 생산량과 연간매출액 등 언급 • 품질의 우수성과 경쟁적인 가격 강조 • 주로 자기 거래은행명과 주소 • 거래관계가 개설되면 상호이익을 바탕으로 한다는 점 언급

거래제의

ABC CO., LTD.

123 Samsung-Dong, Kangnam-Ku, Seoul, Korea

XYZ Co., Ltd.
50 Liberty St.,
New York, N. Y. 10005, U. S. A. *June 1, 2020*

Gentlemen:

Your name has been given by the Chamber of Commerce of your city as one of the leading importers of blue jeans in your country.

We are large manufacturers and exporters in Korea producing all kinds of blue jeans using latest computerized manufacturing facilities.

Our products are highly accepted in Japan, U. K., and France, etc.
In order to diversify our existing market, we are intersted in supplying our products to you on favorable terms.

Upon receipt of your request for samples, we could submit our samples with competitive prices to you.

As to our credit standing, we refer you to Hanil Bank or any of the commercial banks in Korea.

Awaiting your reply as soon as possible.

Yours very truly,
ABC CO., Ltd.

S. H. Oh
Manager, Trading Department

Q 49 거래수락은 어떻게 하나?

거래제의를 받은 거래상대방은 제반 사항을 검토하고 거래제의 회사의 신용을 조사한 후 거래 수락 여부를 결정해야 한다. 거래수락 시 수락서신에 포함시켜야 할 내용은 다음과 같다.

거래수락 서신 작성 시 포함 사항

포함사항	비고
• 거래제의에 대한 감사 표시 • 지속적 거래 및 거래량 증가를 위해 경쟁적인 가격, 품질 등 요구 • 상호적인 거래관계 기원 • 감사의 말로 끝맺음	거래수락 서신에는 조건 없이 수락하는 정식 수락서신과 특정 조건부로 수락하는 조건부 수락서신이 있음

* 상품 및 거래조건에 대한 조회를 거래조회(Trade Inquiry)라 함.

거래수락

XYZ CO., LTD.
50 Liberty Street, New York, N.Y. 10005, U.S.A.

ABC Co., Ltd.
123 Samsung - Dong, Kangnam - Ku, Seoul, Korea June 10, 2020

Dear Mr. Oh :

We thank you very much for your letter of June 1, 2020 in which you expressed your willingness to open an account with us.

We are glad to learn that you are specially interested in exporting blue jeans and in these articles we may say that we are specialists.

We would appreciate receiving your best CIF New York pice on blue jeans as well as several samples by air parcel post.

If your prices are competitive and merchandise is suitable for our trade, we will be able to place large oredrs.

We look forward to hearing from you soon.

Cordially yours,
XYZ Co., Ltd.

Robert H. Brown
Manager, Trading Department

오퍼와 매매계약 체결 방법

Q 50 수출계약 의사표시인 오퍼는 어떻게 하나?

청약(Offer)이란 청약자(Offeror)가 피청약자(Offeree)에게 일정한 조건으로 계약을 체결하고 싶다는 의사표시를 말하며, 우리나라에서는 Offer Sheet를 대외무역법상 물품매도확약서라 칭한다.

이론상으로 계약체결을 희망하는 의사만 분명하면 Offer라는 용어를 사용할 필요가 없지만, 실무상으로는 단순한 가격제시(Price Quotation)와 오해를 피하기 위하여 'We offer……'와 같이 Offer라는 단어를 사용하는 것이 바람직하다.

Offer의 종류와 효력

구분	종류	효력
발행주체	• Selling Offer • Buying Offer	• 매도인이 발행하는 매도오퍼 (일반적으로 Offer라고 함) • 매수인이 발행하는 매수오퍼 (일반적으로 Purchase Order라고 함)
확정력 기준	• Firm Offer • Free Offer	• 유효기간(보통 3개월 이내)이 확정되어 있으며 유효기간 내에 피청약자가 승낙하면 이를 이행해야 하는 확정오퍼 • 유효기간이 확정되어 있지 않고 언제라도 변경 가능한 불확정오퍼로 다음과 같은 조건이 명시됨(표현은 Offer이지만 효력상으로는 확정력이 없는 Price Quotation과 동일함) –Subject to change without notice –Subject to our final confirmation –Subject to prior sale –Subject to being unsold
기타	Counter Offer	피청약자가 청약자에게 일부 조건을 변경하여 역으로 제시하는 역오퍼 또는 반대오퍼(실무상 이와 같은 역오퍼를 수차례 왕래한 후 승낙이 이루어지고 계약이 성립됨)

*** Offer의 효력 발생 시기는 청약자의 Offer가 피청약자에게 도달한 때로 전 세계적으로 도달주의를 채택함.**

물품매도확약서(Offer Sheet)

ABC CO., LTD.

Manfacturers, Exporters & Importers TEL : (02)983-8710
123 Samsung-Dong, Kangnam-Ku, Seoul, Korea FAX : (02)983-8711

Messrs : XYZ Co., LTD. Offer No. DSO1227
50 Liberty St., New York N.Y.1005, U.S.A Date. June 15, 2020.

Gentlemen:

OFFER SHEET

We are pleased to offer you the following goods on the terms and and conditions as stated below.

ITEM	COMMODITY & DESCRIPTION	QUANTITY	UNIT PRICE	AMOUNT
Blue Jeans	Men's Blue Jean : Style No.500 Women's Blue Jean : Style No.600	25,000pcs 25,000pcs	CIF New York Per Piece @US$20.00 20.00	US$500,000 500,000
Total		50,000pcs		US$1,000,000

Origin : Republic of Korea
Shipment : Not later than September 5, 2020
Shipping Port : Busan Port, Korea
Destination Port : New York Port, U.S.A.
Payment : By irrevocable documentary L/C at sight to be opened in favour of ABC Co., Ltd., Seoul, Korea
Insurance : Seller to cover the C.I.F. price plus 10% against All Risks including War and SRCC Risks
Packing : Export standard packing
Inspection : Seller's inspection to be final
Validity : By December 31, 2020
Remarks : Subject to our final confirmation

We are looking forward to your valued order for the above offer.

Accepted by : ______________
Date of acceptance ______________

ABC CO., LTD.

____

S.H. Oh
Manager, Trading Department

Q 51 Offer Sheet, Price Quotation, Proforma Invoice, Price List의 차이점은?

Offer Sheet(물품매도확약서), Price Quotation(가격견적서), Proforma Invoice(견적송장), Price List(가격표)의 차이점은 다음과 같다.

Offer Sheet, Price Quotation, Proforma Invoice, Price List의 차이점

구분	차이점
Offer Sheet (물품매도확약서)	유효기일 이내에 피청약자가 승낙하면 이를 이행해야 하는 확정구속력이 있음
Price Quotaion (가격견적서)	유효기일이 없으며 상대방이 동의하더라도 이를 이행해야 하는 확정구속력이 없음
Proforma Invoice (견적송장)	단순히 상품, 수량, 가격을 기재한 견적용 송장으로, 선적물품에 대한 계산서 겸 대금청구서 역할을 하는 Commercial Invoice(상업송장)와는 구분됨
Price List (가격표)	상품 및 단가를 제시하고, 통상 'Prices are subject to market fluctuations'를 명시하여 가격 변동성을 언급함

Q 52 수입계약 의사표시인 Acceptance는 어떻게 하나?

승낙(Acceptance)은 피청약자가 청약자의 청약(Offer)을 수락하여 계약을 성립시키고자 하는 의사를 말한다. Firm Offer의 경우 피청약자가 Acceptance하면 곧 매매계약이 성립된다. Acceptance는 Offer의 모든 조건에 대하여 무조건 수락하는 것만이 승낙이며, 조건부 승낙은 Counter Offer가 된다.

Offer 및 Acceptance의 흐름도

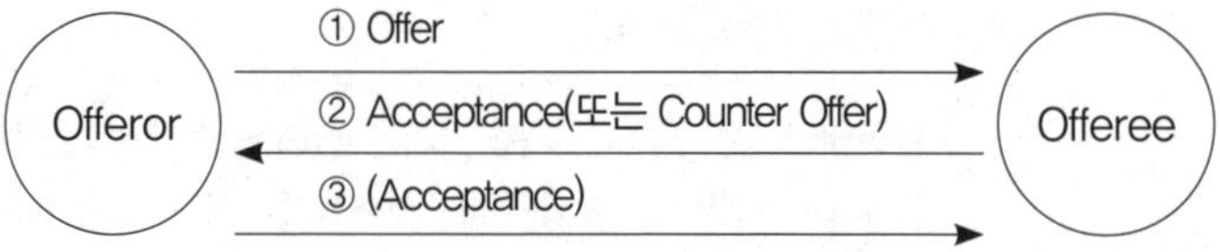

격지자간 우편 Acceptance의 효력 발생 시기

구분	효력 발생 시기	비고
발신주의 (Mailbox Theory)	피청약자가 Acceptance의 의사표시를 발송한 때	한국·미국·일본 등 대부분 국가
도달주의 (Communication Theory)	피청약자의 Acceptance가 청약자에게 도달한 때	독일 등 일부 국가와 비엔나협약
요지주의 (Acknowledgement Theory)	피청약자의 Acceptance가 물리적으로 청약자에게 도달할 뿐만 아니라 현실적으로 청약자가 그 내용을 인지한 때	

1. 대화자간, 전화, 팩스, 텔렉스 등을 이용한 Acceptance는 전 세계적으로 도달주의를 채택함.
2. 우리나라는 민법 제531조에 격지자간 계약 성립 시기를 승낙의 통지를 발송한 때로 규정함으로써 발신주의를 채택함.
3. United Nations (Vienna) Convention on Contracts for the International Sales of Goods, 1980 국제물품 매매계약에 관한 UN(비엔나)협약: UNCCIS.
4. 실무적으로는 거래당사국의 법률과 관례를 잘 모르므로 Offer Sheet상에 'This offer is subject to acceptance reaching(arriving) here (to us) by May 31, 2020' 등과 같이 명시하여 당사자 간 도달주의를 채택하는 것이 일반적임.
5. Offer와 Acceptance의 효력 발생 시기 요약.

Offer	Acceptance
도달주의	발신주의: 한국, 미국, 일본 등 대부분의 국가 도달주의: 독일 등 일부 국가와 비엔나협약

Counter Offer

XYZ CO., LTD.
50 Liberty Street, New York, N.Y. 10005, U.S.A.

ABC Co., Ltd.
123 Samsung - Dong, Kangnam - Ku,
Seoul, Korea

June 25, 2020

Dear Mr. Oh :

We have received your offer sheet of June 15, 2020. Thank you for the supply of samples which are according to our expectation.

Your prices are not competitive and therefore we are unable to place an order with you at this time, even though we are favorably impressed with your samples.

As we indicated in our last letter, our requirements for this line are large, but the competition in this line is very strong.

Under such circumstances, we have to ask for your most competitive prices on the particular item, your style No. 500 which is in high demand. We trust that you will make every effort to revise your prices.

Yours very truly,
XYZ Co., Ltd.

Robert H. Brown
Manager, Trading Department

Counter Offer에 대한 Acceptance

ABC CO., LTD.
123 Samsung-Dong, Kangnam-Ku, Seoul, Korea

XYZ Co., Ltd.
50 Liberty St.,
New York, N.Y. 10005, U.S.A. *July 10, 2020*

Gentlemen :

We accept your counter offer of June 25, 2020 in order to execute the first transaction with you.

In the course of our negotiation with you, we were reluctantly forced to cut our price to a point where no margin of profit is left to us.

Please note that your limit price barely covers the cost of production, and therefore we shall be unable to maintain our quality without any increase in price for your future orders.

We will proceed with the execution of this order immediately upon receiving your advice of the establisment of a letter of credit.

Awaiting your L/C No. and purchase note by return.

Yours very truly,
ABC Co., Ltd.

S. H. Oh
Manager, Trading Department

Q 53 수출입 매매계약은 어떻게 체결하나?

매매계약(Sales Contract)은 어느 한쪽의 Offer에 대하여 상대방이 Acceptance를 하면 성립한다(일반적으로 Seller가 제시하는 Offer를 Buyer가 Acceptance함으로써 매매계약이 성립하지만, 공급물량이 달리는 인기상품은 Buyer가 먼저 Purchase Order(P/O)를 하여 Seller가 Acknowledgement함으로써 매매계약이 성립하는 경우도 있음).

매매계약은 후일의 분쟁을 예방하기 위하여 매매계약서(Seller가 작성할 경우 Sales Contract 또는 Sales Note라 하며, Buyer가 작성할 경우 Purchase Contract 또는 Purchase Note라 함)를 2부 작성하여 양 계약당사자가 서명하고 1부씩 나누어 가지는 것이 원칙이다. 그러나 양 당사자 간에 지속적으로 거래할 경우 첫 거래 시에만 정식 매매계약서를 사용하고, 이후 반복되는 거래에서는 Offer Sheet에 양자가 서명하고 1부씩 나누어 가짐으로써 Sales Contract에 갈음하는 경우가 많다.

매매계약서의 기재내용은 거래 시마다 개별적으로 결정해야 하는 개별거래조건(표면조항 또는 타이핑 조항)과 일반적으로 모든 거래에 공통적으로 적용되는 일반거래조건(이면조항 또는 인쇄조항)이 있다.

Q 54 거래 시마다 약정해야 하는 매매계약서의 개별거래조건은?

개별거래조건(Case by Case Condition)은 거래 시마다 개별적으로 결정되어야 하는 조건으로 매매계약서 앞면에 기재한다. 매매계약서의 개별거래조건에는 계약당사자(Principal), 거래상품의 품명, 품질 및 규격(Item, Quality & Specification), 수량(Quantity), 가격(Price), 선적(Shipment), 보험(Insurance), 대금 결제방법(Payment), 포장(Packing), 검사(Inspection) 등의 조건을 명시한다.

Q 55 매매계약의 당사자는?

매매계약의 주체인 거래당사자(Principal)의 상호와 주소를 명시한다. 거래당사자는 거래기준에 따라 여러 가지로 호칭되며 매매관계에서는 Seller와 Buyer이다.

거래기준에 따른 거래당사자 명칭

구분	수출상	수입상
매매 관계	Seller	Buyer
무역 관계	Exporter	Importer
신용장 관계	Beneficiary	Applicant
선적 관계	Shipper(= Consignor)	Consignee
어음 관계	Drawer	Drawee
계정 관계	Accounter	Accountee
지급 관계	Payee	Payer

Q 56 매매계약의 확약문언은?

확약문헌(Confirmation of Contract)은 매매계약이 계약서에 기재된 내용과 같이 성립되었음을 확약하는 문언으로 일반적으로 'We as seller confirm having sold you as buyer the following goods on the terms and conditions as stated below and on the back hereof.' 와 같이 명기한다.

Q 57 품명, 품질 및 규격은 어떻게 표시하나?

품명, 품질 및 규격(Item, Quality & Specification)은 일반적으로 일괄하여 명기한다.

품질결정 방법과 시기

구분	종류
품질결정 방법	• 견본매매(Sales by Sample): 대부분의 일반 공산품(예: Quality to be same as sample No. 123) • 명세서매매(Sales by Description, Specification or Dimension): 기계류 • 상품매매(Sales by Brand or Trade Mark): Coca Cola 등 • 표준품매매(Sales by Standard): 농산물, 목재 등 –평균중등품질조건(FAQ: Fair Average Quality): 농산물 등(예: Quality to be fair average at the time and the place of shipment) –판매적격품질조건(GMQ: Good Merchantable Quality): 목재 등 • 규격등급매매(Sales by Type or Grade): KS표시품 등 • 점검매매(Sales by Inspection): 신제품, 악기 등
품질결정 시기	• 선적품질조건(Shipped Quality Terms 또는 TQ=Tale Quale): 대부분의 일반 공산품(General Merchandise) • 양륙품질조건(Landed Quality Terms 또는 RT=Rye Terms): 농산물, 광물 등 산적화물(Bulk Cargo)
품질증명 방법	• 수출상 자신의 수출품질검사(Seller's inspection to be final) • 국제적으로 공신력 있는 검사기관(Societ Generale De Surveillance S. A., Lloyd's Surveyor 등)의 품질검사

Q 58 수량은 어떻게 표시하나?

상품의 성질과 형태에 따라 개수(Piece, Dozen 등), 길이(Length), 용적(Measurement), 중량(Weight) 등의 단위로 수량(Quantity)을 명시한다.

수량 단위, 결정시기, 중량 및 톤

구분	종류
수량단위	• 개수: piece(pc), dozen(dz) 등 • 길이: feet(ft = 12inch), yard(yd = 3ft) 등 • 넓이(면적): ft^2(square feet), yd^2(square yard) 등 • 부피(용적): ft^3(cubic feet), m^3(cubic meter: CBM) 등 • 무게(중량): pound(lb), M/T(Metric Ton) 등
수량결정 시기	• 선적수량조건(Shipped Quantity Terms): 대부분의 일반 공산품(General Merchandise) • 양륙수량조건(Landed Quantity Terms): 농산물·광물 등 산적화물(Bulk Cargo)
포장재료 중량 포함 여부	• 총중량(Gross Weight): 포장재료의 중량을 포함한 총상품 중량 • 순중량(Net Weight): 포장재료의 중량을 제외한 순상품 중량
톤	• L/T(Long Ton): English Ton = 2,2401bs ≒ 1,016kg • S/T(Short Ton): American Ton = 2,0001bs ≒ 908kg • M/T(Metric Ton): Kilo Ton(K/T) = 2,2041bs = 1,000kg

Q 59 위험 및 비용 분기점을 나타내는 가격 조건은 어떻게 표시하나?

가격은 단위당 가격(Price)인 단가(Unit Price)와 단가에 총단위를 곱한 총금액(Total Amount)을 동시에 명기해야 하며, 반드시 FOB, CIF 등 가격조건(인도조건 또는 무역조건)을 명시해야 한다.

무역조건(가격조건 또는 인도조건)을 명시해야 하는 이유는 매도인과 매수인 간의 위험(Risk) 및 비용(Cost: 운임 및 보험료)의 이전시점이 분명해지기 때문이다.

무역조건에 대한 해석은 각국의 상관습에 따라 상이하므로 ICC (International Chamber of Commerce: 국제상업회의소)가 제정한 Incoterms (International Rules for the Interpretation of Trade Terms, 약칭 International Commercial Terms: 무역조건의 해석에 관한 국제규칙)의 규정에 따르는 것이 일반적이다.

현재 Incoterms 2020을 사용하고 있다.

Q 60 FOB 가격 산출방법은?

공장에서 생산되는 수출물품 원가에 포장비와 수출통관비용을 더하고, 선적항까지 운송하는 내륙운송비와 육상운송보험료, THC(Terminal Handling Charge: 선적항 터미널 작업 비용), 부두사용료(Wharfage), 본선적재비용을 다 합한 것이 FOB 조건의 수출물품 원가다. 여기에 수출상 이윤(Margin)을 더하면 FOB 가격이 산출된다.

Q 61 CFR 가격 산출방법은?

CFR 가격은 단순히 FOB 가격에 해상운임(Ocean Freight)을 더하면 된다. 그러나 해상운임에 추가 이윤을 더할지가 문제다. 일반적으로 현명한 매수인은 본인도 해상운임을 확인하기 때문에 추가 이윤을 더하여 CFR 가격을 제시하면 가격이 비싸다고 FOB 조건으로 거래할 것이다. 따라서 CFR 가격은 FOB 가격에 추가 이윤을 더하지 않고 단지 해상운임만 더하여 산출하는 것이 국제 상관례다.

Q 62 CIF 가격 산출방법은?

CIF 가격은 단순히 FOB 가격에 해상운임(Ocean Freight)과 해상적하보험료(Marine Cargo Insurance Premium)를 더하면 된다. 그러나 해상운임과 보험료에 추가 이윤을 더할지가 문제다. 일반적으로 현명한 매수인은 본인도 해상운임과 해상적하보험료를 확인하기 때문에 추가 이윤을 더하여 CIF 가격을 제시하면 가격이 비싸다고 FOB 조건으로 거래할 것이다. 따라서 CIF 가격은 FOB 가격에 추가 이윤을 더하지 않고 단지 해상운임과 해상적하보험료만 더하여 산출하는 것이 국제 상관례다.

Q 63 CIF 가격과 보험료 산출방법은?

FOB 가격은 공장에서 생산되는 수출물품 원가에 수출통관비용을 더하고, 선적항까지 더하면 수출물품의 가격인 단가(Unit Price)와 단가에 총단위를 곱한 총금액(Total Amount)을 동시에 명기해야 하며, 반드시 FOB, CIF 등 가격조건(인도조건 또는 무역조건)을 명시해야 한다.

※ FOB, C&F, CIF의 환산

- $C\&F = FOB + F$(운임)
- $CIF = C\&F + I$(CIF 기준 보험료) $= FOB + F + I^{*}$

  $^{*}I = (C\&F + I) \times 110\% \times r$(해상적하보험요율)

  $I = (C\&F)1.1r + I1.1r$

  $I - I1.1r = (C\&F)1.1r$

  $I(I - 1.1r) = (C\&F)1.1r$

  $$I = \frac{(C\&F)1.1r}{I1.1r}$$

Q 64 선적조건은 어떻게 표시하나?

선적(Shipment) 조건은 선적기일(Shipping Date)과 선적항/도착항(Shipping Port/Destination Port), 그리고 분할선적(Partial Shipment) 및 환적(Trans-shipment) 허용 여부를 명기한다.

선적기일 표시방법

구분	선적기일 표시방법	선적기일
특정기일 선적	• Not later than May 31, 2020 = Latest(By) May 31, 2020	2020. 5. 31까지
	• Within 30days after receipt of L/C	L/C 수령일 익일부터 기산하여 30일 이내
특정일경 선적	• On or about May 6, 2020	2020. 5. 1~5. 11 사이
연월 선적	• In May/June, 2020	2020. 5. 1~6. 30 사이
단월 선적	• In May, 2020	2020. 5. 1~5. 31 사이
상·하반월 선적	• In the first half of May, 2020	2020. 5. 1~5. 15 사이
	In the second half of May, 2020	2020. 5. 16~5. 31 사이
초·중·하순 선적	• In the beginning of May, 2020	2020. 5. 1~5. 10 사이
	In the middle of May, 2020	2020. 5. 11~5. 20 사이
	At the end of May, 2020	2020. 5. 21~5. 31 사이
사용금지 표현	• As soon as possible, promptly, immediately 등	• L/C: 유효기일 이내 • 기타: 해석기준이 없음

Q 65 보험조건은?

가격조건에 따라 보험(Insurance)을 들어야 할 사람, 즉 부보자가 결정된다(예컨대 FOB 가격조건으로 수출할 경우는 매수인이 부보하며, CIF 가격조건으로 수출할 경우는 매도인이 부보함). 보험금액(Insured Amount), 보험조건(Insurance Condition), 부보통화(Currency Insured) 및 보험금지급지(Settlement Place) 등을 명기한다.

해상적하보험에서 보험금액은 송장금액(Invoice Value)의 100%에 10%의 희망이익·기대이익·예상이익(Expected, Anticipated or Estimated Profit)을 더한, 즉 송장금액의 110%를 부보하는 것이 일반적이다. 아무런 언급이 없으면 신용장 통일 규칙상 CIF 또는 CIP 가격의 110%를 부보해야 한다.

보험조건에는 구약관의 ICC(All Risks), ICC(WA), ICC(FPA)와 신약관의 ICC(A), ICC(B), ICC(C) 등이 있다. 보험조건에 대하여 아무런 언급이 없으면 Incoterms 2020 규정상 CIF 조건은 ICC(FPA)나 ICC(C)로 부보하면 되며, CIP 조건은 ICC(All Risks)나 ICC(A)로 부보하면 된다.

부보통화는 환차손을 방지하기 위하여 환어음통화와 동일한 통화로 하는 것이 일반적이다. 보험금지급지는 보험사고 발생 시 보험회사로부터 보험금을 지급받을 수 있는 장소로 수입상의 편의를 위하여 수입상 소재지로 하는 것이 일반적이다.

수입상 소재지에 보험회사의 지사 또는 대리점이 없더라도 전 세계적인 조직망을 갖춘 Lloyd's Agent가 보험사고의 조사보고(Survey Report) 및 보험금 지급을 대행하므로 보험금 지급장소가 수입상 소재지로 되어 있어도 문제는 없다.

해상적하보험 조건의 종류

구약관		신약관
• ICC(All Risk):	Institute Cargo Clauses(All Risks) 협회적하약관(전위험담보)	• ICC(A)
• ICC(WA):	Institute Cargo Clauses(With Average) 협회적하약관(분손담보)	• ICC(B)
• ICC(FPA):	Institute Cargo Clauses(Free from Particular Average) 협회적하약관(단독해손부담보)	• ICC(C)

Q 66 대금결제 조건은 어떻게 표시하나?

수출대금을 회수하는 방법에는 송금(Remittance), 추심(Collection), 신용장(L/C: Letter of Credit), 국제팩토링(International Factoring) 등이 있다. 구체적인 대금결제(Payment) 수단에는 송금수표(D/D: Demand Draft), 우편환(M/T: Mail Transfer), 전신환(T/T: Telegraphic Transfer) 등이 있다.

대금결제 방법의 종류

구분	종류
송금 (Remittance)	• 사전송금방식: 선불 – CWO(Cash With Order: 현금출급주문): 주문 시 대금지불 • 사후송금방식: 후불 – Open Account: 물품 및 운송서류 인도 후 대금 결제되는 순수한 후불 – COD(Cash On Delivery: 화물인도 대금결제방식): 물품인도와 동시에 대금결제 – CAD(Cash Against Documents: 서류상환 대금결제방식): 운송서류 인도와 동시에 대금결제
추심 (Collection)	• D/P(Documents against Payment: 선적서류 지급인도조건): 운송서류와 환어음을 제시함과 동시에 대금결제 • D/A(Documents against Acceptance: 선적서류 인수 인도조건): 외상거래 – D/A(at 90 days after sight): 일람 후 90일에 대금결제 – D/A(at 90 days after the date of shipment): 선적 후 90일에 대금결제
신용장 (L/C: Letter of Credit)	• Sight L/C(일람불신용장): 운송서류 및 환어음 제시 즉시 대금결제(은행보증) • Usance L/C(기한부신용장): 외상거래(은행보증) – Usance L/C(at 90 days after sight): 일람 후 90일에 대금결제 – Usance L/C(at 90 days after the date of shipment): 선적 후 90일에 대금결제
국제팩토링 (International Factoring)	• IFG(International Factors Group) 등 국제팩토링그룹에 가입되어 있는 Export Factor(수출국 팩토링회사) 및 Import Factor(수입국 팩토링회사)의 무역금융수혜 및 지급보증으로 대금결제가 이루어지는 최근의 결제방법

Q 67 포장 조건은 어떻게 표시하나?

포장(Packing)은 화물의 성질에 따라 가장 합리적이고 안전한 방법을 명기한다. 일반 공산품의 경우 'Export Standard Packing'으로 명기하는 경우가 많다. 수출상이 포장을 잘못하여 수출화물이 손상되었을 경우 해상적하보험에서도 보상되지 않으므로 화물의 성질에 따라 가장 합리적이고 안전한 포장을 해야 한다.

Q 68 화인 표시는 어떻게 하나?

화인(貨印, Shipping Mark)은 화물운송 및 보관 시 취급과 분류를 원활히 하도록 매수인이 매도인에게 마름모형 등에 수입상의 상호약어 등을 표시하고 그 밑에 도착항구, 포장일련번호, 원산지 등을 명시하도록 요구하는 것이 일반적이다.

Q 69 수출물품의 선적권 검사 방법은?

선적권 검사(Inspection)는 상품의 성질에 따라 국제적으로 공신력 있는 검사기관(Societ Generale de Suvrveillance S. A., Lloyd's Surveyor 등)이 검사할 것을 요구할 수도 있지만, 일반 공산품의 경우 '수출상 자신의 검사가 유효하다(Seller's inspection to be final)'고 명시하는 것이 일반적이다.

Q 70 매매계약서의 일반거래조건에는 어떤 내용이 기재되나?

일반거래조건(General Terms and Conditions)은 일반적으로 모든 거래에 공통적으로 적용되는 거래조건으로 매매계약서 뒷면에 인쇄되어 있다. 매매계약서의 일반거래조건에는 매매당사자 간 계약확약 문언, 선적, 검사, 무역조건, 권리침해, 클레임 제기시한, 분쟁발생 시 중재 및 준거법 적용 등이 명기된다.

매매당사자 간 계약원칙(Principal to Principal Basis)

매매당사자 간의 계약임을 확약하는 문언을 명시한다.

선적(Shipment)

개별거래조건에서 선적기일, 선적항/도착항, 분할선적 및 환적 허용 여부가 명기되지만, 일반거래조건에서도 분할선적과 환적 허용 여부가 재차 언급된다. 그리고 매도인이 좌우할 수 없는 불가항력(Force Majeure)에 의하여 선적 등의 계약이행이 불가능하거나 지연된 경우는 매도인이 면책됨을 명기한다.

검사(Inspection)

매매계약서 앞면에 검사에 관한 명시규정이 없는 한 한국수출규정에 의한 검사가 최종적임을 명기한다.

무역조건(Trade Terms)

일반적으로 ICC가 제정한 INCOTERMS에 따른다고 명시한다.

권리침해(Infringement)

OEM(Originated or Ordered Equipment Manufacturing: 주문자 상품생산) 수출방식에 따른 수출 시 매수인의 주문에 의하여 매도인이 사용한 특허권(Patent), 상품권(Trade Mark) 등에 대한 권리침해에 대해 매도인이 면책됨을 명기한다.

클레임(Claim)

클레임 제기시한을 명시하는 것으로 제기시한이 짧을수록 매도인에게는 유리하지만, 대부분 일반공산품은 화물수령 후 14일 이내에 클레임을 제기할 것을 요구한다.

중재(Arbitration)

분쟁발생 시 법원의 판결에 의하지 않고 본 매매계약서에 명기된 중재기관의 중재에 따르며 중재인의 판결은 최종적임을 명시한다.

매매계약서(앞면)

ABC CO., LTD.

Manfacturers, Exporters & Importers TEL : (02) 983-8710
123 Samsung-Dong, Kangnam-Ku, Seoul, Korea FAX : (02) 983-8711

SALES CONTRACT NO. 123

Messrs : XYZ CO., LTD.
50 Liberty St., New York, N.Y. 1005, U.S.A.

Gentlemen : We as Seller confirm having sold you as Buyer the following goods on the terms and conditions as stated below and on the back hereof.

ITEM	COMMODITY & DESCRIPTION	QUANTITY	UNIT PRICE	AMOUNT
			CIF New York Per Piece	
Blue Jeans	Men's Blue Jean : Style No. 500	25,000pcs	@ US$20.00	US$500,000
	Women's Blue Jean : Style No.600	25,000pcs	20.00	500,000
Total		50,000pcs		US$1,000,000

Origan : Republic of Korea
Shipment : Not later than January 21, 2020
Shipping Port : Busan Port, Korea
Destination Port : New York Port, U.S.A.
Partial shipment : Not allowed
Transhipment : Allowed
Insurance : Seller to cover the C.I.F. price plus 10% against All Risks inciuding War and SRCC Risks
Payment : By irrevocable documentary L/C at sight to be opened in favour of ABC Co., Ltd., Seoul, Korea
Packing : Export standard packing
Inspection : Seller's inspection to be final
Documents Required :
1) Full set of clean on board ocean Bills of Lading, to order of shipper, blank endorsed, marked "Freight prepaid" and Notify "XYZ Co., Ltd."
2) Insurance Policy or Certificate for full invoice value plus 10%, with claims payable in New York in the same currency as the draft, covering Institute Cargo Clauses(All Risks) including War and SRCC risks
3) Signed Commercial Invoice in triplicate
4) Packing list in triplicate
5) Certificate of origin in duplicate
6) Beneficiary's dratfts at sight for 100% of invoice cost drawn on issuing bank of L/C

Covering : "50,000 pieces of blue jeans US$20.00 per piece C.I.F. New York as per Contract No. 123"

Shipping Mark :

XYZ
NEW YORK
BOX NO 1/UP
MADE IN KOREA

PLEASE SIGN AND RETURN THE DUPLICATE.

BUYER
XYZ CO., LTD.
(Signed)
David Jones
President

SELLER
ABC CO., LTD.
(Signed)
S. H. Oh
Manager, Trading Department

매매계약서(뒷면)

General Terms and Conditions

1. Principal to Principal Basis : This Contract recognizes the fact that it is on a principal to principal basis between Seller and Buyer.
2. Shipment : The date of shipment shall be taken as the conclusive date of shipment. Partial shipment and/or transshipment shall be permitted, unless otherwise stated on the face hereof. Seller shall not be responsible for nonshipment or late shipment in whole or in part by reason of Force Majeure, such as fires, floods, earthquakes, tempests, strikes, lockouts, and other industrial disputes, mobilization, war, threat of war, riots, civil commotion, hostilities, blockade, requisition of vessel, and any other contingencies beyond Seller's control.
3. Inspection : Inspection performed under export regulation of Korea is final in respect of quality and/or conditions of the contracted goods, unless otherwise stated on the face hereof.
4. Trade Terms : The trade terms used in this Contract shall be governed and interpreted by the provisions of Incoterms (2020 edition) unless otherwise specifically stated.
5. Infringement : Buyer shall hold Seller harmless from liability for any infringement with regard to patent, trade mark, design and /or copyright originated or chosen by Buyer.
6. Claim : Any claim by Buyer must be made in writing within fourteen(14) days of receipt of the goods at destination stated on the face hereof, and no claim will be recognized if they are used.
7. Arbitration : All disputes, controversies or differences which may arise between Seller and Buyer, out of or in relation to or in connection with this Contracts, or for the breach thereof, shall be finally settled by arbitration in Seoul, Korea in accordance with the Commercial Arbitration Rules of the Korean Commercial Arbitration Board and under the Laws of Korea. The award rendered by the arbitrator(s) shall be final and binding upon parties.

신용장은 무엇이며 왜 필요한가

Q 71 신용장의 개념과 메커니즘은?

신용장(L/C: Letter of Credit)이란 수입자의 요청과 지시에 따라 수입자를 신용장 개설 의뢰인(Applicant Beneficiary)으로 하고 수출자를 수익자(Beneficiary)로 하여 수입자의 거래은행(L/C Issuing or Opening Bank)이 수출자로 하여금 L/C에 명시된 조건과 일치하는 운송서류(Transport Documents)를 제시하면 수출대금인 신용장금액을 틀림없이 지급하겠다는 확약서다.

신용장거래의 메커니즘은 다음과 같다.

① 수출자는 수입자와 매매계약을 체결하고 Sales Note(또는 Offer

Sheet)를 교환한다.

② 수입자는 수입제한승인품목의 경우 Offer Sheet 등 수입승인에 필요한 서류를 준비하여 관련 협회나 조합 등에 가서 I/L(Import License: 수입승인서)을 발급받는다.

③ 수입자는 I/L을 발급받은 후 거래은행에 L/C 개설을 의뢰해야 한다.

④ 수입자로부터 L/C 개설의뢰를 받은 L/C 개설은행은 L/C를 발행하여 수출지 소재의 환거래은행에 L/C를 송부한다.

⑤ L/C를 접수한 통지은행은 지체 없이 수출자에게 L/C 도착을 통지하고 이를 통보받은 수출자는 L/C를 수취한다.

⑥ L/C를 수취한 수출자는 수출제한승인품목의 경우 L/C 등 수출승인에 필요한 서류를 준비하여 관련 협회나 조합 등에 가서 E/L(Export License: 수출승인서)을 신청해 발급받는다.

⑦~⑧ E/L을 발급받은 수출자는 수출물품을 확보하여 수출통관을 거친 후 운송회사에 수출물품을 선적하고 B/L(선하증권: Bill of Lading)을 교부받는다.

⑨ B/L을 교부받은 수출자는 보험증권(필요시), 상업송장, 환어음 등 선적서류를 준비하여 매입은행에 환어음매입을 의뢰한다.

⑩ 선적서류를 첨부한 환어음을 매입의뢰받은 매입은행은 서류를 검토하고 수출자에게 수출대금을 지급한다.

⑪ 수출대금을 지급한 매입은행은 지급한 수출대금을 결제받기 위해 L/C 개설은행에 선적서류를 송부하고 환어음대금을 상환받는다.

⑫ 선적서류를 받은 L/C 개설은행은 수입자에게 선적서류 도착을 통지한다.

신용장거래의 메커니즘

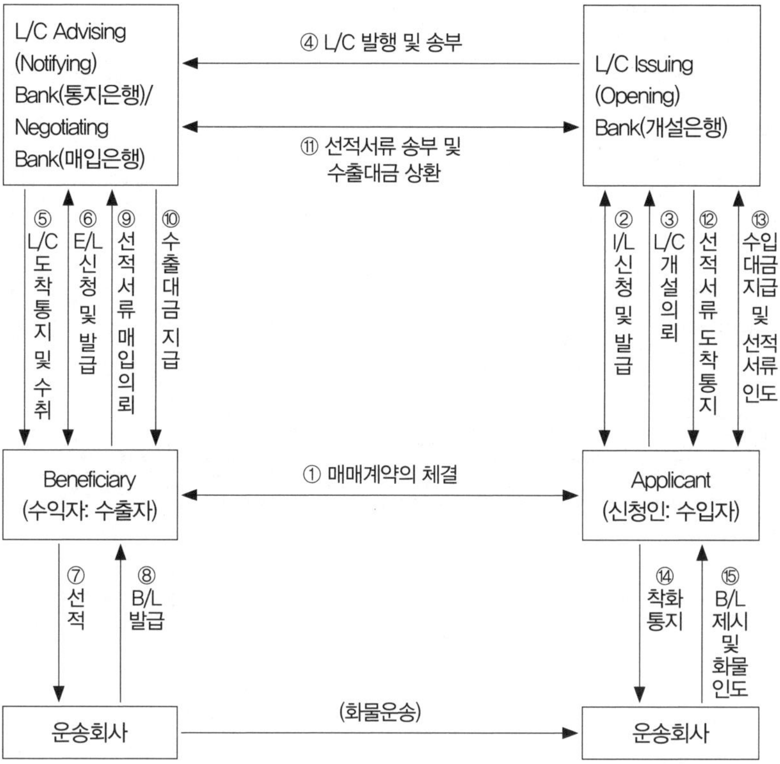

우편신용장(Letter of Credit: L/C)

Name of Issuing Bank:
CITI BANK
40 Liberty St., New York,
N.Y. 1005, U.S.A.

Irrevocable Documentary Credit

Number: SH-9838710

Place and Date of Issue: New York, November 10, 2020

Expiry Date and Place for Presentation of documents
Expiry Date: January 31, 2020
Place for Presentation: At the counter of negotiating bank

Applicant: XYZ CO., LTD.
50 Liberty St., New York
N.Y. 1005, U.S.A.

Beneficiary: ABC CO., LTD.
123 Samsung-Dong, Kangnam-Ku,
Seoul, Korea

Advising Bank: Reference. No.
HANIL BANK
SEOUL, KOREA

Amount:
U.S.$1,000,000.00(U.S. Dollars One Million only)

Partial shipments ☐ allowed ☒ not allowed

Transhipment ☒ allowed ☐ not allowed

☐ Insurance covered by buyers

Credit available with Nominated Bank:
☐ by payment at sight
☐ by deferred payment at:
☐ by acceptance of drafts at:
☒ by negotiation

Shipment as defined in UCP 500 Article 46
From: Busan Port, Korea
For transporation to: New York Port, U.S.A.
Not later than: January 21, 2021

Against the documents detailed herein:
☒ and Beneficiary's draft(s) at sight drawn on:
issuing bank for full invoice value

1) Full 3/3 set of clean on board ocean Bills of Loading, to order of shipper, blank endorsed, marked "Freight prepaid" and notify XYZ CO., LTD.
2) Insurance Policy or Certificate for full invoice value plus 10%, with claims payble in New York in the same currency as the draft, covering Institute Cargo Clauses (All Risks) including War and SRCC risks.
3) Signed commercial Invoice in triplicate
4) Packing List in triplicate
5) Certificate of Origin in duplicate

Covering :
"50,000 pieces of blue jeans U.S.$20.00 per piece C.I.F. New York as per Contract No. 123"
Other conditions :
All banking charges outside U.S.A. are for account of beneficiary.
Instructions for negotiating bank :
Negotiating bank should forward the documents direct to issuing bank in two separate registered airmail.

Documents to be presented within 10 days after the date of shipment but within the validity of the Credit.

We hereby issue the Irrevocable Documentary Credit in your favour. It is subject to the Uniform Customs and Practice for Documentary Credits (1993 Revision, International Chamber of Commerce, Paris, France. Publication No. 500) and engages us in accordance with the terms thereof. The number and the date of the Credit and the name of our bank must be quoted on all drafts required. If the Credit is available by negotiation, each pressentation must be noted on the reverse side of the advice by the bank where the Credit is available.

The document consists of 1 signed page(s)

Name and signature of the issuing Bank

Advice for the Beneficiary

전신신용장 원본

RECEIPT NUMBER : 076260
DATE : 991113
TO : HANIL BANK, SEOUL, KOREA
FM : CITI BANK
　　40 LIBERTY ST., NEW YORK, N.Y.1005, U.S.A.
　　TEL 011-334-8710, FAX 011-335-8710
▬ TESTED FOR USD 1,000,000.00

PLEASE ADVISE THIS CREDIT TO THE BENEFICIARY WITHOUT ADDING YOUR CONFIRMATION IMMEDIATELY ON RECEIPT OF THIS CREDIT.
WE OPEN IRREVOCABLE DOCUMENTARY CREDIT NO. SH-9838710
BENEFICIARY : ABC CO., LTD.
　　123 SAMSUNG-DONG, KANGNAM-KU, SEOUL, KOREA
APPLICANT : XYZ CO., LTD.
　　50 LIBERTY ST., NEW YORK, N.Y. 1005, U.S.A.
AMOUNT : USD 1,000,000.00(U.S. DOLLARS ONE MILLION ONLY)
EXPIRY DATE AND PLACE : JANUARY 31, 2020 IN KOREA
TRADE TERM : CIF NEW YORK, INCOTERMS 2020
AVAILABLE WITH ANY BANK BY NEGOTIATION OF BENEFICIARY'S DRAFT(S) AT SIGHT DRAWN ON ISSUING BANK FOR FULL INVOICE VALUE
DOCUMENTS RQUIRED :
1. FULL 3/3 SET OF CLEAN ON BOARD OCEAN BILLS OF LADING MADE OUT TO ORDER OF SHIPPER AND BLANK ENDORSED, MARKED "FREIGHT PREPAID" AND NOTIFY THE APPLICANT
2. INSURANCE POLICY OR CERTIFICATE IN DUPLICATE, ENCORSED IN BLANK, FOR 110 PERCENT OF THE CIF INVOICE VALUE, WITH CLAIMS PAYBLE IN NEW YORK IN THE SAME CURRENCY AS THE DRAFT, COVERING INSTITUTE CARGO CLAUSES(ALL RISKS) INCLUDING WAR AND SRCC RISKS
3. SIGNED COMMERCIAL INVOICE IN TRIPLICATE
4. PACKING LIST IN TRIPLICATE
5. CERTIFICATE OF ORIGIN IN DUPLICATE

COVERING : "50,000 PIECES OF BLUE JEANS USD 20.00 PER PIECE CIF NEW YORK AS PER CONTRACT NO. 123"
SHIPMENT : FROM BUSAN PORT, KOREA FOR TRANSPORTATION TO NEW YORK PORT, U.S.A.,
　　NOT LATER THAN JANUARY 21, 2020
PARTIAL SHIPMENT : NOT ALLOWED
TRANSHIPMENT : ALLOWED
OTHER CONDITIONS :
· ALL BANKING CHARGES OUTSIDE U.S.A. ARE FOR ACCOUNT OF BENEFICIARY
· DOCUMENTS MUST BE PRESENTED WITHIN 10 DAYS AFTER THE DATE OF SHIPMENT, BUT NOT LATER THAN JANUARY 31, 2020 IN THE COUNTRY OF BENEFICIARY
· DRAFT(S) MUST QUOTE THE NUMBER, DATE AND NAME OF ISSUING BANK OF THIS CREDIT.

INSTRUCTIONS FOR NEGOTIATING BANK : NEGOTIATING BANK SHOULD FORWORD THE DOCUMENTS DIRECT TO ISSUING BANK IN TWO SEPARATE REGISTERED AIRMAIL AND THE AMOUNT DRAWN MUST BE ENDORSED ON THIS ADVICE BY NEGOTIATING BANK.
THIS CREDIT IS SUBJECT TO U.C.P.600(2007 REVISION), AND THIS IS THE OPERATIVE INSTRUMENT AND NO MAIL CONFIRMATION FOLLOWS
REGARDS,
CITI BANK, NEW YORK

⑬ 선적서류 도착을 통지받은 수입자는 L/C 개설은행에 수입대금을 지급하고 선적서류를 인도받는다.

⑭ 운송회사는 화물이 도착하면 수입자에게 착화(화물도착)통지를 한다.

⑮ 착화통지를 받은 수입자는 수입통관 후 운송회사에 B/L을 제시하고 화물을 인도받음으로써 수출입거래가 종결된다.

Q 72 신용장의 당사자는?

신용장의 당사자라 함은 신용장의 개설 및 이행에 결정적인 역할을 담당하는 ① 개설의뢰인(Applicant), ② 개설은행(Issuing Bank), ③ 수익자(Beneficiary)를 말하며 확인신용장인 경우에는 ④ 확인은행(Confirming Bank)도 포함된다.

일단 개설이 완료된 신용장은 이들 신용장 당사자 전원의 일치된 합의가 없는 한 조건변경 및 취소를 할 수 없다.

Q73 개설의뢰인이란?

개설의뢰인(Applicant)은 매매당사자 간의 약정에 따라 수입국에서 자신의 거래은행에 신용장의 개설을 의뢰하는 자를 말하므로 이는 매매계약 이행단계에 따라 Buyer(매매관계), Importer(무역관계), Applicant(신용장관계), Consignee(선적관계), Drawee(어음관계), Accountee(계정관계), Payer(지급관계) 등 여러 가지 명칭으로 불린다. 개설의뢰인을 신용장의 당사자로 보는 견해도 있지만 엄격한 의미에서는 신용장 당사자가 될 수 없다는 견해가 많다.

Q74 개설은행이란?

개설은행(Issuing Bank, Opening Bank)은 수입자의 요청과 지시에 따라 신용장을 개설하고 수출자가 발행하는 환어음에 대하여 대금지급을 확약하는 은행으로 신용장 관계 당사자 중에서도 사실상 가장 중요한 역할을 한다.

Q 75 수익자란?

수익자(Beneficiary)는 매매계약상의 매도인으로 해당 신용장의 조건에 따라 수출을 완료하였을 경우 이익을 취하는 당사자를 말한다. 이는 매매계약이행의 각 단계에 따라 Seller(매매관계), Exporter(무역관계), Beneficiary(신용장관계), Shipper 또는 Consignor(선적관계), Drawer(어음관계), Accounter(계정관계), Payee(지급관계) 등 여러 가지 명칭으로 불린다.

Q 76 확인은행이란?

확인은행(Confirming Bank)은 수출상이 개설은행의 신용을 믿지 못하여 신용 있는 제3의 은행으로 하여금 해당 신용장의 대금지급을 재차 확약하도록 요청할 경우 이에 따라 개설은행과 동일한 지위를 맡게 되는 은행을 말한다. 대금지급 책임을 부담하기 때문에 개설은행과 동일한 신용장 당사자로서 지위를 부여하는 것이다.

이 확인은행의 확인이 있는 신용장을 확인신용장(Confimed L/C), 확인이 없는 신용장을 미확인신용장(Unconfirmed L/C)이라고 한다.

Q 77 통지은행이란?

통지은행(Advising Bank, Notifying Bank, Transmitting Bank)은 신용장을 통지하는 은행을 말하며 신용장 당사자는 아니다. 신용장 개설 시에 한번 선임되면 그 신용장이 이행 완료될 때까지는 타 은행으로 교체되지 아니한다.

Q 78 양도은행이란?

양도은행(Transferring Bank)은 양도가능신용장(Transferable L/C)을 받은 원수익자, 즉 양도인(first beneficiary)의 요청에 따라 제3자, 즉 양수인(second beneficiary)에게 신용장을 양도하는 은행을 말한다. 양도가능신용장의 경우 신용장상에 양도은행이 반드시 명시되어 있어야 한다.

Q 79 매입은행이란?

매입은행(Negotiating Bank)은 매입신용장의 경우 수출상의 서류를 매입하고 수출대금을 지급하는 수출지의 은행을 가리킨다.

Q 80 재매입은행이란?

재매입은행(Renegotiating Bank)은 최초 매입은행으로부터 선적서류를 재매입하는 은행을 가리킨다.

Q 81 상환은행 또는 결제은행이란?

상환은행 또는 결제은행(Reimbursing Bank 또는 Settling Bank)은 개설은행의 지시에 따라 매입은행에 신용장대금을 결제해주는 은행을 가리킨다. 통상 개설은행의 예치환거래은행이 상환은행이 된다.

Q 82 신용장의 특성은?

신용장의 특성은 송금이나 추심에 의한 결제방식보다 대금회수불능의 위험이 적으며(안정성/편리성), 일단 신용장이 발행되면 매매계약과는 독립된 거래로(독립성) 실물의 하자와 관계없이 신용장에서 요구하는 서류상 하자가 없는 한 대금이 결제되는 서류상 거래다(추상성). 이처럼 신용장이 편리한 대금 결제수단이지만 L/C 개설은행의 파산으로 인한 대금회수 불가능과 위조된 서류의 제시로 인한 대금결제상 문제점 등 한계점(한계성)이 있다.

Q 83 신용장의 안정성 · 편리성이란?

수출상이 신용장 조건에 일치하는 서류를 제시하는 한 개설은행은 무조건 대금을 지급해야 하므로 수출상은 대금회수에 대해 불안해할 필요가 없게 된다.

수입상 측에서 신용장 내용을 변경하거나 취소할 때는 수출상의 명시적 동의를 얻어야 하므로 신용장이 개설되는 때부터 거래내용이 확정되고, 수입상이나 개설은행의 일방적 횡포가 불가능하게 된다. 따라서 수출상은 다른 것에는 신경 쓸 필요 없이 오로지 선적준비에만 전념할 수 있다.

수출상은 상품을 선적한 후 선하증권 등 신용장에서 요구하는 서류를 제공함으로써 즉시 수출환어음의 매입(Negotiation: Nego) 의뢰가 가능하다. 따라서 수출상은 신용장 대금의 대소에 상관없이 내수판매보다 오히려 더 빠른 시간 안에 현금을 수령할 수 있다. 또한 신용장을 받은 자는 생산자금이나 원자재 수입·구매자금 등 무역금융을 수혜할 수 있어 자금 부담이 경감된다.

Q 84 신용장의 독립성이란?

신용장은 어디까지나 양 당사자 간에 체결한 매매계약에 근거하여 개설되지만 일단 신용장이 개설되면 신용장에 관련되는 여러 당사자(특히 은행들)는 신용장을 매매계약과 상관없는 별개의 독립된 거래로 간주해 신용장에 언급된 사항에만 제한을 받게 되고, 비록 신용장의 내용이 매매계약과 서로 모순되거나 상이하더라도 매매계약에는 전혀 신경 쓸 필요가 없게 되는 특성, 즉 매매계약과는 별개로 독립성을 가지게 된다.

예컨대 매매계약서상에 청바지 수출로 되어 있더라도 신용장상에 청점퍼로 되어 있으면, 청점퍼를 선적하고 청점퍼를 명시한 선적서류를 제시하면 은행은 대금을 결제해야 한다.

Q 85 신용장의 추상성이란?

신용장과 관련하여 선적서류를 매입하거나 지급하는 당사자는 모두 은행들인데 은행은 상품에 대한 전문지식이 없으며 복잡한 계약관계의 개입을 기피하는 기본입장 때문에 매매당사자 간의 사실상 거래내용에는 관여하기 어렵다.

따라서 은행이 지급, 연지급, 인수, 매입 등에 응할 때 수출상이 제시하는 여러 가지 서류나 신용장의 요구사항과 일치하는지, 또는 서류 상호 간의 모순이 있는지를 오로지 제출된 서류만을 근거로 심사해야 하는데, 이를 신용장의 추상성이라 한다.

예컨대 신용장상에 청바지를 수출할 경우 실제로 걸레를 선적하였다 하더라도 신용장에서 요구하는 청바지를 명시한 선적서류를 제시하는 한 은행은 대금을 결제해야 한다.

Q 86 신용장의 한계성이란?

신용장이 상기와 같이 안전하고 편리한 결제수단이지만 신용장 개설은행의 파산(예: 1990년 BCCI 은행 파산사건) 등으로 인한 대금회수 불가능의 위험과 정교하게 위조된 서류의 제시로 인한 대금결제상 문제점(예: 1991년 신한인터내셔널의 사기사건과 1993년 국방부조달본부가 사기당한 사건)이 있다. 이를 신용장의 한계성이라고 한다.

신용장의 특성

특성	설명
안정성/ 편리성	• 수입자의 신용과 관계없이 L/C 개설은행의 신용으로 대금회수가 보장됨 • L/C 개설과 동시에 수입자가 매매계약을 취소 또는 변경할 수 없게 됨 • 수출자가 L/C 수령 후 Local L/C(내국신용장), 무역금융 등의 금융혜택을 받음 • 선적 후 수입자가 대금결제를 하기 전에도 수출자 소재지 은행에 매입 등을 의뢰함으로써 수출대금회수가 빨라 금융혜택을 받음 • 수입자로서도 L/C상 요구하는 선적서류를 인도받으면서 수입대금을 결제하므로 금융혜택을 받으며 수입물품의 수령이 보장됨
독립성	• L/C는 매매계약에 근거해 개설되지만, 일단 L/C가 개설되면 L/C는 매매계약과는 독립된 거래가 됨(신용장 당사자들은 오로지 신용장 내용에만 제한을 받음)

특성	설명
추상성	• 실물의 하자 여부에도 불구하고 신용장에서 요구하는 서류상 하자가 없는 한 수출대금이 결제됨
한계성	• L/C가 편리한 결제수단이기는 하지만 L/C 개설은행의 파산 등으로 인한 대금회수 불가능과 위조서류 등의 위험이 존재함

Q 87 신용장의 종류는?

신용장의 종류는 분류기준에 따라 다양하다.

신용장의 종류

구분	종류	내용
취소가능 여부	• Irrevocable L/C (취소불능신용장) • Revocable L/C (취소가능신용장)	• L/C 당사자 전원의 동의 없이는 취소 또는 변경이 불가능(L/C상 취소가능 여부 표시가 없으면 취소불능신용장으로 간주) • L/C 개설은행이 수익자의 사전 동의 없이 언제라도 취소 또는 변경이 가능(이미 매입한 금액에 대해서는 취소불능)
운송서류 첨부 여부	• Documentary L/C (화환신용장) • Clean L/C (무화환신용장)	• 운송서류를 첨부해야 대금이 결제됨 • 운송서류 첨부 없이 대금이 결제됨

구분	종류	내용
결제방법 기준	• Payment L/C (지급신용장) • Deferred Payment L/C(연지급신용장) • Acceptance L/C (인수신용장) • Negotiation L/C (매입신용장)	• 예치환거래은행이 지급은행, 어음불제시(일람불), 비배서 • 예치환거래은행이 연지급은행, 어음불제시(기한부), 비배서 • 예치환거래은행이 인수은행, 어음제시(기한부), 비배서 • 무예치환거래은행 등 모든 은행이 매입은행, 어음제시(일람불 또는 기한부), 배서
결제기간 기준	• Sight L/C (일람불신용장) • Usance L/C (기한부신용장)	• 운송서류 제시 즉시 대금결제 • 운송서류 인도 후 일정기간(Usance기간) 경과 후 대금결제(외상거래)
양도가능 여부	• Transferable L/C (양도가능신용장) • Non-Transferable (양도불능신용장)	• L/C 금액의 전부 또는 일부를 타인에게 양도가능(1회에 한함. 주로 수출대행 시 사용) • 타인에게 양도불능한 대부분의 신용장(양도가능 여부 표시가 없으면 양도불능신용장)
확인 여부	• Confirmed L/C (확인신용장) • Unconfirmed L/C (미확인신용장)	• 개설은행에 추가하여 또 다른 확인은행(Confirming)이 추가보증(통상 통지은행이 확인은행이 됨) • 확인되지 않은 대부분 신용장
매입은행 지정 여부	• Freely Negotiable/ General/pen L/C (자유매입/일반/개방 신용장) • Restricted Negotiable L/C (매입제한신용장)	• 매입은행이 제한되지 않음 • 매입은행이 지정되어 있음

구분	종류	내용
발행지 기준	• Master L/C (원신용장) • Local L/C (내국신용장)	• 수입자의 의뢰로 L/C 개설은행이 수출자 앞으로 개설한 원신용장 • 수출자의 의뢰로 수출자의 국내거래은행이 국내의 수출용 원자재나 완제품 공급자 앞으로 발행한 신용장
상환청구 가능 여부	• With Recourse L/C (상환가능신용장) • Without Recourse L/C(상환불능신용장)	• Nego 후 개설은행이 대금지불 거절 시 수출상은 매입은행에 Nego 대금을 상환해야 함 • 일단 Nego한 대금은 개설은행의 대금지불 여부에 불문하고 상환하지 않아도 됨(우리나라는 어음법상 인정되지 않음. 단 Nego 은행이 확인은행일 경우는 인정됨)
기타	• Red Clause L/C (선대신용장) • Revolving L/C (회전신용장) • Back to back L/C (동시개설신용장) • Escrow L/C (기탁신용장) • Tomas L/C (토머스신용장)	• L/C상에 수출대금 일부를 선적 전에 미리 결제할 수 있다는 적색문언에서 유래(플랜트수출 등에 사용) • 양 당사자 간에 동일조건의 반복거래가 이루어질 경우, 선적 후 대금결제가 완료되면 자동적으로 동 신용장이 다시 유효하여 반복사용이 가능함 • 수출자와 수입자가 동시에 신용장을 개설해야 유효함(주로 연계무역에 사용) • 수출대금을 수입국 은행의 기탁계정(Escrow Account)에 예치하고 수입국으로부터 수입 시에만 사용 가능(주로 연계무역에 사용) • 일정기간 내 수출자도 신용장을 개설하겠다는 보증서를 요구하는 신용장(과거 일본과 중국과의 연계무역 시 사용한 전신부호 TOMAS에서 유래)

구분	종류	내용
기타	• Back to back L/C (견질신용장) • Stand-by L/C (보증신용장)	• 외국의 수입자로부터 받은 원신용장(Master L/C)을 견질로 하여 원신용장수익자의 거래은행이 원신용장수익자(수출자)의 원자재나 완제품공급자에게 발행하는 신용장(내국인에게 발행되면 Local L/C, 외국인에게 발행되면 Sub L/C라 하며 주로 중계무역에 사용됨) • 실물 수출입거래에 사용되는 화환신용장이 아니라 보증을 위해 발행되는 무화환신용장(수출선수금 환급보증, 입찰보증금, 계약이행보증금 등에 사용됨)

Q 88 취소가능신용장이란?

신용장상에 'This is a revocable documentary credit. It is subject to cancellation or amendment at any time without prior notice to you.' 등과 같이 revocable이라는 문자가 표시되어 있으면 취소가능신용장(Revocable L/C)으로 개설은행은 수익자 동의 없이 일방적인 의사표시로 신용장의 매입통지가 있기 전에는 아무 때나 취소할 수 있다.

그러나 매입은행이 개설은행으로부터 취소통지를 받기 전에 신용장 조건과 일치하는 서류를 매입하였을 경우 개설은행은 이를 상환해야 한다.

우리나라에서는 수출의 경우 해외로부터 취소가능 신용장을 받은 자는 수출승인(E/L)을 받을 수 없다. 그러나 수입할 때는 취소가능신용장을 개설하더라도 아무런 제한조치가 따르지 않는다.

Q 89 취소불능신용장이란?

신용장은 대부분 'This is an irrevocable documentary credit.' 등과 같이 irrevocable이라는 문자가 표시되어 있는 취소불능신용장(Irrevocable L/C)이다. 취소불능신용장은 일단 개설이 완료되면 수익자의 동의 없이는 취소 또는 변경 등이 불가능하므로 수익자는 안심하고 신용장 조건대로 서류만 갖추면 대금지급을 보장받는다는 특징이 있다.

신용장상에 revocable이라는 문구를 명시하지 않는 한 모든 신용장은 취소불능으로 간주된다. 제5차 개정 신용장통일규칙 이전에는 irrevocable이라는 문구가 없는 한 취소가능으로 간주하던 것을 제5차 개정 시 실제 상관습에 따라 취소불능신용장으로 간주한 것이다.

Q 90 화환신용장이란?

화환신용장(Documentary L/C)은 수출상이 객관적인 위치에 있는 제3자가 발행한 운송서류인 선하증권, 보험증권 등을 은행에 제시하고, 은행은 이 서류와 상환하여 신용장 대금을 지급하는 방식의 신용장을 말한다.

이러한 신용장은 대금결제의 선행조건으로 대금청구 시 구비서류로 매매당사자가 아닌 제3자(선박회사나 보험회사)가 발행한 서류를 제출토록 한다는 데 그 본질이 있다. 현재 국제무역에서 통용되는 신용장은 대부분 화환신용장이다.

Q 91 무화환신용장이란?

무화환신용장(Clean L/C)은 수출상이 Nego를 할 때 객관적인 위치에 있는 제3자가 발행한 운송서류가 아닌 수출상 자신이 개인 자격으로 발행한 단순한 상업송장, 환어음 등을 제출하는 경우 은행이 이것을 받고 대금을 지급하는 신용장을 말한다.

Q 92 지급신용장이란?

지급신용장(Payment L/C)은 대개의 경우 수출지의 지급은행이 개설은행의 예치환거래은행(Depositary Bank)일 때 사용되며 무어음신용장이다. 영국과 같이 신용장 개설에 반드시 어음이 필요한 나라 이외에는 어음 발행을 요구하지 않는다(영국의 지급은행은 외국의 개설은행이 지급신용장상에 환어음 발행을 요구하지 않을지라도 일반적으로 환어음 발행을 요구함).

지급신용장은 일람불신용장으로 사용되며 이 신용장하에서는 지급은행(통상 통지은행)만이 지급업무를 담당할 수 있다. 또한 신용장 배면에 매입사실의 배서를 요구하지 않는 비배서신용장(Non-Notation Credit)이다. 지급신용장의 기재문언은 'We hereby issue the irrevocable documentary credit in your favour which is available with Hanil Bank by payment at sight.' 등과 같다.

※ 환거래계약/환거래은행: 외국환은행이 외국환업무를 영위하기 위해서는 외국에 있는 타 은행의 서비스를 받지 않으면 안 된다. 이러한 서비스를 상호교환하기로 하는 약정을 환거래계약(Correspondent Agreement)이라 하며 보통 코레스계약이라고 한다. 환거래은행(Correspondent Bank)은 크게 두 가지로 나뉘며 대금결제를 위해 상대방 은행에 자기명의의 당좌계좌(Current Account)가 개설된 경우 상대은행을 예치환거래은행(Depositary Bank)이라 하고, 그렇지 않은 경우를 무예치환거래은행(Non-Depositary Bank)이라고 한다.

Q 93 연지급신용장이란?

연지급신용장(Deferred Payment L/C)은 대개의 경우 수출지의 연지급은행이 개설은행의 예치환거래은행일 때 사용되며 기한부신용장으로만 사용되는 무어음신용장이다. 본래 기한부거래에서는 반드시 환어음이 필요했으나 독일이나 프랑스 같은 나라에서는 환어음 발행에 따른 인지세가 비싸므로 이를 기피하는 현상이 있어 환어음을 요구하지 않는 것이 일반적이다. 또한 연지급신용장하에서는 연지급은행(통상 통지은행)만이 연지급업무를 담당할 수 있으며 비배서신용장이다.

연지급신용장의 기재문언은 'We hereby issue in your favour this irrevocable documentary credit which is available with Hanil Bank by deferred payment at 90 days after the date of shipment.' 등과 같다.

Q 94 인수신용장이란?

인수신용장(Acceptance L/C)은 일반적으로 개설은행이 예치환거래은행으로부터 인수편의를 제공받을 때 사용된다. 인수편의(Acceptance Facility)는 수입상이 기한부수입을 하고자 하는 경우 해외에 있는 예치환거래은행이 개설은행을 위하여 환어음을 대신 인수해주고 어음의 만기에 환어음대금을 수출상에게 결제함과 동시에 개설은행으로부터 받는 신용공여 형태를 말한다. 인수신용장은 어음부신용장(credit with draft)이다. 어음부신용장은 운송서류 제출 시 어음을 제시해야 하는 신용장을 말한다.

인수신용장은 일람불로는 사용될 수 없어 기한부신용장으로만 사용된다. 인수신용장하에서는 인수은행(통상 통지은행)만이 인수업무를 담당하며 비배서신용장이다. 인수신용장의 기재문언은 'We hereby issue the irrevocable documentary credit in your favour which is available with Hanil Bank by acceptance of your draft(s) at 90 days after sight(또는 the date of shipment) drawn on Hanil Bank.' 등과 같다.

Q 95

매입신용장이란?

매입신용장(Negotiation L/C)은 수출지의 매입은행이 개설은행의 무예치환거래은행(Non-Depositary Bank)인 경우 사용되며 운송서류 매입의뢰 시 어음을 제시해야 하는 어음부신용장이다. 매입신용장은 일람불매입신용장(Sight Negotiation L/C) 또는 기한부매입신용장(Usance Negotiation L/C)으로 사용된다. 기한부신용장으로는 수출상이 신용을 공여하는 Shipper's Usance(선적인 유전스)와 은행이 신용을 공여하는 Banker's Usance(은행 유전스)가 있으며 일반적으로 Usance라 하면 Shipper's Usance를 말한다.

매입신용장에서는 어느 은행이나 매입할 수 있는 것이 원칙이고 예외적으로 수수료 수입이나 외환전문지식을 고려하여 특정은행(통상 통지은행)만이 매입할 수 있는 경우가 있다. 즉 신용장에서 통지은행만 매입할 수 있다는 문구가 있으면 통지은행으로만 매입이 제한되나 그렇지 않은 경우에는 어느 은행이나 매입할 수 있다.

매입신용장을 어느 은행에서나 매입할 수 있는 점을 악용하여 수출자가 이중으로 매입의뢰하는 것을 방지하기 위하여 신용장 배면에 매입 사실의 배서를 요구하는 배서신용장(Notation Credit)이다.

예컨대 신용장 금액이 US $ 200,000이면 A은행에 US $ 100,000,

B은행에 US $ 100,000로 나누어 매입의뢰할 수 있다. A은행이 US $ 100,000의 매입사실을 배서하지 않으면 수출상이 B은행에 US $ 200,000을 또다시 매입의뢰할 염려가 있다. 따라서 매입신용장의 경우는 이중 Nego를 방지하기 위하여 신용장상에 'If the credit is available by negotiation, each presentation must be noted on the reverse side of this credit by the bank where the credit is available.'을 명시한다.

그러나 지급·연지급·인수신용장의 경우에는 지급·연지급·인수은행에서만 지급·연지급·인수하므로 배서하지 않더라도 이중 Nego의 우려가 없기 때문에 배서를 요구하지 않는다.

매입신용장 기재문언은 'We hereby issue the irrevocable documentary credit in your favour which is available with any Bank by negotiation of your draft at sight (at 90 days after sight 또는 at the 90 days after the date of shipment) on us.' 등과 같다.

지급·연지급·인수·매입 신용장의 비교

신용장 종류	수출지상대은행	어음제시 여부	어음 종류	서류제시 은행	배서 여부
지급신용장	예치환거래은행	어음불제시	(일람출급)	지급은행	비배서
연지급신용장	예치환거래은행	어음불제시	(기한부)	연지급은행	비배서
인수신용장	예치환거래은행	어음제시	기한부	인수은행	비배서
매입신용장	무예치환거래은행	어음제시	일람출급 또는 기한부	원칙적으로 자유	배서

Q 96 일람불신용장이란?

일람불신용장(Sight L/C)은 수출지에서 매입은행이 선적서류를 송부하면 개설은행은 서류상 하자가 없는 한 즉시 신용장대금 전액을 매입은행 계좌에 입금해주는 신용장을 말한다.

이러한 신용장하에서 개설은행의 대금지급행위는 통상 개설의뢰인으로부터 결제받은 후 이루어지는 것이 원칙이지만 이것은 어디까지나 개설은행과 개설의뢰인 양자 사이의 문제이고 개설의뢰인의 결제지연을 이유로 개설은행이 매입은행이나 수익자에게 대금지급을 지연할 수는 없다.

우리나라의 경우 개설은행이 대금지급을 지연할 수 있는 기간은 도착한 서류의 신용장 조건과 일치 여부 검토기간인 7일 이내로 한정된다. 그 기간까지 개설의뢰인이 결제하지 않을 경우 개설은행자금으로 우선 대지급해야 한다.

Q 97 기한부신용장이란?

기한부신용장(Usance L/C)은 개설의뢰인이 개설은행으로부터 선적서류를 수령할 때 신용장대금을 결제하는 것이 아니고, 신용장에서 정해놓은 일정기간이 경과해야 신용장 대금을 결제하는 외상거래의 신용장을 말한다.

이 신용장하에서 기한을 향유할 권리를 보유하는 자는 개설의뢰인에 국한되므로 개설의뢰인에게 신용을 제공하는 주체는 누가 되더라도 상관없다. 즉, 신용제공 주체는 수익자(Shipper's Usance), 매입은행(Overseas Banker's Usance), 개설은행(Domestic Banker's Usance) 중 누구든지 될 수 있음을 의미하며, 신용공여자는 기한부어음에 어음지급인의 배서를 받은 후 보관하다가 기간만료 시 어음금액을 한꺼번에 받거나, 어음만기 전에 어음을 금융시장(Banker's Acceptance Market)에서 할인하여 자금화할 수 있다.

Q 98 양도가능신용장이란?

양도가능신용장(Transferable L/C)은 수익자가 타인에게 신용장 금액의 전부 또는 일부를 양도할 수 있는 신용장을 말한다. 양도가능신용장에는 반드시 양도은행(Transferring Bank)이 지정되어 있어야 하며, 양도가능신용장을 양도받은 자가 또다시 제3자에게 양도할 수는 없다.

양도가능신용장은 수출대행 시에 주로 이용되며 분할양도는 신용장상에 분할선적이 허용되는 경우에만 가능하다.

신용장상에 양도가능이라는 표현은 Assignable, Divisible, Fractionable, Transmisible 등 다양하지만 반드시 Transferable을 사용해야만 양도가능신용장으로 간주한다.

Q 99 양도불능신용장이란?

양도불능신용장(Non-Transferable L/C)은 신용장의 수익자가 동 신용장을 타인에게 양도할 수 없는 신용장을 말한다. 양도가능(Transferable)이란 명시가 없는 한 양도불능신용장이며 대부분 신용장은 양도불능신용장이다.

Q 100 확인신용장이란?

확인신용장(Confirmed L/C)은 개설은행에 추가하여 또 다른 은행이 신용장대금의 결제에 대하여 추가 확약한 신용장을 말하며, 이 경우 추가 확약한 은행을 확인은행(Confirming Bank)이라 한다.

일반적으로 개설은행이 통지은행에 확인을 요청하고 확인수수료(Confirming Fee)는 개설은행이 부담하는 것이 원칙이다(궁극적으로는 개설의뢰인이 부담함). 개설은행이 통지은행에 확인을 요청하는 문언은 'Please advise this credit to beneficiary with adding your confirmation.', 'We authorize you to add your confirmation.' 등과 같으며, 통지은행이 수익자에게 확인된 신용장을 통보하는 문언은 'We confirm this credit and hereby undertake to honor each draft drawn and presented in confirmity with the terms of this credit.', 'At the request of our correspondent bank, we confirm this credit and also engage with you that draft drawn in confirmity with the terms of this credit will be duly honored.' 등과 같다.

더러는 개설은행이 신용장상에 'Please add your confirmation to this credit, if requested by the beneficiary.'와 같은 문언을 기재하여 수익자가 확인을 요구할 때만 통지은행이 확인하라는 지시가 있을 경우 확인수수료는 수익자가 부담하는 것이 일반적이다.

Q 101 미확인신용장이란?

미확인신용장(Unconfirmed L/C)은 확인은행의 추가 확약 없이 신용장 개설은행만 신용장대금의 결제를 확약하는 대부분의 신용장을 말한다.

Q 102 자유매입신용장이란?

자유매입신용장(Freely Negotiable L/C)은 수출상의 Nego은행을 수출상이 자기 마음대로 선택할 수 있도록 허용하는 신용장을 말한다. 가장 보편적인 형태의 신용장이라는 의미에서 일반신용장(General L/C)

이라고도 하며, Nego은행이 개방되어 있다는 의미에서 개방신용장(Open L/C)이라고도 한다.

자유매입신용장의 기재문언은 'We hereby agree with the drawer, endorser and bona-fide-holder of drafts drawn under and in compliance with the terms of this credit that such drafts shall be duly honored on presentation of the documents.' 등과 같다.

Q 103 매입제한신용장이란?

매입제한신용장(Restricted Negotiable L/C)은 신용장에 수출지에서 매입할 은행을 미리 지정해놓은 신용장을 말한다. 매입은행을 지정하는 이유는 외환전문지식이 있는 특정은행을 이용하고자 하거나 특수관계에 있는 특정은행의 수수료 수입을 증대해주기 위해서다.

매입제한신용장의 기재문언은 'Negotiation under this credit is restricted to Hanil Bank, This credit is available only through Hanil Bank.' 등과 같다.

Q 104 원신용장이란?

원신용장(Master L/C)은 수입상의 의뢰로 신용장 개설은행이 수출자 앞으로 개설한 원래의 신용장을 말한다.

Q 105 내국신용장이란?

내국신용장(Local L/C)은 수출상의 의뢰로 수출상의 은행이 수출상의 수출용 원자재나 완제품 공급자 앞으로 발행하는 신용장을 말한다.

Q 106 상환가능신용장이란?

상환가능신용장(With Recourse L/C)은 수출상에게 선적서류를 매입한 은행이 여하한 사유에 의하든 개설은행으로부터 신용장대금을 받지 못하는 사유가 발생하면 매입은행이 동 대금을 수익자에게 상환청구(소구)할 수 있는 신용장을 말한다.

이러한 신용장하에서는 매입은행이 대금을 결제받지 못하는 사유가 서류상 하자에 기인하든지 개설은행의 파산에 기인하든지 구분하지 않으므로 수출상의 Nego 행위는 대금지급 종결 시까지 가지급의 형식에 불과한 것이다(예: 1990년에 발생한 BCCI은행 파산과 1994년 이란 정부의 외환통제로 인한 국내 수출업체의 피해).

Q 107 상환불능신용장이란?

상환불능신용장(Without Recourse L/C)은 신용장상에 Without Recourse라는 표현이 있을 경우 수익자가 Nego 시 환어음에 Without Recourse 표시를 하면 매입은행은 Clean Nego한 금액에 대하여 일절 상환청구(소구)할 수 없는 신용장을 말한다.

우리나라는 은행연합회협정 및 어음법에 따라 이러한 신용장은 인정하지 않지만 구미 각국에서는 어음법에서 이를 인정하며, 실례가 많은 편이다.

그러나 우리나라에서도 매입은행이 확인은행일 경우 매입은행은

Without Recourse를 주장할 수 없게 된다. 왜냐하면 개설은행과 확인은행의 지급행위는 그 자체가 최종적인 것이므로 논리상 확인은행이 개설은행의 상환불능을 이유로 지급거절 또는 상환청구를 할 수 없기 때문이다.

Q 108 선대/전대신용장이란?

선대/전대신용장(Red Clause/Advance Payment/Packing L/C)은 수출상의 자금여력이 충분치 않고 수출물품이 집하과정을 거쳐야 하는 플랜트나 농수산물 등일 경우, 수출편의를 위하여 신용장 개설과 동시에 수출상으로 하여금 일정액을 미리 지급받을 수 있도록 하는 방식의 신용장을 말한다.

이 신용장은 자금선대 조건을 붉은 글씨로 쓰는 관례로 인하여 Red Clause L/C, 대금을 선지급한다고 하여 Advance Payment L/C, 집하과정을 거친다는 의미에서 Packing L/C 등으로 부르기도 한다.

선대자금을 수령할 때 수출상은 선적서류를 제시할 수 없으므로 B/L 등 여타 서류는 제외하고 선대받는 금액에 해당하는 환어음만 발행하게 된다. 따라서 이 신용장은 무화환신용장과 화환신용장의 성질을 겸비하게 되므로 수출상이 자금선대를 받을 때는 Clean L/C의 형태를 띠게 되고, 선적 후 잔액을 Nego할 때는 Documentary L/C 형태로 운용된다.

선대신용장의 기재문언은 'We authorize the negotiating bank to pay the sums not exceeding 20% of the above mentioned amount to the beneficiary against presentation of the beneficiary's clean draft at sight drawn on us.' 등과 같다.

Q 109 회전신용장이란?

동일 거래처로부터 일정기간마다 동일한 물품을 계속 반복하여 수입할 경우 수입상은 이를 위하여 매월 새로운 신용장을 개설하거나 할부선적신용장을 개설해야 한다.

그러나 새로운 신용장을 매월 개설한다면 번거로운 절차에 시달리게 되고, 할부선적신용장을 개설한다면 절차는 간소해지나 고액의 L/C 개설 수수료(Term Charge)를 부담해야 하며 또한 특정 할부선적 불이행 시 그 이후 할부선적도 무효가 되는 어려움에 봉착하게 된다.

회전신용장(Revolving L/C)은 바로 수입상의 이와 같은 어려움을 해결할 목적으로 만들어진 특수신용장이다. 따라서 회전신용장의 특징은 수출상이 Nego를 하고 매입은행이 개설은행에 대금지급 사실을 통지하거나 일정한 기간이 내도되는 등의 조건이 성취되면, 지난번과 동일한 조건의 새로운 신용장으로 소생된다는 데 있다.

회전신용장의 기재문언은 'The amount of drawing made under this credit become automatically restated on payment by us.' 등과 같다.

특정 회차의 선적이 미이행되었을 경우 다음 회차 선적 시 전회의 미이행분까지 포함하여 이행할 수 있는 누적회전신용장(Cumulative Revolving L/C)과 해당 회차만 인정되는 비누적회전신용장(Non-Cumulative Revolving L/C)이 있다.

누적회전신용장의 기재문언은 'Shipment should not to exceed invoice value of US $ 200,000 per vessel-load. After a draft has been paid under this credit, the credit covers its original amount of US $ 200,000. Any unused portion of monthly availment may be used during any subsequent month.' 등과 같다.

비누적회전신용장의 기재문언은 'Notwithstanding anything contained in the foregoing clause, drawing under this credit are limited to US $ 200,000 in any calendar month.' 등과 같다.

Q 110 동시개설신용장이란?

연계무역에 주로 사용되는 신용장인 동시개설신용장(Back to Back L/C)은 신용장 조건 중 수출상이 이 신용장을 받은 날부터 일정기일 이내에 수입상을 수익자로 하는 Counter L/C를 개설해야만 이 신용장이 유효하다는 문구를 넣은 신용장을 말한다.

동시개설신용장의 기재문언은 'The letter of credit shall not be available unless and until banker's irrevocable Letters of Credit in U.S. Dollars in favor of XYZ Co. for account of ABC Co. for an aggregate amount of US $ 200,000 have been established pursuant to contract No. 123 for import of 10,000pcs of toys from Hong Kong to Korea.' 등과 같다.

Q 111 기탁신용장이란?

기탁신용장(Escrow L/C)은 신용장 조건에 따라 수출상이 선적하면 수입상이 대금지불을 하게 되는데, 이때 이 대금은 수출상에게 송금되지 않고 양 당사자가 합의한 신용장개설은행 등의 에스크로(Escrow) 계정으로 입금된다. 일단 Escrow 계정으로 입금된 돈은 수입국으로부터 수입 시에만 그 자금을 사용할 수 있다.

기탁신용장의 기재문언은 'It is further condition of this credit that the proceeds of same remain blocked at our bank in an escrow account in the name of the beneficiary for account of XYZ Co. until fulfillment of irrevocable undertaking of the beneficiary to use the funds of this Letter of Credit exclusively for the goods mentioned above.' 등과 같다.

Q 112 토머스신용장이란?

토머스신용장(Tomas L/C)은 여타 조건은 동시개설신용장과 다름없으나 수출상이 수입상 앞으로 '언제까지 Counter L/C를 개설하겠다'는 내용의 보증서를 제출하도록 제한하는 신용장이다.

이 보증서(또는 확약서)는 수출상의 신용도 여하에 따라 은행의 이행보증을 추가하도록 한 경우도 있고 그렇지 않은 경우도 있다. 토머스신용장은 1970년대 중반, 일본의 종합상사들이 대공산권수출통제위

원회(COCOM)의 규제를 피하여 중국과 교역하면서 암호 호출부호로 사용하던 TOMAS 용어를 신용장의 명칭으로 삼은 것이다.

토머스신용장의 기재문언은 'This credit shall be available upon receipt by us of your secured irrevocable standby credit for which you would issue and advise to us relative documentary credit in favor of XYZ Co. for account of ABC Co. in the amount of US Dollars 100,000 according to the terms and conditions of contract No. 123 dated January 5, 2020 between the said two parties.' 등과 같다.

Q 113 견질신용장이란?

견질신용장(Back to Back L/C)은 중계무역에 주로 사용되는 신용장으로 원신용장(Master L/C)의 수익자가 해외에서 양도불능신용장을 받았을 경우 이 원신용장을 견질로 하여 원자재나 완제품 공급자 앞으로 발행하는 제2의 신용장을 말한다.

견질신용장은 오로지 원신용장의 Beneficiary가 원신용장을 담보로 수출지 거래은행(Back to Back L/C의 개설은행)의 동의하에 개설하므로 제2신용장인 견질신용장의 수익자는 원신용장의 개설은행 측과 아무런 관계도 없다.

제2의 신용장인 견질신용장이 원신용장 수익자의 국내에서 내국인을 상대로 개설되면 내국신용장(Local L/C)이 되고, 제3국의 거주자 앞으로 개설되면 Sub L/C가 되므로 Sub L/C는 주로 거액의 신용장을 수령한 원신용장의 수익자(Back to Back L/C의 개설의뢰인)가 수입자금 사정이 어려워 금융혜택을 받고자 할 때 많이 개설한다.

견질신용장의 개설범위는 원신용장의 범위 내로 국한되나 수개의 신용장으로 분할 개설되어도 상관없고 견질신용장의 수익자가 이를 담보로 하여 제3, 4의 견질신용장을 개설하는 것도 가능하다.

Q 114 보증신용장이란?

보증신용장(Stand-by L/C)은 신용장의 발행목적이 화물의 인수에 있지 않고 순수한 보증에 사용되는 신용장이다. 주로 수출불이행을 우려하여 수출선수금에 대한 지급보증을 하거나, 국제입찰 참가 시 입찰보증금(Bid Bond) 또는 계약이행보증금(Performance Bond)을 조달하거나, 본사가 해외지사의 현지금융을 보증할 때 이용된다.

보증신용장으로 담보하는 보증의 종류는 수출입거래에 관련되는 것과 해외건설 용역사업에 관련되는 것으로 구분할 수 있다. 전자로는 ① 수출선수금 환급보증(Advance Payment Bond), ② 현지금융 담보보증 등이 있고, 후자로는 ① 입찰보증금(Bid Bond), ② 계약이행보증금(Performance Bond), ③ 하자보증금(Retention Money Bond) 등이 있다.

Q 115 Shipper's Usance L/C란?

Seller's Usance L/C라고도 하며 수입상에게 외상거래로 신용공여를 해주는 신용공여자가 수출상인 일반 Usance L/C를 말한다. 앞에서 살펴본 바와 같이 Shipper's Usance L/C에는 Deferred Payment L/C(연지급신용장), Acceptance L/C(인수신용장), Usance Negotiation L/C(기한부 매입신용장)가 있다.

Q 116 Banker's Usance L/C란?

수입상에게 외상거래로 신용공여를 해주는 신용공여자가 수출상이 아니라 수입상의 거래은행으로 수출상 입장에서는 Usance L/C가 아닌 At Sight L/C이며 수입상 입장에서만 Usance L/C이다.

Shipper's Usance L/C와 Banker's Usance L/C

- Shipper's Usance L/C: 신용공여자가 수출상인 일반 Usance L/C
- Banker's Usance L/C: 신용공여자가 은행이며, 수입상 입장에서 만든 Usance L/C
  - Overseas Banker's Usance L/C: 신용공여자가 수입상 입장에서 해외은행
  - Domestic Banker's Usance L/C: 신용공여자가 수입상 입장에서 국내은행

※ Banker's Usance L/C의 표현 예

- Usance Bills of Exchange must be negotiated at sight basis and discount charges are buyer's account.
- The negotiating bank must negotiate the drafts at sight basis for the face amount and interest are for account of importer.
- Payment under this letter of credit must be made on at sight basis with all discount charges for account of buyer.

Q 117 신용장의 내용 검토는?

수출자가 통지은행으로부터 신용장을 통지받아 수취하게 되면 신용장의 내용이 매매계약서의 내용과 일치하는지를 면밀히 검토해야 한다.

신용장 내용의 검토사항

검토사항	비고
• 매매계약 내용과 대조	• 엄격히 일치하는지 여부
• 취소불능신용장일 것	• 우리나라에서는 수출의 경우 취소불능신용장만 인정됨
• 개설은행의 신용상태	• 보통 통지은행을 통하여 조회
• 특수조건 확인	• 이행불가능한 조건의 유무 확인(1991년 신한인터내셔널 사기사건의 'All discrepancies acceptable' 등)

Q 118 신용장상의 특수조건에는 어떤 것들이 있나?

신용장상의 특수조건(Special Conditions, Special Instructions)에는 다음과 같은 다양한 조건이 있다.

- All banking charges outside America are for account of beneficiary.
- Documents to(=must) be presented within 10 days after the date of shipment but within the validity of the credit.
- This credit is transferable in Korea only.
- Negotiation under this credit is restricted to the advising bank only.
- Acceptance commission and discount charges are for beneficiary's account.
- All documents must be counter-signed by ABC Company.
- Documents presented later than 21 days after the date of shipment acceptable(간단히 Stale B/L acceptable이라는 표현을 많이 씀).
- One set of non-negotiable documents must be sent (forwarded)

to accountee by DHL(또는 registered airmail).

- The transport document indicating as the consignor of the goods a party other than the beneficiary of the credit acceptable(간단히 Third party B/L acceptable이라는 표현을 많이 씀).
- Shipment to be effected by ABC Shipping Co. only.
- Beneficiary's draft drawn under this credit are negotiable on at sight basis irrespective of tenor of the draft(Banker's Usance Negotiation L/C의 경우).
- Shipment samples must be sent(forwarded) to applicant by air and the relative receipt must be accompanied with the original documents.
- Copy of telex or FAX certified by beneficiary to the applicant before shipment date advising the name of carrying vessel, sailing date, No. of packages, quantity to be shipped, draft amount and L/C No. must be attached to the drafts.
- A tolerance(variation) of 5% more or less in amount and quantity is acceptable.

수출승인 요건

Q 119 수출입관리를 위한 법체계는?

신용장을 수취한 다음 대외무역법의 수출입공고 및 수출입별도 공고상 수출제한승인품목으로 지정되어 있을 경우는 관련 협회나 조합 등의 수출승인을 받아야 하며 40여 개 특별법의 통합공고상 수출제한승인품목인 경우 관련 기관의 수출승인 또는 사전수출허가를 받아야 한다.

Q 120 수출승인의 요건은?

물품을 수출하고자 하는 자가 무역업 신고를 했다 하더라도 수출제한승인품목은 수출 시마다 관련 협회나 조합 등으로부터 수출승인(E/L: Export License)을 받아야 하며 반드시 수출승인된 내용에 따라 수출해야 한다.

수출품목의 관리체계

구분	내용
수출자동승인품목	대외무역법의 수출입공고 및 수출입별도공고와 50여 개 특별법의 통합공고상 수출제한승인품목 또는 수출금지품목이 아닌 품목
수출제한승인품목	대외무역법의 수출입공고 및 수출입별도공고와 50여 개 특별법의 통합공고상 관련협회·조합 등 관련기관의 수출승인을 받아야만 수출 가능한 품목(예: 청바지를 미국에 수출할 경우 한국의류산업협회의 수출승인을 받아야 함)
수출금지품목	대외무역법의 수출입공고 및 수출입별도공고와 50여 개 특별법의 통합공고상 수출이 금지된 품목

* 현행 우리나라의 수출입품목 관리체계는 Negative List System임. 대외무역법의 수출입공고 및 수출입별도공고와 50여 개 특별법상에 제한 · 금지 품목만 열거 명시하며 여기에 명시되지 않은 품목은 자동적으로 수출입이 가능하다.

수출승인 요건 및 구비서류

구분	내용
수출승인 요건	• 무역업신고필자 • 대외무역법의 수출입공고 및 수출입별도공고와 50여 개 특별법의 통합공고상 수출입제한승인품목 • 수출품목의 품목분류(HS)가 적정할 것 • 수출제한 및 금지지역이 아닐 것
수출승인 시 구비서류	• 수출승인신청 시 • L/C, Sales Note 또는 Offer Sheet • 수출대행계약서(대행수출 시)

현재 대표적인 수출제한승인품목은 Quota품목이다. Quota는 보호무역 수단의 하나로 수입국이 특정상품에 대한 수입수량을 제한하는 것이며 수입수량할당제도라고 한다.

Quota를 부과하는 수입국가는 국가별로 Quota를 배정하고, 각국은 또다시 관련협회 중 전년도 수출실적에 비례하여 Quota를 배정하는 것이 일반적이다.

Q 121 HS(신국제통일상품 분류방식)란?

HS는 무역통계 및 관세분류 목적상 수출입상품별로 부여한 코드를 말한다.

국제상품 분류방식

구분	원명	제정연도	비고
SITC	Standard International Trade Classification (표준국제무역분류)	1950. 7	무역통계 목적
BTN	Brussels Tariff Nomenclature (브뤼셀관세분류)	1955. 11	관세분류 목적
CCCN	Customs Cooperation Council Nomenclature (관세협력이사회 상품분류)	1976. 6	BTN의 개정방식
HS	Harmonized Commodity Description and Coding System (신국제통일상품 분류방식)	1986. 1	무역통계 및 관세분류 목적

* 1998년 말 현재 HS 6단위로는 약 5,000개 품목, HSK(HS Korea) 10단위로는 약 10,000개 품목
** 청바지(blue jean)의 HSK 10단위 품목 분류번호는 HSK6203420000임.

Q 122 산업통상자원부장관의 인정을 얻어야 하는 특정 수출형태는?

산업통상자원부장관의 인정을 얻어야 수출이 가능한 거래형태는 다음과 같다.

산업통상자원부장관의 인정을 요하는 특정 수출형태

특정 거래형태	허가사항
위탁판매수출	판매계약기간 종료 후 판매 잔량을 6개월 초과하여 재수입 시
위탁가공무역	가공기간 종료 후 6개월 초과하여 재수입 시
임대수출	임대계약기간 만료 후 3개월 초과하여 재수입 시
중계무역	보세구역 이외의 국내반입 시, 선적서류를 하나의 외국환은행을 경유하여 인수 및 송부하지 않는 경우
연계무역	수출과 수입이 하나의 계약서에 작성되지 않거나 별도의 계약서로 작성될 경우는 대금결제가 상계되지 않는 경우와 수출·수입통관일로부터 30일 이내에 수출입신고필증 사본을 제출할 수 없는 경우

수출승인(신청)서

처리기간
3 일

(별지 제3-1호 서식)(　　용)

① 수출자 (상호, 주소, 성명) 무역업등록번호 671110 서울시강남구삼성동159 (주)길동무역 대표이사 홍 길 동 (서명 또는 인)	⑥ 구매자 또는 계약대상자 Ilicia International Inc. 3166 N. Lincoln Ave Suite 217 - Chicago Ill, 60657 ⑦ 신용장 또는 계약서 번호
② 위탁자 (상호, 주소, 성명) 사업자등록번호 (서명 또는 인)	⑧ 결제조건 대금결재방법 : 신용장(O), 추심어음( ), 송금환( ), 기타방식( ) 금 액 US$ 10,972.5
③ 원산지 R. O. K ④ 도착항 CHICAGO	결제기간 AT SIGHT
⑤ 사후관리 은행명 O O은행 O O지점	⑨ 가격조건 F.O.B PUSAN

⑩ HS부호 ⑪ 품명 및 규격 ⑫ 단위 및 수량 ⑬ 단 가 ⑭ 금 액

6704.11 100 PERCENT SYNTHETIC HAIRGOODS (WIG)
"KANEKALON MODACRYLIC SEVEN 49D"

1)STYLE : 9181(202 MARTHA),ACC,WT:16GR:16GR/PC. 3,050PCS
$2.85 US$8,652.50

2)STYLE :1447(999 SUZY),ACC,WT:16GR/PC. 800PCS
$2.85 US$2,280.-

//

TOTAL : 3,850PCS US$10,972.50

SPECIFICATION
----------------- USEC WIG OIL(R-TYPE 50%,P-TYPE 50%)
NYLON HAIR (W,T/PC. : 0.7G)

⑮ 추천조건	⑲ 승인조건
⑯ 추천유효기간	⑳ 승인 유효기간
⑰ 추천번호	㉑ 승인번호
⑱ 위의 사실을 확인하고 수출을 추천합니다. 년 월 일 추천자 (인)	㉒ 위의 신청사항을 대외무역법 제19조 제1항 및 동법 시행령 제25조 제1항의 규정에 의하여 승인합니다. 년 월 일 승인권자 (인)

수출입승인(신청)서

(위탁가공 무역시)

처리기간
3 일

(별지 제3-3호 서식)(용)

① 신청인 (상호, 주소, 성명) 무역업등록번호 671110 서울시강남구삼성동159 길동무역주식회사 대표이사 홍 길 동 (서명 또는 인)	② 신용장 또는 계약서번호
② 위탁자 (상호, 주소, 성명) 사업자등록번호 127-41-02461 서울시송파구석촌동166-1 도경주식회사 대표이사 권 도 경 (서명 또는 인)	수출 ⑨ 결제조건 대금결제방법 : 신용장( ), 추심어음( ), 송금환( ), 기타( ) 금액 "NO COMMERICAL VALUE 결제기간 ⑩ 가격조건 C. I . F
③ 송화인	수입 ⑪ 결제조건 대금결제방법 : 신용장(0), 추심어음( ), 송금환( ), 기타( ) 금 액 US $ 20,000 결제기간 AT SIGHT ⑫ 가격조건 FOB

	수 출	수 입
④원산지	R.O.K	CHINE
⑤선적항	BUSAN	CHON JIN
⑥도착항	CHON JIN	BUSAN

⑦ 사후관리은행(원자재등) 00 은행무역센터지점

수출물품의 명세

⑬HS부호	⑭품명 및 규격	⑮단위 및 수량	⑯단가	⑰금액
4101-30-1010	CALF SKIN LEATHER	10,000YRD	US$100	US$1,000,000

//

수입물품의 명세

⑱HS부호	⑲품명 및 규격	⑳단위 및 수량	㉑단가	㉒금액
2402-11-10000	LEATHER HAPP BAG ART NO: K - 2082 SIZE:27X23X7CM	50,000PCS	US$20.4	US$1,200,000

//

㉓추천조건	㉗승인조건 수입통관일로30일이내에재수입할것
㉔수입추천유효기간	㉘승인유효기간 수출 : 수입 :
㉕추천번호	㉙승인번호
㉖ 위의 사항을 확인하고 수출입을 추천합니다. 20 년 월 일 추천자 : ㊞	㉚ 위의 신청사항을 대외무역법 제19조 제1항 및 동법 시행령 제25조 제1항의 규정에 의하여 승인합니다. 2020년 10월20일 승인권자 ㊞

대외무역법시행령 제36조 제2항의 요건에 해당될 경우에는 본 수입승인의 유효기간은 유효기간중이라도 만료된 것으로 봅니다.

Q 123 수출결제방법의 원칙은?

수출결제방법의 원칙은 다음과 같다.

수출결제방법의 원칙

구분	원칙
영수통화	모든 외국통화(실무상 29개 환율고시통화) 및 우리나라 원화
결제시기	일람불조건 및 기한부조건(본·지사 간 거래는 일부 제한)
결제기관	외국환은행 경유(극히 예외적으로 당사자 간 직접결제 인정)
결제금액	전액결제 원칙(수수료는 공제 가능)

Q 124 수출결제방법에 대한 신고사항은?

수출결제방법에 대한 신고사항은 본·지사 간의 일부 제한된 거래에만 해당하며, 그 이외 대부분의 경우는 신고불요사항으로 제한요건이 없다.

한국은행총재에 신고대상 수출거래

• 본지사간 거래 시, D/A(3년 초과), US$ 5만 초과 시 • 본지사간 거래 시, 사전송금방식, US$ 5만 초과 시 • 일반 거래 시, 사전송금방식(1년 초과), US$ 5만 초과 시

* 상기의 경우를 제외하고는 수출입결제방법에 대한 제한이 없음.

외국환거래 자유화 관련 주요 내용

구분	조기자유화	1단계 자유화	2단계 자유화
기본 내용	IMF에 약속한 사항의 이행 및 외자유입 촉진	기업·금융기관의 사업활동 관련 거래의 자유화	완전자유화
국내 기업	중장기차입 무역신용	국내외환거래·해외예금·해외직접투자·해외상계거래 등 자유화	단기차입·해외신용 공여 완전자유화(기업에도 외국환업무 허용)
외국 투자가	국내 단기금융상품·부동산거래·증권 발행	역외원화거래 자유화	국내예금자유화
금융 기관	포지션 관리의 개편	완전자유화 인가제 → 등록제	–
개인	–	경상지급 자유화. 다만 해외부동산 투자, 증여송금, 여행경비 제한 유지	완전자유화
시행 시기	1998 상반기(외국환관리규정 개정)	1999. 4. 1(새로운 외환거래법 시행)	2001. 1. 1(외환거래법 부칙 시행)

Q 125 수출승인의 유효기간은?

수출승인의 유효기간은 원칙적으로 1년이지만 6개월 범위 내에서 연장할 수 있다. 그러나 플랜트수출(산업설비수출)의 경우는 최장 20년까지 가능하다.

수출승인 유효기간 및 유효기간 연장

구분	유효기간	유효기간 연장
원칙	수출승인일로부터 1년	6개월 범위 내
예외	최장 20년 범위 내	20년까지
비고	—	• 연장승인신청 없을 시: 과태료 부과하고 각 3개월씩 2회까지 직권 연장 승인 • 구비서류: 당초 E/L 및 수출입승인 유효기간 연장승인신청서, 연장사유설명서

Q 126 수출제한승인품목의 수출승인사항 변경은?

수량, 단가 등의 변경은 당초 수출승인기관으로부터 변경승인을 받아야 하며, 품목분류 및 품명과 규격, 중량 등의 변경은 세관장으로부터 변경승인을 받아야 한다. 기타의 경우는 변경승인을 받을 필요가 없으며 통관 시 세관공무원이 정정표시를 한다.

수출제한승인품목의 수출승인사항 변경

구분	당초 수출승인기관 변경승인	세관장 변경승인	변경승인 불요 (통관 시 세관 공무원이 정정표시함)
변경 사항	수량, 단가 등	품목분류 및 품명, 규격 및 중량	기타
구비 서류	• 당초 E/L • 수출입승인사항 변경승인 신청서 • 변경사유 증명서류(L/C 등)	좌 동	—
비고	E/L 유효기간 내에 신청	—	—

Q 127 수출대행이란?

앞에서 살펴본 바와 같이 우리나라는 대외무역법상 무역업을 신고한 자만이 수출입을 할 수 있으므로 무역업신고를 하지 않은 자(대행의뢰자)가 수출계약을 체결하고 L/C를 받아 물품을 수출하려면 무역업신고자(대행자)와 수출대행계약을 맺고 무역업신고업체인 대행자 명의로 수출해야 한다.

수출대행 시 대행자는 반드시 무역업신고필자여야 하며, 대행의뢰자는 통상 무역업신고가 안 된 자인데 무역업신고업체라 하더라도 여하한 사정으로 여타 무역업신고업체에 수출대행을 위탁할 수 있다.

L/C에 의한 수출 시는 일반적으로 수출대행의뢰자가 수취한 L/C를 대행자에게 양도해주어야 하므로 Transferable L/C여야 한다는 사실에 유의해야 한다.

수출대행 시 수출실적은 대행자 명의로 수출되므로 대행자 수출실적으로 인정되며, 대행의뢰자는 내국신용장이나 구매승인서를 발급받는 경우에 한해 공급물품에 대한 수출실적으로 인정받게 된다.

수출대행계약 체결 시 주요 내용

구분	원칙
당사자 표시	수출대행자(무역업자)와 수출대행의뢰자(통상 무역업사업자등록증이 없는 자)
수출대행한계	수출절차의 제 단계를 어디까지 누가 이행할지 대행업무 한계
수수료	당사자 간 합의(0.5~2.0% 수준)
클레임	클레임을 제기하거나 제기당할 시 클레임 당사자 문제와 배상 또는 배상금 귀속문제
관세환급	수출용 원자재 수입 시 납부한 관세의 환급신청 문제 및 환급금 귀속문제 등

Q 128 수출대행의 종류는?

수출대행에는 다음과 같은 네 종류가 있다.

수출대행의 종류

구분	내용
단순수출대행	• 대행의뢰자는 수취한 Transferable L/C를 대행자에게 양도하고 대행자로부터 서류상 수출자로 명의만 빌릴 뿐 실제 모든 수출행위는 대행의뢰자가 행함 • L/C 양수자인 대행자는 L/C 조건에 따른 책임을 져야 함 • 수출대행 수수료가 가장 쌈(0.5% 수준)
금융지원방식 수출대행	• 대행자가 서류상 수출자가 되는 단순수출대행에서 대행범위를 넓혀 대행의뢰자를 위한 대행자 명의로 무역금융의 융자를 받아주는 등 수출지원혜택을 받는 데에도 명의를 빌려주며 나아가 선적절차도 이행함 • 대행의뢰자는 단지 수출물품만 제조·가공하여 공급함 • 대행자는 대행범위가 넓고 위험부담이 크므로 수수료가 비쌈(1.0% 수준)
내국신용장 개설방식 수출대행	• 대행의뢰자가 수취한 Transferable L/C를 대행자에게 양도하고 대행자는 양수받은 L/C를 근거로 대행의뢰자에게 완제품 Local L/C를 개설하는 방식 • 대행의뢰자는 Local L/C를 근거로 자기명의로 수출금융을 융자받아 수출용 원자재를 수입하거나 국내에서 구매할 수 있음
L/C 직접 수취방식 수출대행	• 대행의뢰자가 수출계약은 수입상과 자기명의로 체결하고 L/C는 직접 대행자 앞으로 개설하게 함 • L/C 양도절차가 생략되는 이점이 있음 • 대행의뢰자가 수출물품을 제조·가공하여 공급해야만 수출대행 관계가 성립되며, 물품공급을 하지 않고 단순히 중개인 역할만 하면 수출대행이라고 보기 어려움

수출대행계약서

輸出代行契約書

①
甲 서울 강남구 삼성동 159-1
(주) 한국무역
홍 길 동

乙 서울 중구 회현동 2가 10-1
(주)회현무역 김 현 수

上記 甲, 乙 兩者間에 다음과 같이 輸出代行 契約을 締結한다.

다 음 File No.

② 第一條 輸出代行 物品의 規格, 數量 및 金額은 다음과 같다. ③ L/C No HKH207888

品名	規格	數量	單價	金額	備考
Tennis Racquet		12,500 pcs	U$3.00	u$37,500,000	

④ 第二條 甲은 乙 또는 第3者의 명의로 來到된 신용장을 讓渡 받거나, 乙이 甲명의로 개설받은 신용장에 의하여 第一條의 物品을 取扱 輸出代行하며 乙은 代行手數料로써 信用狀 네고금액의 $ 當 1 원을 甲에게 支拂한다.

⑤ 第三條 乙의 要請에 의하여 甲명의로 原資材內國信用狀이 發給되는 경우에는 乙과 原資材供給者間에 稅金計算書를 교부하고 이에 대한 代金決濟는 第一條의 輸出物品이 船積되어 買入된 資金으로 決濟키로 하고 별도 합의각서를 제출하여야 한다.

第四條 乙이 甲을 通하여 確保한 輸出用 原資材는 本輸出品 製造外에 他에 轉用할 수 없으며, 信用狀상의 船積期日內에 充分히 船積할 수 있도록 乙의 責任하에 선박수배, 검사, 통관 등의 諸般措置를 취하여야 한다.

第五條 乙은 信用狀上에 明示된 諸條件 및 乙과 輸入者間에 輸出契約條件에 따라 充實하게 物品을 製造·船積하여야 하며, 本輸出로 因하여 發生되는 諸公課金 및 各種 經費와 手數料를 負擔한다.

⑥ 第六條 甲은 輸出完了後 輸入商으로 부터 提起되는 如何한 CLAIM (代金決濟거절, 引渡拒絶 및 輸出不履行등 모든 請求를 包含) 및 其他 本輸出로부터 惹起되는 예상치 못한 事態에 대하여도 一切의 責任을 負하지 않으며 모든 責任을 乙의 負擔으로 한다.
또한 本件 輸出에서 便宜上 甲의 名義로 官署 및 銀行等에 提出되는 契約 其他 証憑書類에 대한 責任의 履行도 一切 乙이 負擔한다.

⑦ 第七條 甲은 輸出代金을 推尋하는대로 前 各條에 明示된 乙이 負擔할 金額과 輸出用原資材代金을 控除한 差額을 乙에게 支拂하여야 한다.
但, 豫期치 않은 Claim發生等 事態에 對備하여 一定期間동안 甲이 乙에게 支拂한 金額相當 以上의 어음을 預置시키거나 乙에 支拂할 金額中 一部를 甲에게 預置시키거나 旣設定된 擔保物을 甲에게 留置시켜야 한다.

⑧ 第八條 本輸出로 因한 輸出實績에 따르는 政府의 諸般特惠는 甲이 取得함을 原則으로 한다.

⑨ 第九條 甲, 乙 共히 本契約을 違約하였을 경우, 違約當事者는 그 損害를 賠償하여야 한다.

第十條 本 契約條文上의 解釋에 甲, 乙間 異見이 있을 時는 甲의 解釋이 優先한다.

第十一條 本 契約에 관한 분쟁발생시는 甲의 住所地를 管轄하는 法院을 합의관할로 한다.

⑩ 第十二條 以上 諸條項에서 明示되지 않은 事項은 相互協議하여 定하되, 商慣習에 따르며, 後日에 立證하기 위하여 本契約書 貳通을 作成하여 各者 署名捺印한 後 壹通式 保管키로 한다.

2020 年 3 月 11 日

⑪
甲 서울 강남구 삼성동 159-1
(주)한국무역
홍 길 동 (인)

乙 서울 중구 회현동 2가 10-1
(주)회현무역
김 현 수 (인)

수출물품은 어떻게 확보하나

Q 129 수출물품을 확보하는 방법은?

수출물품을 확보하려면 수출업체가 직접 제조·생산하거나 완제품을 구매하는 방법이 있으며, 동 수출물품의 제조·생산에 소요되는 원자재를 확보하기 위해서는 국내에서 구매하거나 외국으로부터 수입한다.

원자재나 완제품을 국내에서 구매할 경우 Local L/C(내국신용장)와 구매승인서에 의한 구매가 있으며, 원자재를 외국으로부터 수입할 경우 수출용 원자재로서 관세환급 등 각종 혜택이 부여된다.

수출물품의 확보방법

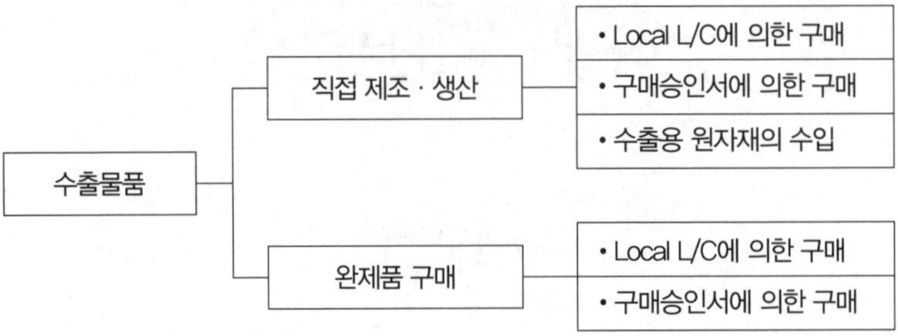

Q 130 내국신용장에 의한 원자재 및 완제품 구매방법은?

내국신용장(Local L/C)은 수출업자가 수취한 신용장 등을 근거로 수출이행에 필요한 완제품 또는 원자재를 국내에서 원활히 조달하기 위하여 국내 공급업자(제조 · 생산자)를 수혜자로 하여 개설된 국내신용장을 말한다.

내국신용장의 수익자는 공급물품을 제조·가공하는 데 필요한 원자재를 구매하기 위하여 원내국신용장(1차 내국신용장)을 근거로 2차 내국신용장을 개설할 수 있으며, 1차 내국신용장이 완제품 구매를 위한 내국신용장인 경우에는 원자재를 구매하기 위한 2차 내국신용장을 근거로 3차 내국신용장까지 개설할 수 있다.

Q 131 내국신용장의 이점은?

내국신용장의 이점은 다음과 같다.

Local L/C의 이점

수출자(개설의뢰인)	공급자(수혜자)
• 은행의 지급보증으로 완제품 및 원자재의 원활한 확보	• 무역금융 수혜 • 수출실적 인정 • 관세환급 • 부가가치세 영세율 적용

Q 132 내국신용장의 종류는?

내국신용장의 종류는 다음과 같다.

Local L/C의 종류

구분	종류
• 공급대상물품별	• 원자재 내국신용장, 임가공 내국신용장, 완제품 내국신용장
• 개설단계별	• 제1차 내국신용장, 제2차 내국신용장, 제3차 내국신용장
• 표시통화별	• 원화표시 내국신용장, 외화표시 내국신용장
• 금융수혜 대상 여부	• 금융용 내국신용장, 비금융용 내국신용장

Q 133 내국신용장 개설 신청서류는?

내국신용장 개설 신청서류는 다음과 같다.

Local L/C 개설 신청서류

구분	Local L/C 개설 신청서류
공통구비서류	• 공급자 발행 물품매도확약서(Offer Sheet) • L/C, 수출계약서(D/P, D/A), 외화표시 물품공급계약서 또는 Local L/C • 소요량 증명서(또는 소요량 계산서) • Local L/C 수혜자의 생산·가공능력 보유입증서류
무역금융 수혜서류	• 수출지원금융 차입금 신청서 • 약속어음 • 담보제공서

Q 134 내국신용장의 거래절차는?

내국신용장의 거래절차는 다음과 같다.

Local L/C의 거래절차

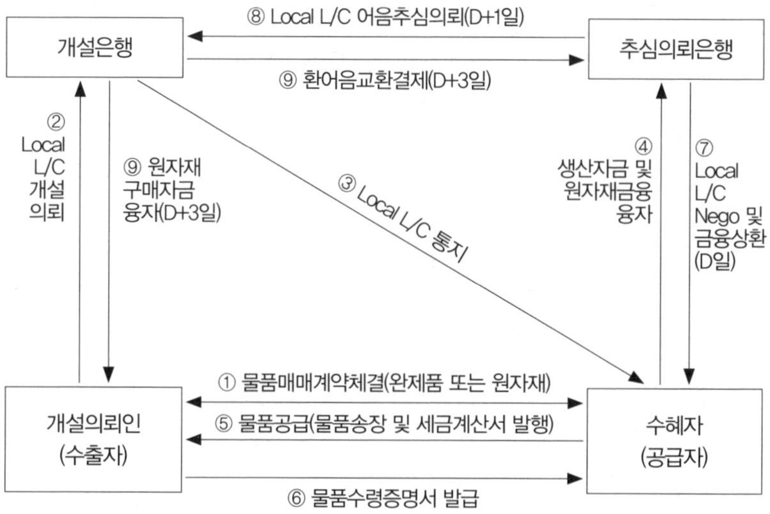

Q 135 내국신용장 취급 수수료는?

내국신용장 취급 수수료는 다음과 같다.

Local L/C 취급 수수료

구분	수수료	비고
개설, 증액 및 기한연장	3개월마다 0.065%(최저 4,000원)	월단위 징수 가능
기타 조건변경	건당 2,500원	—
매입	• 기본요율: 일반대출금리의 4일간 요율 • 격지간요율: 일반대출금리의 7일간 요율(최저 2,500원)	—

Q 136 내국신용장의 조건은?

내국신용장의 조건은 다음과 같다.

Local L/C의 조건

구분	조건
일반조건	양도불능취소불능신용장(Non-transferable Irrevocable L/C)
표시통화	• 원화표시: 개설일 대고객 전신환매입률로 환산한 외화금액
부기	• 외화표시: 개설의뢰인이 물품대금을 자기명의 거주자 외화계정으로부터 수혜자명의 거주자 외화계정으로 이체결제에만 가능
금액	물품대금 전액 • 원화표시: 매입 시 환율이 개설 시와 다를 경우 부기 외화금액에 매입일 대고객 전신환매입률로 환산한 금액 • 외화표시: 외화금액 전액
어음조건	일람출급환어음(지급인: 개설의뢰인, 지급장소: 개설은행)
인도기일	대응수출 또는 물품공급이 원활할 수 있는 범위 내
서류제시기간	물품수령증명서 발급일로부터 최장 5영업일 범위 내(단 원격지인 경우는 7영업일 이내)
유효기일	물품인도기일에 10일 가산한 기일 내(단 Master L/C의 선적 또는 인도기일 이전)
기타	동일계열 기업군 소속 기업체를 수혜자로 하는 완제품 Local L/C를 개설하는 경우는 Local L/C 개설은행이 Master L/C 등의 환어음 매입 후 결제조건으로 개설

Q 137 내국신용장의 결제방법은?

내국신용장의 결제는 다음과 같이 한다.

Local L/C의 결제

구분	결제조건
구비서류	• 필수서류 –물품수령증명서 –물품송장 –공급자 발행 세금계산서 • 무역금융 결제서류 –약속어음 –일반수출입금융 일괄적격 인정의뢰서
어음매입 또는 추심의뢰	• 원화표시: 개설은행에 직접 어음매입요구 또는 거래외국환은행에 추심의뢰 • 외화표시: 추심의뢰만 가능(거주자 외화계정 간 이체결제되기 때문)
어음매입금액	• 원화표시: 부기외화금액×매입일 대고객 전신환매입률 • 외화표시: 외화금액
결제일	지급제시요구일(즉 어음매입일)로부터 3영업일 이내 결제

취소불능내국신용장 개설신청서

취 소 불 능 내 국 신 용 장	신용장 번호 LI607-604-10180
1 CMF 번호 ① 개설신청인(상호, 주소, 대표자, 전화) (주)상일무역	② 2 원화여부 ₩629,947,400 ☐ ①원 화(US4,940,220.- @670.00) 다만, 환어음 매입시 대고객 전신환 매입율이 개설시와 다를 경우 원화금액은 동 매입율로 환산한 금액으로 함. ☐ ②외 화 다만, 개설의뢰인 명의거주자계정으로부터 수혜자명의 거주자계정에 이체 지급할 것을 조건으로 함. 3 통 화 4 외화금액
5 수 혜 자(상호, 주소, 대표자, 전화) ③ (주)길동무역	6 물품인도기일 ④ 2020. 4. 22 / 7 유 효 기 일 ⑤ 2020. 4. 22

형 식: 수익자가 신용장 금액을 한도로하여 송장금액 전액을 어음금액으로 하고 본인(당사)을 지급인 귀행을 지급장소로하는 일람출급환어음을 발행함을 허용하는 신용장.

제출서류:

8 물품수령증명서 통
9 물품명세가 기재된 송장 통
10 공급자발행 세금계산서사본 통
기 타

⑥ 공 급 물 품 명 세

HS 부호	11 품명 및 규격	단위 및 수량	단 가	금 액
2922-11-1000	Mono-Ethanol amine	2,000 M/T	@$ 470.11	U$ 940,220.-

⑦ 12 분할인도 ☐ ①허용함 ☐ ②불허함	13 서류제시기간 물품수령증명서발급일로부터 영업일이내
14 기 타	⑥ 15 용 도 원자재(실적)

원 수 출 신 용 장 등 의 내 용

16 종류: ☐ ①수출 L/C. ☐ ②D/A. ☐ ③D/P. ☐ ④ 외화표시물품 공급계약서. ☐ ⑤내국신용장. ☐ ⑥ 외화표시건설·용역 공급계약서

17 신용장(계약서)번호	18 결제통화 19 금 액	20 선적(인도)기일	21 유효기일
22 수출(공급)상대방	23 발행은행	24 대금결제조건	25 수출지역
26 CCCN 부호	27 품명 및 규격	28 단위 및 수량	금 액

귀행이 개설하는 내국신용장은 상기 원 신용장과는 독립 별개의 것임을 서약하고 위와같이 내국신용장 개설을 신청하오며 귀행 별도 소정 상업신용장 약정서 조건을 우위 준수할 것을 확약합니다.

주 소:
신 청 인: (인)
Tel.

주식회사 한국상업은행장귀하

이 신용장에 관한 사항은 다른 특별한 규정이 없는한 국제 상공회의소 제정(1983년개정) 화환신용장 통일규칙에 따릅니다.

※ 은행사용란

29 융자조건	30 수수료구분	지급보증	금 액		확 인	
31 수입보증금	32 입금구분		번 호		결 인	
33 자기앞금액	34 기 산 일		일 자		인감대조	

Q 138 구매승인서에 의한 원자재 및 완제품의 구매방법은?

구매승인서는 무역금융한도 부족, 비금융대상 수출신용장 등으로 인하여 내국신용장 개설이 어려운 상황에서 국내에서 외화획득용 원료 등의 구매를 원활하게 하고자 외국환은행장이 내국신용장 취급규정에 준하여 발급하는 증서다.

Q 139 구매승인서와 내국신용장의 차이점은?

구매승인서와 내국신용장의 차이점은 다음과 같다.

구매승인서와 Local L/C의 비교

구분	Local L/C	구매승인서
공통점	• 수출용 원자재 또는 완제품의 국내구매에 사용 • 공급자의 수출실적으로 인정 • 외화획득용 원료의 사후관리실적으로 인정 • 부가가치세 영세율 적용	좌동
차이점	• Local L/C는 개설은행이 대금지급보증 • 2차 Local L/C까지 발행 가능(단 1차가 완제품 구매 시는 3차까지 가능)	• 구매승인서는 발급은행이 대금지급을 보증하지 않고 계약당사자 간의 거래사실을 확인함에 불과함 • 차수에 관계없이 구매승인서 발행 가능

Q 140 구매승인서의 발급절차는?

구매승인서의 발급절차는 다음과 같다.

구매승인서의 발급절차

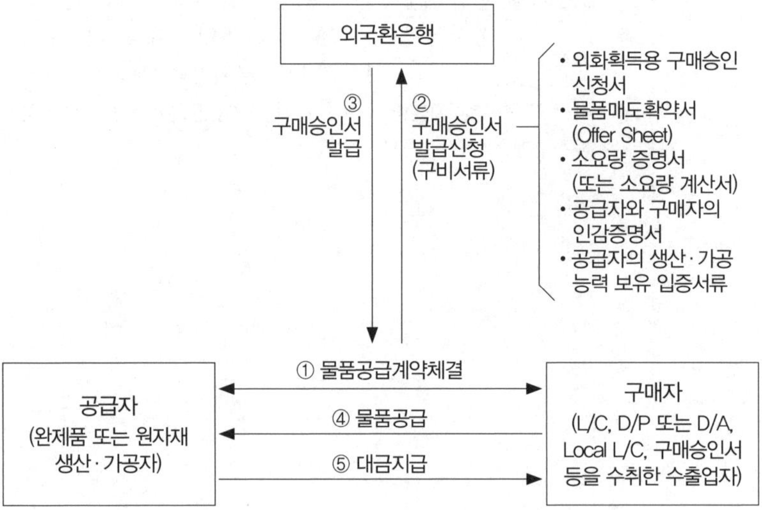

[별지 제5-1호 서식](용)

외화획득용 원료구매승인신청서

처리기간
3일

① 신청인(상호, 주소, 성명)	② 공급자(상호, 주소, 성명)
(주)길 동 무 역 서울시 강남구 삼성동 159 대표이사 홍 길 동 (인)	진양산업주식회사 서울시 성동구 중곡동 40-5 이 진 영 (인)

공급물품명세(국산원자재, 기초원자재, 수출물품을 해당사항에 O표할 것.)

③ HS 부호	④ 품명 및 규격	⑤ 단위및수량	⑥ 단가 (US $부기)	⑦ 금액 (US $부기)
0502-90.9000	Goat Hair Dressed	3,280yds	@W1,620 (@ US$ 2)	5,313,600 (US$ 6,560)
//////////////////////				
	TOTAL	3,280Yds		3,313,600

수출 또는 구매승인서상의 내용

⑧ 근거서류명 및 번호	⑨ HS 부호	⑩ 품명	⑪ 금액	⑫ 유효기일	⑬ 선적기일
Master L/C KFCS 80317	0502. 909000	Goat Hair Dressed	US$ 6,780	93. 5. 8	93.4.15

⑭ 승인조건

⑮ 승인번호

⑯ 위 신청사항을 대외무역관리규정 제5-2-7조 의 규정에 의하여 승인합니다.

20 . . .

은 행 장 (인)

Q 141 수출용 원자재의 수입은?

수출물품의 생산에 소요되는 원자재는 가능한 한 국산 원자재 사용을 권장하지만 국산 원자재의 사정이 여의치 않으면 외국으로부터 수입하게 된다.

외화획득용 원료를 수입할 경우 수출상품의 경쟁력을 제고하기 위해 수출입공고, 금융·세제상 지원을 해준다.

외화획득용 원료 수입에 대한 지원

구분	지원내용
• 수출입공고 등 적용배제 • 무역금융 지원 • 관세환급	• 수출입공고 및 별도공고와 통합공고상 수입금지 또는 수입제한품목일지라도 수입가능 • 무역금융 수혜 • 수출용 원자재 수입 시 납부한 관세 등(관세, 부가가치세)을 수출완료 후 환급

Q 142 수출물품을 확보하기 위한 무역관련금융은?

수출을 증대하기 위한 무역관련금융에는 무역금융과 무역어음이 있다. 무역금융은 수출품 선적 전 소요자금을 은행이 수출업체에 대출해주는 정책금융이고 무역어음은 무역업체가 수출품 선적 전 소요자금을 어음을 발행해 조달하는 것이다.

Q 143 무역금융이란?

'한국은행 총액한도 대출 관련 무역금융 취급세칙'에 따르면 무역금융은 수출목적물의 특성에 따라 상품수출을 대상으로 하는 일반수출입금융, 건설 및 용역수출을 대상으로 하는 건설용역수출금융, 수출용 농수산물의 수집 및 비축활동을 대상으로 하는 농수산물 수출준비자금 대출 3가지로 구분되며, 무역금융수혜 대상자는 중소기업 및 비계열기업에 한정되어 있다.

따라서 30대 재벌그룹 소속기업들은 무역금융수혜를 받을 수 없으며 무역어음을 발행하여 자금을 조달할 수 있다.

Q 144 무역금융의 융자한도는?

무역금융의 융자한도와 융자비율은 다음과 같다.

무역금융 융자한도와 융자비율

구분		무역금융 취급세칙	외환은행
신용장기준	생산자금/원자재금융	당해업체가 보유한 수출신용장 범위 내	다음 중 택일 1. 과거 1년간 수출실적×1/2 2. 과거 6개월간 수출실적 **※ 6개월 미경과업체: 당해 수출신용장 범위 내**
실적기준	생산자금	과거 수출실적과 당해업체 평균가득률 감안	다음 중 택일 1. 과거 3개월간 수출실적×2/3×평균가득률 2. 과거 1년간 수출실적×1/6×평균가득률 **※ 1개월간 실적 → 2개월간 실적**
	원자재금융	과거 수출실적과 당해업체 평균원자재 의존율 감안	다음 중 택일 1. 과거 6개월간 수출실적×평균원자재의존율 2. 과거 1년간 수출실적×1/2×평균 원자재의존율 **※ 4, 5개월간 실적 → 6개월간 실적**

구분		무역금융 취급세칙	외환은행
포괄금융	신용장기준	당해업체가 보유한 수출신용장 범위 내	다음 중 택일 1. 과거 6개월간 수출실적×1/2 2. 과거 1년간 수출실적×1/4 **※ 2개월간 실적 → 3개월간 실적**
	실적기준	당해업체의 과거 수출실적 확인서 금액	다음 중 택일 1. 과거 6개월간 수출실적×1/2 2. 과거 1년간 수출실적×1/4 **※ 1.5개월간 실적 → 3개월간 실적**
건설·용역	실적금융	과거 외화입금실적 감안	다음 중 택일 1. 과거 6개월간 입금실적×1/12 2. 과거 3개월간 입금실적×1/3
농수산 수출준비자금		소요자금 범위 내	소요자금의 70% 이내 잠정비축자금 소요자금의 80% 이내
융자비율(융자단가)		전월 평균 기준환율 범위 내	전월 평균 기준환율×90% **※ 대기업: 60% → 90%**

Q 145 무역금융의 융자 시기는?

무역금융의 종류별 융자 시기는 다음과 같다.

수출과정별 각 자금의 융자금액 및 시기(신용장기준 금융)

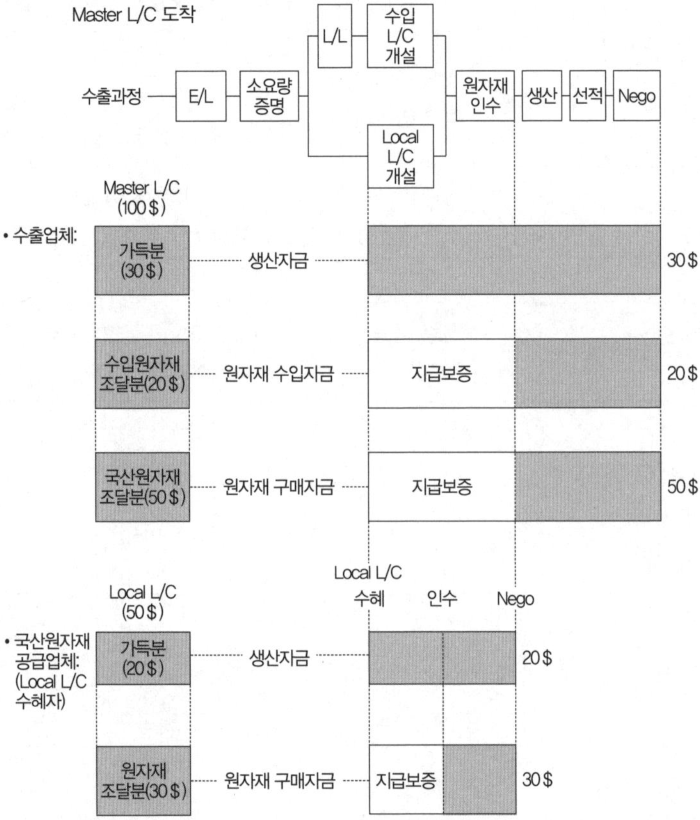

Q 146 무역어음이란?

무역어음이란 L/C 등을 수취한 수출업자가 L/C 등을 근거로 인수기관과 일정한 약정하에 인수기관을 지급인으로 어음을 발행하고 동 인수기관이 인수한 어음을 할인기관에 할인매각하여 자금을 조달하며 어음만기일에 수출 Nego 자금으로 어음대금을 결제하는 것이다.

무역어음은 무역금융과 같이 한국은행의 재할인 대상이 되는 정책금융이 아니며, 취급기관이 자체 재원을 바탕으로 무역업자가 발행한 어음을 인수, 할인매입하여 일반투자자들에게 매출하고 어음만기 시에 Nego 자금으로 대금을 상환받는다.

Q 147 무역어음의 수취절차는?

무역어음의 수취절차는 다음과 같다.

무역어음의 수취절차

- 어음기간: 인수일로부터 선적일+10일까지 ≦ 270일
- 어음금액*: 최소 500만 원부터 ≦ L/C금액(FOB)×인수일 대고객 전신환매입률
- 인수한도: 과거 1년간 자사제품 수출실적(FOB)×1/3×대고객 전신환매입률
- 인수수수료: 연 1.0% 이내 자율(은행 연 0.5% 수준)

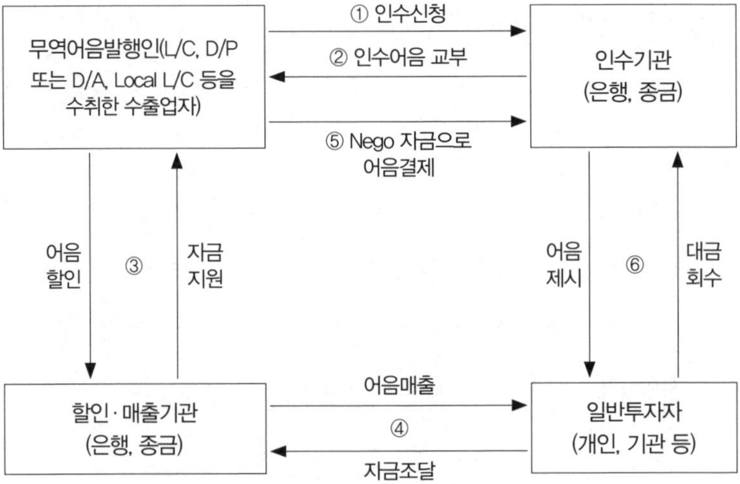

- 할인금리: 자율(은행 8~11.5% 수준)
- 매출금리
  - 3천만 원 이상, 60일 이상: 자율(은행 연 12% 수준)
  - 3천만 원 미만, 60일 미만: 규제(기간별 연 1.5~7.0% 차등)

※ L/C 등의 1건이 500만 원 미만일 경우는 수개를 통합하여 1건의 표지어음으로 발행할 수 있으며, 이때 어음기간은 선적기일이 가장 늦게 도래하는 L/C 등을 기준으로 함. 또 L/C 등의 금액이 과다할 경우 분할하여 무역어음을 발행할 수 있음.
무역어음과 무역금융을 중복하여 수혜할 수는 없음.

계	대리	차장	지점장

무역어음(인수·할인)신청서

주식회사 한국상업은행 앞 　　　　　　　　　　　2020 년 3 월 17 일

본인이 따로 제출한 무역어음거래약정서에 더잡아 본인이 발행한 다음 무역어음의 (인수·할인)을 신청합니다.

신 청 인	성 명	(주)한국무역 홍길동 (인)	업 종	제조, 도매
	주 소	서울 강남구 삼성동 159-1	(전화)	555-0114
신청금액	금 오천만 원정			

	인수번호	어음번호	어음금액	발행일	지급기일	인수기관	인수확인
무역어음 내 용	424-101-0001	영가 355	50,000,000	20. 3. 17	20. 6. 28	당점	

	신용장 번 호	금 액 (원화환산액)	선적기일	유효기일	품 목	수출승인서 번 호
근거신용장 내 용	E112108	U$80,000	20.6.18	20.7.13	Sweater	E1780-108-00153

주) 1. 환어음(무역어음)과 근거가 되는 신용장 원본을 같이 제출하여 주십시오.

2. 아래란은 기재하지 마십시오.

구 분	승인기간	승인한도	사용잔액	본 신	한도이용액
인 수					
할 인					

Q 148 소요량계산서의 용도는?

소요량계산서는 외국환은행 등에서 수출을 이행하는 데 필요한 원자재량을 계산하고 확인하여 발급한 증명서로 수출물품의 생산에 꼭 필요한 양만큼의 원자재에 대해서만 혜택을 주기 위해서 필요한 것이다.

소요량계산서의 용도와 발급

구분	내용
용도	• 무역금융 융자신청서 –원자재의존율 계산기준 • 관세환급 신청 시 –정액환급률표 작성기준 –개별환급금 계산자료
소요량 책정	• 표준품목 –기준소요량(단위당 평균 원자재소요량) = 〔단위실량× $\frac{1}{1-손모율}$ 〕 **(즉, 기준소요량 – 단위당 평균손모량 = 단위당 실제 투입된 평균원자재량)** • 비표준품목 –유사품의 소요량 적용, 현장조사, 문헌조사, 신청자 제시자료에 의한 조사, 실물 및 카탈로그 조사 등
발급	• 고시품목: 거래외국환은행장, 환급지 세관장 • 비고시품목: 시·도지사 등

*** 소요량계산서: 소요량 자체관리기업인 소요량계산서 발급기업으로 지정받은 업체는 소요량 증명서 대신 자율적으로 소요량계산서를 발급할 수 있음.**

수출통관은 어떻게 하나

Q 149 | 수출통관 절차는?

수출물품의 확보가 완료되면 선적하기 전에 반드시 수출통관 절차를 밟아야 한다. 수출통관 절차는 수출하고자 하는 물품을 세관에 수출신고를 하고 세관에서 수출물품에 관한 서류상 적법 여부와 실물을 검사·감정한 후 수출신고필증을 발급받아 물품을 선박(항공기)에 적재하는 일련의 절차를 말한다. 수출신고는 화주, 관세사, 관세사법인, 통관법인 등이 할 수 있다.

일반적으로 화주는 관세사, 통관법인, 관세사법인 등에 수출통관을 대행의뢰하는 경우가 많다.

수출통관 절차 도해

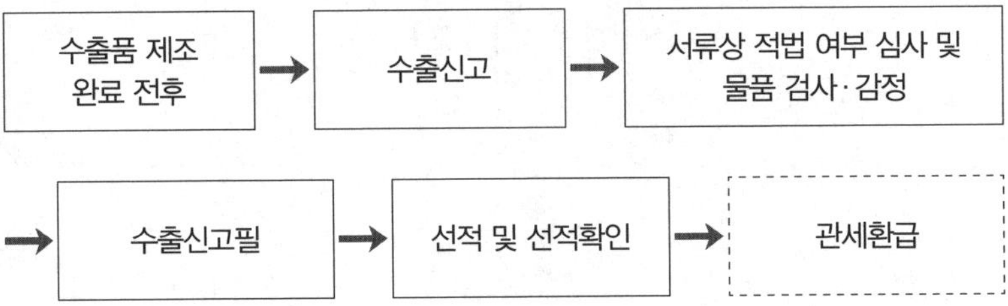

Q 150 수출 신고시기와 구비서류는?

수출 신고시기와 구비서류 등은 다음과 같다.

수출통관 절차와 내용

구분	내용
수출 신고시기	수출품 제조완료하기 전후
수출 신고서류	• 수출신고서(세관보관용 및 수출신고필증용) • 수출승인서(E/L)(수출제한승인품목의 경우) • 상업송장(Commercial Invoice) • 포장명세서(Packing List) • 기타 세관장 요구서류
수출신고인	화주, 관세사, 관세사법인, 통관법인

구분	내용
서류심사	관세법, 대외무역법, 외국환거래법, 기타 특별법상 적법 여부 최종 심사
실물검사·감정	• 검사목적: 위장, 불법 수출 방지 • 검사내용: HS품목분류번호, 품명 • 검사방법: 무작위추출(Random sample) 불규칙검사와 전량필수 검사
수출신고필	수출신고한 서류심사 및 실물검사 · 감정 결과 적법하면 수출자에게 수출신고필증 교부
선적	수출신고필 후 30일 이내에 선적항 보세구역까지 운송해야 함

*** 관세사 수수료: FOB금액×관세환율의 0.15%(최대 40만 원)(수입 시는 0.2%, 최대 95만 원)**

수출통관제도 주요 개선내용(1996. 7. 1 이후)

구분	개정 전	개정 후
수출 신고시기	수출품목 제조완료 5일 전부터 제조완료 이후	물품 제조완료하기 전후 어느 때라도 가능
수출신고 수리시기	수출품목이 제조완료되어야 수출신고 수리	수출신고에 이상(검사대상인 경우에는 검사 후 이상)이 없으면 즉시 신고수리
수출신고자	화주, 수출자, 수출위탁자	화주, 수출자, 수출위탁자, 완제품공급자

구분	개정 전	개정 후
P/L수출통관 대상 확대	수출자동승인품목의 경우에 한함	• 수출입공고상 수출제한을 위한 수출추천품목으로 확대(섬유직물, 의류, 생활용품, 금속양식기) • 미화 2,000달러 이하 무환수출 견품, 광고용품 등(타 기관 허가대상 및 환급대상 수출은 제외)
자동신고수리 확대	미화 2,000달러 이하 수출	미화 5,000달러 이하 수출
수출검사제도 개선	총검사비율 3% 이내	총검사비율 1% 이내로 축소
간이수출신고 대상 확대	미화 1,000달러 이하의 항공탁송 화물	미화 1,000달러 이하의 항공 및 선박탁송화물로 확대(다만 위약수출 등 환급대상 수출은 제외)
다량 산물의 사후 수출신고 허용	수출신고수리 전 선적승인 → 수출신고 및 신고수리 → 출항	Survey Reports(손해검정보고서)로 수량 확인이 가능한 수출물품(광산물 등)이 항만적체 등 부득이한 사유가 있는 경우 출항 후 익일까지 수출신고 허용 • 수출신고수리 전 선적승인 → 출항 → 수출신고 및 수리

* P/L: Paperless

수 출 신 고 필 증

※ 처리기간:즉시

①신고자상호	유일관세사법인 구로	제출번호	40260-20-1102553
②수출자상호	(주)하제교역	부호	951331 C
③제조자주소	포천군 신북면 신평리 188-5		
상호	(주)동광물산	성명	손기근
통관고유부호	동광물산1881012	사업자등록번호	127-81-11062
④구매자상호	M/S. BUCKLE PTY LTD	부호	
⑤환급신청인	수출자	제조자	0
⑥환급기관	서울본부세관	부호	010

⑦신고번호	130-10-20-01060618			⑧신고일자 201112	⑨신고구분 H	⑩C/S구분	
⑪거래구분	11	⑫종류	A	⑬결제방법	LS		
⑭목적국	AUSTRAL	AU		⑮적재항	부산항	PUS	
⑯운송형태		10BU		⑰제조완료일(검사희망일)	201112		
⑱물품소재지	157 서울특별지 강서구 내발산동 대원						
⑲L/C번호	85374/2092						
⑳C/S변경				㉑조사관			

㉒ 품명 · 규격		
(001란) LEATHER;PU COMPOSITION LEATHER; THICKNESS 1.6-1.8MM PATTERN:U.K 7,557S/F CFR$6,121.17	㉓관세사실적	
	㉔세번부호	4109.00-1000
	㉕제품코드	981112-2092
	㉖신고가격(FOB)	($ 5,663) ₩ 7,334,151
	㉗순중량	1,200 KG
	㉘수량	702 M2
	㉙포장갯수/종류	31 CT
이 하 여 백	세번부호	
	제품코드	
수출물품을 ... 이 신고필증 ... 은 ... 한 공사 또는 ... 신고사항이 ... 정정이 가능합니다.	신고가격(FOB)	₩
	순중량	
	수량	
	포장갯수/종류	

㉚총란수	㉛총중량	단위	㉜총포장갯수	㉝총신고가격(FOB)
(1)란	1,250	KG	31	₩ 7,334,151 $ 5,663

관련서류	㊲수출승인서		㊳결제금액	CFR-USD-6,121
	㊳수출추천서		㊴운임(₩)	593,804 ㊵보험료(₩)
	㊴검사증		㊺세관기재란	
	㊵검역증			
	㊶전략물자수출허가서			
	㊷			
보세운송	㊸운송신고인			1,295:1700
	㊹기간	2020' 11 '12 부터 2020' 12 '12 까지	㊻신고수리일자	(2020 / 11 / 12)

471-00111민 (1) 수출신고일로부터 30일내에 선(기)적하지 아니한 때에는 수출신고수리의 취소 및 벌금이 부과되므로 선(기)적 사실을 확인하시기 바랍니다. (관세법 제66조, 제142조의3, 제188조)
(2) 수출신고필증의 진위여부는 수출입통관정보시스템에 조회하여 확인하시기 바랍니다. (http://kcis.ktnet.co.kr)
210×297㎜ NCR지50g/㎡

015 P01 HAJAE TEXTILE CO LTD

선적절차와 선하증권

Q 151 선적절차는?

수출통관절차가 끝나면 드디어 선적하게 되며 선적절차는 다음과 같다. 즉, 수출상은 Shipping Schedule(출항예정표)을 입수하여 최종선적기일 약 2주 전에 선박회사에 Shipping Request(선적요청서)를 제출하여 Space Booking(선적예약)을 한다.

그 후 수출물품 통관을 완료해 세관으로부터 수출신고필증을 받으면 수출통관된 물품을 선적항까지 운송한다.

수출물품이 선적항에 도착하면 선박회사에 수출신고필증을 제시하고, 선박회사는 수출신고필증의 진위를 확인한 후 수출물품을 인수 또는 선적하고 드디어 B/L(선하증권)을 발급함으로써 선적절차가 완료된다.

선적절차

구분	내용
선적예약	Shipping Schedule 입수 후 선사에 S/R(Shipping Request: 선적요청서)을 제출하여 Space Booking(선적예약)을 함.
내륙운송	수출신고필 후 수출통관된 물품을 선사가 지정한 장소까지 내륙운송함.
화물인도 · 선적 B/L 발행	• 재래식 화물 ① 선사에 물품인도: 수출신고필증 제시 ② 본선적재 지시: S/O(Shipping Order: 선적지시서) 발급 ③ 본선적재 완료: M/R(Mate's Receipt: 본선수취증) 발급 ④ B/L(Bill of Lading: 선하증권) 발행: Shipped B/L(선적선하증권) • 컨테이너 화물 ① 선사에 물품인도: 수출신고필증 제시 ② 부두에서 물품인수: D/R(Dock Receipt: 부두인수증) 발급 ③ B/L 발행: Received B/L(수취선하증권) ④ 본선적재 ⑤ Received B/L에 On Board Notation(본선적재표시): On Board B/L(본선적재선하증권)

* 컨테이너 화물일지라도 상기 재래식 화물과 마찬가지로 본선적재 완료 후 Shipped B/L을 발행하는 경우가 있음.

선적요청서(S/R: Shipping Request)

Shipper KOREA SANG SA. SEOUL, KOREA. Consignee TO ORDER Notify Party KARSEN S. A. (PTY) LTD. JOHANNESBURG 3000, SOUTH AFRICA	Eastern Shipping Co., Ltd. 東邦船舶株式會社 Seoul : 777-7911, 8681 Pusan : 463-0511/5 CY : 65-0501/5 Incheon : 882-5661/2 S/O No. 25 | B/L No. NB2440

Vessel "N. COLOMBO"	Voyage No. V-5043	Shipment expiring date on L/C
Port of Loading KOREAN PORT	Port of Discharge DURBAN	Final destination
B/L to be issued at	Bill of lading required: original Copy FULL SET	

Marks and Numbers	No. & Kind of Pkgs	Description of Goods	Gross Weight	Measure-ment
KARSEN C/O. S. M. M ORD. NO. : K537 VIA DURBAN Q'TY: 2 DZ C/NO. : 1-700 MADE IN KOREA	20' CONTR	1, 400 DOZ OF PHOTO ALBUMS L/C NO. : 40661/85	11, 900KGS	27. 081CBM

Freight & Charges	Revenue tons	Rate	Per	Prepaid	Collect
	27. 081CBM				○

Accepted ______________ 2020 EASTERN SHIPPING CO., LTD. By: ______________	Please arrange to ship cargoes as described above: Applicant Add: (Tel) Name: Forwarder at the port of loading Add: (Tel) Name:

SHIPPING REQUEST

OPERATOR : **SALES MAN :** HM **DATE:** 11/8

SHPR	(실화주) 흥아 (서류명)	담당	26사상6 TEL: FAX:
P/U	DOC'S 1.장소 2.담당 3.시간 4.전화		CARGO 1.장소 11/10~ 2.담당 3.시간 11/11 사송 4.전화
김포반입		청구지	
면 허	S/P (L/C) 통관 (보세)	ATTN : TYO	TEL :

AWB 작성	MAWB NO	933- 4101 2750	DSTN	TYO	희망CARR
	HAWB NO		C/T 수		ITEM
	CNEE				
	NOTIFY				

G/WT	ABOUT	700	면 장		NOMI	PARTNER	
						S/R	N/N
	반 입				FREE	R 유( )	무 ( )
						S/R	N/N
V/W'T	ABOUT				운임지불	(PREPAID)	COLLECT
					F/C		
	반입				P/S	40.~	
					H/C	30.~	
					OTR		
유의사항 (발권)							

구비서류	INV	P/L	VISA	G.S.P	C/O	기 타

REMARK (김포및 예약요구사항)

FLT NBR	KE 721	DATE	11/11	항공사	CAL	N/N	

선적지시서(S/O: Shipping Order)

Shipper
DAI YOUNG ROPE CO., LTD.
SEOUL, KOREA

No. B-24

Consignee
TO ORDER

Nedlloyd Lines

Notify address
NIRU AMERICAN CORP.
95 MONTGOMERY STREET,
SAN FRANCISCO CA 54420

To Chief Officer,
Please receive on board undermentioned cargo and sign attached mate's receipt upon completion of loading.①

(Ocean) vessel	Port of loading
"N. KAT" V-58	PUSAN, KOREA

Port of discharge	Final port of destination (if carriage)	Freight payable at	Number of original Bs/L
VALPARAISO,	CHILE	SEOUL, KOREA	THREE

Marks & Nos.	Number and kind of packages: description of goods	Gross weight	Measure-ment
C. A. A TUMAN PEDIDO I. D 129 VALPARAISO, CHILE REEL NO. : 1-8 MADE IN KOREA	8 REELS SAID TO BE: 8 REELS OF UNGALV. STEEL WIRE ROPE CIF VALPARAISO L/C NO. : 90-305	8, 256KGS	

Total number of packages② ....(EIGHT REELS ONLY..................................)

Please mention whether packed in bags, cases, bales, crates, cartons, etc.
The word packages is not allowed by Customs Authorities at port of destination.
Measurement and weight must be stated for each item separately.
The Company not to be held responsible for cargo shut out.

B/L No.............. Signed by..............
Full set original bills of lading received by ....

AGENTS COPY

본선수취증(M/R: Mate's Receipt)

Shipper
DAI YOUNG ROPE CO., LTD.
SEOUL, KOREA

No. ....

Consignee
TO ORDER

Notify address
NIRU AMERICAN CORP.
95 MONTGOMERY STREET,
SAN FRANCISCO CA 54420

Nedlloyd Lines

//////////////////////

Received on board, unless otherwise stated the undermentioned cargo in apparent good order and condition, subject to the conditions of Company's bill of lading.

(Ocean) vessel	Port of loading
"N. KAT"V-58	PUSAN, KOREA

Port of discharge	Final port of destination (if carriage)	Freight payable at	Number of original Bs/L
VALPARAISO, CHILE		SEOUL, KOREA	THREE

SHIPPER'S DESCRIPTION OF GOODS

Marks & Nos.	Number and kind of packages: description of goods	Gross weight	Measurement
C. A. A TUMAN PEDIDO I. D 129 VALPARAISO, CHILE REEL NO. : 1-8 MADE IN KOREA	8 REELS SAID TO BE: 8 REELS OF UNGALV. STEEL WIRE ROPE CIF VALPARAISO L/C NO. : 90-305	8, 256KGS	

Total number of packages ....(EIGHT REELS ONLY..........)

Please mention whether packed in bags, cases, bales, crates, cartons, etc.
The word packages is not allowed by Customs Authorities at port of destination.
Measurement and weight must be stated for each item separately.
The Company not to be held responsible for cargo shut out.

B/L No. .... Signed by
Full set original bills of lading received by ....

TO BE RETURNED TO AGENTS FOR ISSUANCE OF Bs/L

Stowed in Hold No. TH 3-2

Received .... package (in figures)

(in letters) ....

....

.... (Checker)

.... (Chief Officer)

Vz 39 (H.S.)9-1977

부두인수증(D/R: Dock Receipt)

Shipper
KOREA SANG SA. SEOUL, KOREA

(Forwarding Agents)
D/R No.

Consignee or Order
TO ORDER

Nedlloyd Line
DOCK RECEIPT
ORIGINAL
NON-NEGOTIABLE

Notify Party/Address
KARSEN S. A (PTY) LTD.
JOHANNESBURG 3000, SOUTH AFRICA

Place of Receipt (Applicable only when this document is used as a Combined Transport Bill of Lading)
PUSAN, KOREA (CY)

Vessel and Voy. No.
"N. COLOMBO"V-5043

Port of Loading
PUSAN, KOREA

Place of Delivery (Applicable only when this document is used as a Combined Transport Bill of Lading)

Port of Discharge
DURBAN (CY)

Marks and Nos; Container Nos;	Number and kind of Packages; description of Goods	Gross Weight (kg)	Measurement (cbm)
KARSEN C/O. S. M. M ORD. NO. : X537 VIA DURBAN Q'TY : 2 DZ C/NO. : 1-700 MADE IN KOREA	1 STEEL CONTAINER SAID TO CONTAIN: 1, 400 DOZ OF PHOTO ALBUMS L/C NO. : 40661/90	11, 900KG	27. 081CBM

CONTAINER/SEAL NO.
TENU 2577854/000212-700CTNS

이 난에는 타이프(type)하지 마십시오.

Laden On Board
For the Carrier　　Date

ABOVE PARTICULARS AS DECLARED BY SHIPPER

***Total No. of Containers/Packages**
ONE STEEL CONTAINER ONLY

Movement
PCL/PCL

***Specification of Freight and Charges**

ICS
CT B/L
April '85

●Dock Receipt는 발행되는 B/L [illegible] 주십시오. 또한 화물이 수차에 걸쳐 반입되는 경우에는 최종 수하(受荷)시 Dock Receipt를 발행합니다. ●Dock Receipt를 작성(type)할 때에는 두꺼우므로 어긋나지 않도록 세로로 소정의 위치에 [illegible] 강하게 타이프하십시오. ●화물의 종류가 다양하여 다 기입할 수 없는 경우에는 Supplementary Sheet를 사용하십시오. ●Dock Receipt 작성시에는 별기(別記) 기재요령을 참조하십시오. ●본 Dock Receipt가 물에 젖거나 찢어 파손되지 않도록 취급하십시오.

Freight payable at	Place and Date of Issue
Number of Original Bills of Lading 3 (THREE)	

하기란에도 기입바랍니다.

Code (for customs purposes)

Export declaration No.

Service type on receiving ☐-CY, ☐-CFS, ☑-Door

Service type on delivery ☐-CY, ☐-CFS, ☑-Door

TYPE OF GOODS (貨物의 種類): ☑Ordinary, (普通貨物) ☐Reefer, (冷凍貨物) ☐Dangerous, (危險品) ☐Auto. (자동기어自動車) ☐Liquid, (液狀貨物) ☐Live Animal, (生動物) ☑Bulk, (散貨) ☐

Inland carrier's name at port of discharge

Reefer-Temperature Required (冷凍溫度) °F °C

Dangerous-Label (標札) classification (分類)

EXCEPTIONS: (at the time of receipt)
JUNE 10, 2020

Received by the Carrier the total number of containers or other packages or units stated above to be transported subject to the terms and conditions of the Carrier's regular form of (Combined Transport) Bill of Lading, which shall be deemed to be incorporated herein.

Date
For　Nedlloyd Lines

as Agent only

1
ORIGINAL

82. 1. 22, 000S (A)

선하증권(B/L: Bill of Lading)

Consignor
HAJAE TEXTILE CO.,LTD.
SEOUL, KOREA

FBL | KR 063 | HAHS98-114805

KMTA

NEGOTIABLE FIATA
MULTIMODAL TRANSPORT
BILL OF LADING
issued subject to UNCTAD/ICC Rules for
Multimodal Transport Documents (ICC Publication 481).

ICC

Consigned to order of
TO ORDER
HAJAE TEXTILE CO.LTD.
7TH FLOOR, TAE YANG BLDG.,
44-2 YEO EUI-DO DOG, YEOUNGDEUNGPO-KU
SEOUL, KOREA

HANSAENG EXPRESS CO.,LTD.
C. P. O. BOX 6243 SEOUL, KOREA
TELEX: K24692 HANSEN

Notify address
M/S, BUCKLE PTY LTD
PO BOX 170 SUMMER HILL
NSW 2130
AUSTRALIA

은행보관용

	Place of receipt BUSAN,KOREA
Ocean vessel V-SA9877 MAERSK OCEANIA	Port of loading BUSAN,KOREA
Port of discharge SYDNEY,AUSTRALIA	Place of delivery SYDNEY,AUSTRALIA

Marks and numbers	Number and kind of packages	Description of goods	Gross weight	Measurement
	31ROLLS		1,250.00KGS	1.860CBM

B.K
(IN DIA)
PU COMPOSITION LEATHER
COLOR : BLACK
Q'TY :
R/NO : 1-24
MADE IN KOREA

B.K
(IN DIA)
PU COMPOSITION LEATHER
COLOR : BROWN
Q'TY :
R/NO : 25-31
MADE IN KOREA

SAID TO BE :
31 ROLLS OF
PU COMPOSITION LEATHER
U.K. PATTERN
BLACK COLOR 24 ROLLS 5,973SF
BROWN COLOR 7 ROLLS 1,584SF
==============================
TOTAL QTY 7,557SF

*L/C NO.: 85374/2092

LADEN ON BOARD
NOV.17, 2020

FREIGHT PREPAID'
SAY: THIRTY ONE(31) ROLLS ONLY

according to the declaration of the consignor

Declaration of Interest of the consignor in timely delivery (Clause 6.2.)

Declared value for ad valorem rate according to the declaration of the consignor (Clauses 7 and 8).

The goods and instructions are accepted and dealt with subject to the Standard Conditions printed overleaf.

Taken in charge in apparent good order and condition, unless otherwise noted herein, at the place of receipt for transport and delivery as mentioned above.

One of these Multimodal Transport Bills of Lading must be surrendered duly endorsed in exchange for the goods. In Witness whereof the original Multimodal Transport Bills of Lading all of this tenor and date have been signed in the number stated below, one of which being accomplished the other(s) to be void.

Freight amount FREIGHT PREPAID AS ARRANGED	Freight payable at SEOUL, KOREA	Place and date of issue SEOUL, KOREA NOV.17, 2020
Cargo Insurance through the undersigned ☒ not covered ☐ Covered according to attached Policy	Number of Original FBL's THREE / 3	Stamp and signature
For delivery of goods please apply to: OWENS INTERNATIONAL FREIGHT(AUS)PTY LTD 4TH FLOOR 1753-1765 BOTANY ROAD BANKSMEADOW NSW 2019 AUSTRALIA TEL:612-9316-7749 FAX:612-9666-6805 ATTN: MARNI		HANSAENG EXPRESS CO.,LTD. ACTING AS A CARRIER

선하증권(B/L: Bill of Lading)

Consignor/Shipper
HYUNDAI ELECTRONICS INDUSTRIES CO., LTD.
140-2, KYE-DONG, CHONGRO-KU,
SEOUL, KOREA

MULTIMODAL TRANSPORT BILL OF LADING

B/L No. HDLCKRHE981123

Consignee
HYUNDAI ELECTRONICS DEUTSCHLAND GMBH
FRANKFURTER STRASSE 107,
65479 RAUNHEIM, GERMANY
ATTN : MR.S.Y.CHOI/MR.K.S KIM
TEL : 49 6142 921 238

HYUNDAI LOGISTICS CO., LTD.

10TH FL., SEOUL BAR-ASSOCIATION BLDG., 160,
DANGJU-DONG, CHONGRO-GU, SEOUL, KOREA

TELEPHONE:(82)-2-725-3355
FACSIMILE :(82)-2-733-4237

Notify Party
1. SAME AS CONSIGNEE
2. THYSSEN HANIEL LOGISTIC GMBH,
BREDOWSTR. 6, D-22113 HAMBURG

For delivery of goods please apply to :
THYSSEN HANIEL LOGISTIC INTERNATION GMBH
BREDOWSTR. 6, ATTN : MR.PETER RITTER
MRS. KERSTIN DENECKE
TEL:40-73621-0 FAX:49-40-73621-220

Pre-carriage by	Place of Receipt		
	ICHON		
Vessel / Voyage No.			
HYUNDAI FEDERAL/314W			
Port of Loading	Port of Discharge	Place of Delivery	Final Destination(For the Merchant Ref.)
BUSAN, KOREA	HAMBURG, GERMANY	HAMBURG, GERMANY	

PARTICULARS FURNISHED BY CONSIGNOR/SHIPPER

Container No. & Seal No. Marks and No.	No. & Kinds of Containers or P'kgs	Description of Goods	Gross Weight	Measurement
HT7770C (TC095) HT5870C (TC092)	1CNTR (485CTNS)	"SHIPPER'S LOAD & COUNT" SAID TO BE: 485 PIECES OF MONITOR 1. HT5870C (TC092) 325 PIECES 2. HT7770C (TC095) 112 PIECES 3. HT7770C (TC095) 48 PIECES "FREIGHT PREPAID" LOADED/SHIPPED ON BOARD HYUNDAI FEDERAL 314W AT BUSAN,KOREA ON OCT. 19. 2020 * INVOICE NO.: S810-513-104	9,085.00KGS	50.547CBM
(45GP)HDMU6051938/32928			LADEN ON BOARD OCT.19,2020	

Total Number of Containers or Packages(in words)	ONE (1) CONTAINER ONLY.		Freight Payable at SEOUL, KOREA
Freight & Charges	Prepaid	Collect	
O/F USD	47625.00		

Received by the Carrier, the Goods specified herein in apparent good order and condition unless otherwise stated, to be transported to such place as agreed, authorized or permitted herein and subject to all the terms and conditions appearing on the front and reverse of this Multimodal Transport Bill of Lading (hereinafter called the 'K B/L') to which the Merchant agrees by accepting this K B/L, notwithstanding any local privileges, customs or any other agreements between the parties. The particulars of the goods provided herein were stated by the shipper and the weight, measurements, quantity, condition, contents and value of the Goods are unknown to the Carrier. In witness whereof three(3) original K B/L(s) have been signed unless otherwise stated herein. If two(2) or more original K B/L(s) have been issued and either one(1) has been surrendered, all the other(s) shall be null and void. If required by the Carrier one(1) duly endorsed original K B/L must be surrendered in exchange for the Goods or delivery order.

Signature

Place and Date of Issue	No. of Original B/L
SEOUL KOREA OCT.19.2020	THREE(3)

HYUNDAI LOGISTICS CO., LTD.
ACTING AS A CARRIER

항공화물운송장(Air Waybill)

180 SEL 6156 8216 — 180-6156 8216

Shipper's Name and Address / Shipper's Account Number

TAEHWA AEROSEA FORWARDERS INC.
444-5, SEOKYO-DONG, MAPO-KU,
SEOUL,KOREA

Not negotiable
Air Waybill
(Air Consignment note)
issued by
KOREAN AIR LINES CO., LTD.

KOREAN AIR
CABLE ADDRESS: "KOREANAIRLINES" C.P.O. BOX 864
41-3, SŎSOMUN-DONG, CHUNG-GU, SEOUL, KOREA

Copies 1, 2 and 3 of this Air Waybill are originals and have the same validity.

Consignee's Name and Address / Consignee's Account Number

MULTI-AIR FREIGHT FORWARDERS PTE
LTD.
01-23 CARGO AGENTS BUILDING B
AIRPORT CARGO ROAD SINGAPORE
819454
FAX: 65-545-4250

It is agreed that the goods described herein are accepted in apparent good order and condition (except as noted) for carriage SUBJECT TO THE CONDITIONS OF CONTRACT ON THE REVERSE HEREOF. ALL GOODS MAY BE CARRIED BY ANY OTHER MEANS INCLUDING ROAD OR ANY OTHER CARRIER UNLESS SPECIFIC CONTRARY INSTRUCTIONS ARE GIVEN HEREON BY THE SHIPPER, AND SHIPPER AGREES THAT THE SHIPMENT MAY BE CARRIED VIA INTERMEDIATE STOPPING PLACES WHICH THE CARRIER DEEMS APPROPRIATE. THE SHIPPER'S ATTENTION IS DRAWN TO THE NOTICE CONCERNING CARRIER'S LIMITATION OF LIABILITY. Shipper may increase such limitation of liability by declaring a higher value for carriage and paying a supplemental charge if required.

Issuing Carrier's Agent Name and City

TAEHWA AEROSEA FORWARDERS INC.

Accounting Information

Agent's IATA Code: 17-3 0484/001 1 — Account No.

Airport of Departure (Addr. of First Carrier) and Requested Routing: KIMPO AIRPORT, SEOUL KOREA

To	By First Carrier (Routing and Destination)	to	by	to	by	Currency	CHGS Code	WT/VAL PPD	WT/VAL COLL	Other PPD	Other COLL	Declared Value for Carriage	Declared Value for Customs
SIN	KE					KRW		PP				N.V.D	

Airport of Destination	Flight/Date (For Carrier Use Only) Flight/Date	Amount of Insurance
SINGAPORE	KE355 /NOV.11.1998	N.I.L

INSURANCE – If Carrier offers insurance, and such insurance is requested in accordance with the conditions thereof, indicate amount to be insured in figures in box marked "amount of insurance".

Handling Information

SCI

No. of Pieces RCP	Gross Weight	kg lb	Rate Class (Commodity Item No.)	Chargeable Weight	Rate / Charge	Total	Nature and Quantity of Goods (incl. Dimensions or Volume)
23	165.0	K	Q	165.0	4,640	765,600	CONSOLIDATED SHPTS AS PER ATTACHED MANIFEST "FREIGHT PREPAID"
23	165.0					765,600	

Prepaid	Weight Charge	Collect	Other Charges
765,600			

Valuation Charge

Tax

Total Other Charges Due Agent

Total Other Charges Due Carrier

Shipper certifies that the particulars on the face hereof are correct and that insofar as any part of the consignment contains dangerous goods, such part is properly described by name and is in proper condition for carriage by air according to the applicable Dangerous Goods Regulations.

Signature of Shipper or his Agent

Total Prepaid	Total Collect
765,600	

Currency Conversion Rates	CC Charges in Dest. Currency

NOV/11/2020 SEL B.K.AHN/E.Y.LEE

Executed on (date) at (place) Signature of Issuing Carrier or its Agent

For Carrier's Use Only at Destination	Charges at Destination	Total Collect Charges

180-6156 8216

ORIGINAL 3 (FOR SHIPPER)

항공화물운송장(Air Waybill)

MCI – № 015248

Shipper's Name and Address | Shipper's account Number

HEUNG-AH KOREA CO.,LTD.
1F TAE KWAN BLDG 333-53 SHIN DANG-DONG
JUNG-KU SEOUL,KOREA TEL)02-253-0585

Not Negotiable House Air Waybill(Air Consignment note)

issued by MC TRANS INTERNATIONAL INC.

Young Bldg. 3F, 652-14. Deung Chon-Dong, Kangseo-Ku, Seoul, Korea
Tel : (02) 3663-0381
Fax : (02) 3661-0385

Consignee's Name and Address | Consignees account Number

KOA TSUSHO CO.,LTD.
NEW MATSUDO CORPO 305
1-16-6 KITA SHINMATSUDO MATSUDO-CITY
CHIBA-KEN, JAPAN TEL)0473-48-1071

Copies 1, 2 and 3 of this Air Waybill are originals and have the same validity

If the carriage involves ultimate destination or stop in a country other than the country of departure the Warsaw Convention may be applicable and the Convention governs and in most cases limits the liability of carriers in respect of loss of or damage to cargo Agreed stopping places are those places(other the places of departure and destination)shown under requested routing and/or those places shown in carriers timetable as scheduled stopping places for the route Address of first carrier is the airport of departure

SEE CONDITIONS ON REVERSE HEREOF

Notify

SAME AS ABOVE

The shipper certifies that the particulars on the face hereof are correct. agrees to the CONDITIONS ON REVERSE HEREOF

SIGNATURE OF SHIPPER

BY BROKER/AGENT

Agent's IATA Code: 99-9 7570/001 6 | Account No.

Airport of Departure(Addr. of first Carrier) and requested Routing: KIMPO, KOREA

MAWB NO. : 933 4101 2720

to	By first Carrier	Routing and Destination	to	by	to	by	Currency	CHGS Code	WT/VAL PPD	WT/VAL COLL	Other PPD	Other COLL	Declared Value for Carrier	Declared Value for Customs
NRT	KZ						KRW		PP		PP		N.V.D.	C&FY1,829,230

Airport of Destination	Flight/Date		Amount of Insurance
NARITA,JAPAN	KZ212	NOV.11, 2020	NIL

INSURANCE If Carrier offers insurance, and such insurance is requested in accordance with conditions on reverse hereof, indicate amount to be insured in figures in box marked 'amount of insurance'

Handling Information

ATTACHED:P/LIST,INV.

Accounting information

"FREIGHT PREPAID"

No. of Pieces RCP	Gross Weight	kg/lb	Rate Class / Commodity Item No	Chargeable Weight	Rate / Charge	Total	Nature and Quantity of Goods (incl. Dimensions or Volume)
45 TOKYO, JAPAN MADE IN KOREA						AS ARRANGED	1,529PCS OF T-SHIRTS & ETC INV NO.: HAK98-081

Prepaid	Weight Charge	Collect	Other Charges
AS ARRANGED			
	Handling Charge		
	P/S Charge		
	Terminal Charge		
	Other Charge		
Total Prepaid		Total Collect	
Currency Conversion Rates		CC Charges in Dest. Currency	
For Carriers Use only at Destination		Charges at Destination	Total collect charge

Carrier certifies goods described above were received for carriage subject to the Conditions on reverse hereof, the goods then being in apparent good order and condition except as noted hereon.

ISSUING CARRIER'S AGENT NAME AND CITY

MC TRANS INTERNATIONAL INC.

AS AGENT FOR THE CARRIER,
NIPPON CARGO AIRLINES

NOV. 11, 2020 (Date) at SEL (place) M.N.AHN Signature of Issuing Carrier's Agent

Executed on

MCI – № 015248

ORIGINAL 3 (FOR SHIPPER)

Q 152 선적통지는?

위와 같이 선적절차가 끝나면 수출업자는 수입업자에게 지체 없이 선적통지(Shipping Notice)를 하고 선하증권 사본(B/L Copy)을 보내는 것이 일반적이다.

선적통지서(Shipping Notice)

Dear Sirs,

We wish to inform you that the cargo covered by your order No. ________ will be shipped as follows:

Your L/C No. :
Commodity :
Quantity :
Name of Vessel :
Shipping date :
Loading port :
ETA :

We hope that the goods will reach you in good order and condition and to your satisfaction so that you may place further order with us.

Faithfully yours,

선적통지 내용

구분	선적통지 내용
필수통지 내용	• 선사명(Name of Shipping Company) • 선박명(Name of Vessel) • 출항일(Shipping Date) 또는 예상출항일(ETD: Expected Time of Departure) • 선적항(Loading Port) • 상품 및 수량(Item and Quantity) • 선하증권 번호(B/L No.)
부수통지 내용	• 예상도착일(ETA: Expected Time of Arrival) • L/C 번호 등

Q 153 선하증권의 종류

선하증권의 종류는 분류기준에 따라 다양하다.

선하증권의 종류

구분	종류 및 내용
양식	• Long Form B/L: B/L 앞뒤 양면에 약관이 기입되어 있는 정식선하증권 • Short Form B/L: 번거로움을 피하기 위해 B/L 뒷면 약관을 생략하고 앞면에 꼭 필요한 내용만 기입한 약식선하증권(분쟁발생 시 Long Form B/L에 따른다고 명시)으로 은행수리 가능

구분	종류 및 내용
선적 여부	• Shipped B/L: 본선선적 완료 후 발행되는 선적선하증권 • Received B/L: 선적이전 단지 화물수취 후 발행되는 수취선하증권 • On Board B/L: 기발행된 Received B/L에 본선적재 후 본선적재표시(On Board Notation)한 B/L로서 효력상 Shipped B/L과 동일
하자표시 유무	• Clean B/L: 아무런 하자표시 없는 무하자·무사고·무고장 선하증권 • Dirty·Foul·Unclean B/L: B/L상에 하자표시가 있는 하자·사고·고장 선하증권(은행수리 불가)
수하주 표시	• Straight B/L: B/L의 Consignee(수하주)난에 수하인의 이름이 기재된 기명식 선하증권 • Order B/L: B/L의 Consignee난에 Order of Citi Bank, Order of Shipper=Order 등으로 표시된 지시식 선하증권 • Bearer B/L: B/L의 Consignee난에 Bearer로 기입되어 누구든지 B/L 지참인에게 물품이 인도되는 지참인식·소지인식 선하증권(거의 사용되지 않음)
운송 구간	• Ocean·Marine B/L: 국내 영해를 벗어나 해양운송에 대해 발행되는 해양·대양 선하증권 • Local·Domestic B/L: 국내 연안운송에 대해 발행되는 내국·연안 선하증권(은행수리 불가)
발행인	• Master·Carrier·Line B/L: 선사(Shipping Company)가 포워더(Forwarder)에게 발행하는 원·운송인 선하증권 • Forwarder·House·Baby B/L: 포워더가 화주에게 발행하는 운송중개인·운송주선인 포워더 선하증권(원칙적으로 은행수리 불가, 단 선사의 Agent일 경우는 수리됨)
기타	• Multimodal Transport B/L: 복합운송인(MTO: Multimodal Transport Operator)이 육·해·공 등 두 가지 이상의 운송수단을 이용하여 복합운송할 경우 발행되는 복합운송 선하증권(은행수리 가능)

구분	종류 및 내용
기타	• Through B/L: 둘 이상의 운송인이 관여하고 한 운송인이 전 운송구간에 대해 일괄하여 발행하는 전통·일관·통 선하증권(은행수리 가능) • Charter Party B/L: 용선계약 시 발행되는 용선계약선하증권(은행수리 불가) • Third Party B/L: 3국간의 중계무역에서 매매당사자가 아닌 제3자가 선적인이 되는 제3자선적인 선하증권(은행수리 가능) • Red B/L: 선하증권에 보험까지 커버된다는 적색문언이 있는 적색 선하증권(은행수리 불가) • Sailing B/L: 바람에 의하여 추진되는 범선에 적재되어 운송된다는 범선선하증권(은행수리 불가) • Intended B/L: 선적항과 도착항에 Intended(예정된)라는 표시가 있는 예정 선하증권(은행수리 불가) • 先 B/L: 선사가 화물을 수취하기도 전에 편법으로 미리 발행되는 선 B/L • Back Date B/L: 선적일자를 앞당겨 발행하는 소급일자 선하증권 • Stale B/L: B/L 제시시한이 경과한 시효경과 선하증권(은행수리 불가) • Surrendered B/L: B/L Copy에 "Surrendered" 표시된 선하증권 • Telex Releases B/L: B/L Copy에 "Telex Released" 표시된 선하증권

Q 154 정식선하증권이란?

정식선하증권(Long Form B/L)은 선하증권의 앞면과 뒷면에 선적내용과 약관을 모두 갖춘 선하증권으로 대부분 선하증권은 정식선하증권이다.

Q 155 약식선하증권이란?

약식선하증권(Short Form B/L)은 번거로움을 피하기 위해 선하증권의 뒷면 약관을 생략하고 앞면에 꼭 필요한 내용만 기입한 약식의 선하증권으로 후면백지 선하증권(Back Blank B/L)이라고도 한다.

분쟁이 발생하였을 경우는 정식선하증권(Long Form B/L)에 따른다고 명기되어 있으므로 이용상 문제점이 없다. 따라서 신용장상에 반대 명시가 없는 한 약식선하증권도 은행에 수리된다.

Q 156 선적선하증권이란?

선적선하증권(Shipped B/L)은 수출물품을 본선에 선적한 후 발생되는 선하증권을 말한다. 선적선하증권은 일반적으로 약관의 첫 문구가 'SHIPPED on board on the vessel mentioned in apparent good order and condition……'으로 시작한다.

Q 157 수취선하증권이란?

수취선하증권(Received B/L)은 수출물품을 본선에 선적하기도 전에 단지 화물을 수취한 후 발행되는 선하증권을 말한다. 수취선하증권은 일반적으로 약관의 첫 문구가 'RECEIVED in apparent good order and condition……'으로 시작된다.

신용장상에 반대명시가 없는 한 수취선하증권도 은행에 수리된다.

Q 158 본선적재 선하증권이란?

본선적재 선하증권(On Board B/L)은 위에서 설명한 수취선하증권(Received B/L)에 본선적재 후 선적일자를 명기하고 서명을 하는 본선적재표시(On Board Notation)를 한 선하증권을 말하며 효력상으로는 선적선하증권(Shipped B/L)과 동일하다. 따라서 넓은 의미의 On Board B/L은 위의 Shipped B/L도 포함한다.

Q 159 무하자/무사고/무고장 선하증권이란?

무하자/무사고/무고장 선하증권(Clean B/L)은 선박회사가 수출업자로부터 화물의 수량 및 성질 등에 아무런 하자가 없는 정상물품을 받고 선적할 경우, 선하증권상에 하자 표시를 하지 않은 정상적인 선하증권을 말한다.

컨테이너화물의 경우는 수출상의 창고에서 세관원이 확인한 후 화물을 컨테이너에 적입하고 봉인된 상태로 선적되므로 선박회사가 직접 화물의 하자 여부를 검사하지 않으며 '화주가 싣고 셈한 화물이 들어 있다(Shipper's load and count 또는 said by shipper to contain)'는 부지약관(Unknown Clause) 표시가 되어 있는 선하증권은 무하자선하증권으로 간주되어 은행에 수리된다.

Q 160 하자/사고/고장 선하증권이란?

하자/사고/고장 선하증권(Dirty/Foul/Unclean B/L)은 선박회사가 당초 수출업자로부터 화물의 수량 및 성질 등에 하자가 있는 하자물품을 받고 선적할 경우, 선박회사가 면책하기 위하여 선하증권상에 'Not Responsible for 100 pieces of blue jeans torn' 등과 같은 하자표시를 한 선하증권을 말한다.

하자표시가 된 하자선하증권은 은행에 수리되지 않으므로 이 경우 수출업자는 시간 여유가 있으면 정상물품으로 교체하든가 시간 여유가 없으면 선사에 하자물품에 대한 클레임제기 책임을 지겠다는 각서인 손상화물보상각서(L/I: Letter of Indemnity)를 제출하고 무하자 선하증권(Clean B/L)을 발급받을 수 있다.

Q 161 기명식 선하증권이란?

기명식 선하증권(Straight B/L)은 선하증권의 수하인(Consignee)란에 'XYZ Co., Ltd.' 등과 같이 수하주의 이름을 기입한 선하증권을 말한다. 우리나라에서는 상법상 기명식 선하증권도 배서로 양도가능하지만, 미국에서는 양도불가능한 선하증권(Non-Negotiable B/L)이다.

Q 162 지시식 선하증권이란?

지시식 선하증권(Order B/L)은 선하증권의 수하인란에 수하주 이름 대신에 'Order of Citi Bank(신용장개설은행)', 'Order of Shipper=Order' 등과 같이 기입된 선하증권으로 배서(Endorsement)에 의하여 양도가 능하다.

'Order of Citi Bank'와 같이 신용장개설은행의 지시인을 수하주로 하는 이유는 수입상이 수입대금을 결제하지 않고 불법으로 선하증권을 취득하여 선사에 선하증권을 제시하더라도 화물을 수령하지 못하도록 신용장개설은행이 담보권을 확보하기 위해서다. 따라서 이 경우는 수입상이 수입대금을 결제한 후 신용장개설은행이 선하증권상에 반드시 배서를 해야만 선사로부터 수입화물을 수령할 수 있다.

'Order of Shipper'와 같이 수출상의 지시인을 수하주로 하는 이유는 미국과 같이 기명식 선하증권이 양도불능한 국가에서 수입상이 도매상에게 선하증권을 양도할 수 있도록 하기 위해서다. 이 경우는 신용장개설은행이 수입상의 신용을 믿고 담보권을 행사할 필요가 없을 때 사용된다. 따라서 배서는 신용장개설은행이 아닌 수출상(Shipper)이 한다.

지시식 선하증권의 경우 배서하는 방법에는 정식배서(Full Endorsement)와 백지배서(Blank Endorsement)가 있다.

정식배서는 '(Please) Deliver (the cargo) to XYZ Co., Ltd. + 서명' 등과 같이 화물을 특정인에게 인도하도록 명시하고 서명하는 것으로 선사는 그 특정인에게만 화물을 인도해야 한다. 백지배서는 'Deliver + 서명' 또는 '서명' 등과 같이 특정인을 명시하지 않고 막연히 서명만 하는 것으로 선사는 배서된 선하증권을 소지한 자에게 화물을 인도하면 된다.

Q 163 지참인식/소지인식 선하증권이란?

지참인식/소지인식 선하증권(Bearer B/L)은 선하증권의 수하주란에 'Bearer'로 기입되어 있는 선하증권으로 선사는 누구든 선하증권 지침인에게 화물을 인도하면 된다. 실제로는 거의 사용되지 않는다.

Q 164 해양/대양 선하증권이란?

해양/대양 선하증권(Ocean/Marine B/L)은 국내 영해를 벗어나 해양운송에 대해 발행하는 일반적인 선하증권을 말한다.

Q 165 국내연안 선하증권이란?

국내연안 선하증권(Local/Domestic B/L)은 국내 연안운송에 대해 발행되는 국내연안 선하증권을 말한다. 신용장상에 허용명시가 없는 한 국내연안 선하증권은 은행에 수리되지 않는다.

Q 166 원/운송인 선하증권이란?

원/운송인 선하증권(Master/Carrier/Line B/L)은 실제로 화물을 운송하는 선박회사(Carrier)가 발행하는 선하증권으로 통상약관이 'SHIPPED~'

또는 'RECEIVED~'로 시작된다.

Q 167 포워더선하증권이란?

포워더선하증권(Forwarder/House B/L)은 운송주선인 또는 운송중개인인 포워더(Forwarder)가 화주에게 발행하는 선하증권으로 통상약관이 'Taken in charge~'로 시작된다. 신용장상에 허용명시가 없는 한 원칙적으로 포워더선하증권은 은행에 수리되지 않는다.

종전에는 국제운송중개인협회인 FIATA에 가입한 포워더가 발행한 포워더선하증권(FIATA B/L)은 예외적으로 인정되었으며, 우리나라에서 발행되는 포워더선하증권은 모두 FIATA B/L이므로 은행에 수리되었다.

그러나 1994년 1월 1일 발효된 제5차개정 신용장통일규칙(UCP 500)에서는 특혜시비로 예외를 인정하지 않는다. 따라서 신용장상에 'Forwarder B/L acceptable'이라는 명시가 없는 한 Forwarder B/L은 은행에 수리되지 않는다.

하지만 Forwarder B/L 서명란에 'As carrier', 'As master of R. H. Brown' 또는 'Acting as agent for (and on behalf of) the carrier of ABC

Forwarder(House) B/L의 이용절차

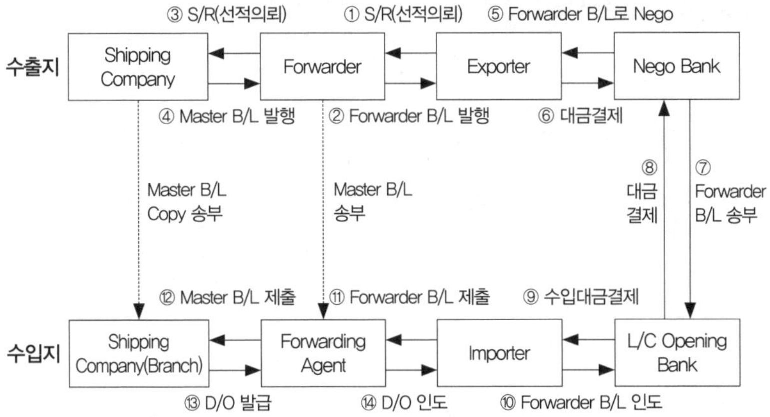

Shipping Co., Ltd.', 'Acting as agent for the master of R. H. Brown' 등과 같이 표기되어 운송인 또는 운송인의 대리인 자격으로 발행된 Forwarder B/L은 은행에 수리된다.

Q 168 복합운송 선하증권이란?

복합운송 선하증권(Multimodal Transport B/L)은 복합운송인이 육·해·공 등 두 가지 이상의 운송수단을 이용하여 복합운송할 경우 발행되는 선하증권이다.

Q 169 전통/일관/통 선하증권이란?

전통/일관/통 선하증권(Through B/L)은 둘 이상의 운송인이 관여하고 한 운송인이 전 운송구간에 대해 일관하여 발행하는 선하증권이다.

Q 170 용선계약 선하증권이란?

용선계약 선하증권(Charter Party B/L)은 용선계약 시 발행되는 선하증권으로 수출자가 선주에게 용선료를 체납하여 선주가 수출자의 운송선박과 화물을 억류할 경우 선의의 수입자가 피해를 보기 때문에 신용장상에 허용명시가 없는 한 은행에 수리되지 않는다.

Q 171 제3자 선적인 선하증권이란?

제3자 선적인 선하증권(Third Party B/L)은 3국간 중계무역에서 매매당사자가 아닌 제3자가 선적인이 되는 선하증권이다. 신용장상에 반대명시가 없는 한 은행에 수리된다.

Q 172 적색 선하증권이란?

적색 선하증권(Red B/L)은 선하증권에 보험까지 커버된다는 적색 문언이 있는 선하증권을 말한다.

Q 173 범선 선하증권이란?

범선 선하증권(Sailing B/L)은 화물이 바람으로 추진되는 범선에 적재되어 운송된다는 선하증권으로 침몰 등 사고 위험이 커서 신용장상에 허용명시가 없는 한 은행에 수리되지 않는다.

Q 174 예정표시 선하증권이란?

예정표시 선하증권(Intended B/L)은 선적항과 도착항에 Intended(예정된)라는 표시가 있는 선하증권으로 선적항과 도착항이 명확히 확정되지 않고 다른 항구가 될 수도 있다는 취지이므로 신용장상에 허용 명시가 없는 한 은행에 수리되지 않는다.

Q 175 선 선하증권이란?

선 선하증권(先 B/L)은 선사가 화물을 수취하지도 않고 발행하는 선하증권으로 문제발생 시 선사가 책임져야 한다.

Q 176 소급일자 선하증권이란?

소급일자 선하증권(Back Date B/L)은 선적일자를 앞당겨 발행하는 선하증권으로 문제발생 시 선사가 책임져야 한다.

Q 177 시효경과 선하증권이란?

시효경과 선하증권(Stale B/L)은 신용장에 명시한 선하증권의 제시 시한을 경과한 선하증권으로 'Documents presented later than 21 days after the date of shipment acceptable 또는 간략히 Stale B/L acceptable'이라는 명시가 없는 한 은행에 수리되지 않는다.

신용장상에 선하증권의 제시시한이 명시되어 있지 않은 경우 선적일로부터 21일이 경과한 선하증권은 Stale B/L이 되어 은행에 수리되지 않는다. 예컨대 10월 1일 선적한 B/L은 늦어도 10월 22일까지는 제시되어야 한다.

Q 178 원본 양도 선하증권이란?

운송거리가 짧은 중국이나 일본 등의 경우 더러는 특송으로 발송한 원본 선하증권보다 배로 운송하는 물품이 먼저 도착하는 경우가 있다. 이와 같은 경우 원본 없이 수입 물품을 신속히 찾을 수 있게 하는 것이 원본 양도 선하증권(Surrendered B/L)이다. 즉 수입자가 수출자로부터 선적서류를 인도받는 시간이 오래 걸릴 때 물품을 신속히 인수하기 위하여 선하증권 원본서류 없이 'Surrendered'라고 표시된 사본으로 통관절차를 진행하는 선하증권의 종류다.

선사가 발행한 원본 선하증권 전통을 송하인으로부터 회수하고, 선사가 이를 증명하기 위하여 선하증권 사본에 'Surrendered'라고 표시하고 수출상에 발행한다. 수출상이 이 'Surrendered'라고 표시된 선하증권 사본을 팩스나 이메일로 수입상에게 발송함으로써 수입상은 원본 선하증권 제시 없이 선사에 'Surrendered'라고 표시된 선하증권 사본을 제시하고 신속히 물품을 인수할 수 있다.

과거에는 실무적으로는 수출자는 수입자에게 그리고 선사가 수입국 Agent 또는 Partner에게 Fax가 아닌 Telex로 Surrender B/L을 발송하였다고 하여 Telex Releases B/L 또는 Express B/L이라고도 했다.

Q 179 해상운송의 형태는?

해상운송의 형태는 다음과 같다.

해상운송의 형태

구분	개품운송 (Affreightment in a General Ship)	용선운송 (Affreightment by Charter Party)
형태	여러 하주로부터 개별적으로 선적요청을 받은 개개 화물을 운송해줌	특정 하주의 특정화물을 싣기 위해 선박의 스페이스를 빌려주는 형태로 하여 운송함
선박	정기선(Liner Vessel)	부정기선(Tramper)
화물	주로 컨테이너 화물 및 기타 유니트 화물(General Cargo)	원유, 철광석, 석탄, 곡물 등 산적화물(Bulk Cargo)
운임	Tariff Rate(공표된 운임)	Open Rate (수급관계에 따라 변동)
운임조건 (선적비 하역비 부담조건: 선주 입장)	Berth Term = Liner Term	FI(Free In), FO(Free Out), FIO(Free In & Out)
	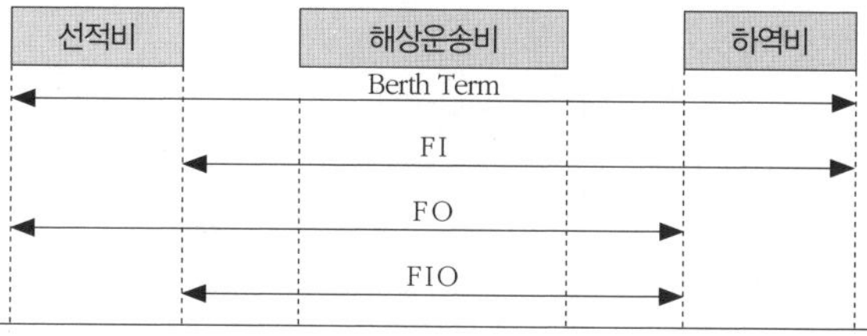	

Q 180 화물 및 선박의 종류는?

화물 및 선박의 종류는 다음과 같다.

화물 및 선박의 종류

화물의 종류 (Types of Cargo)	건화물(Dry Cargo)				
	일반화물 (General Cargo)	유니트화물 (Unitized Cargo)	특수일반화물 (Special Cargo)	자주화물	산적화물 (Bulk Cargo)
선박의 종류 (Types of Vessel)	다목적화물선 (Multipurpose Vessel)		세미컨선 (Semi Container Vessel)		
	재래화물선 (Conventional Vessel)	Ro/Ro (Roll on/Roll off Vessel)		산적화물선 (Bulk Carrier)	
		풀컨테이너선 (Full Container Vessel)	중량화물선 (Heavy Lifter)	카-벌크선 (Car-Bulk Carrier)	
			냉동화물선 (Reefer Vessel)	자동차전용선 (PCC: Pure Car Carrier)	광석전용선 (Ore Carrier)
			가축운반선 (Cattle Carrier)		석탄전용선 (Coal Carrier)
					칩전용선 (Chip Carrier)
					목재선 (Log Carrier)
					광탄전용선 (Ore Coal Carrier)

화물의 종류 (Types of Cargo)	액체화물(Liquid Cargo)				
	액화가스 (Gas)	석유(Oil)		기타	
		원유 (Crude Oil)	석유정제품 (Products)	액체화학제품	산적화물 (Bulk Cargo)
선박의 종류 (Types of Vessel)	LNG선 (Liquefied Natural Gas Carrier)	원유 탱커 (Dirty Tanker) VLCC(Very Large Crude Oil Carrier) ULLCC(Ultra Large Crude Oil Carrier)	프로덕트 캐리어 (Product Carrier)		
			클린 탱커 (Clean Tanker)	케미컬 탱커 (Chemical Tanker)	
	LPG선 (Liquefied Petroleum Gas Carrier)				

Q 181 컨테이너 화물의 운송형태는?

컨테이너 화물의 운송형태는 다음과 같다.

컨테이너 화물의 운송형태

운송구분 (Delivery)	운송방법 (Transport Mode)	출고지	→	출발항	해상 → 운송	도착항	→	수하주 창고
CY/CY (FCL/FCL) (Door/Door)	송하주의 생산공장이나 창고에서 컨테이너에 실려 수하인에게 전달될 때까지 동일한 상태로 일관 수송된다. 운송인의 운송책임은 CY에서 CY까지이다.	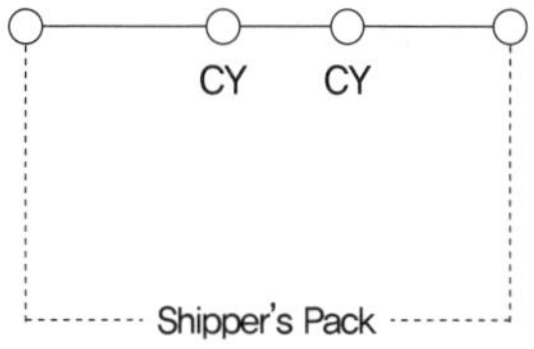						

운송구분 (Delivery)	운송방법 (Transport Mode)	출고지 → 출발항 해상→운송 도착항 → 수하주 창고
CY/CFS (FCL/LCL) (Door/Pier)	송하주의 생산공장이나 창고에서 FCL 상태로 떠나 도착지에서는 여러 명의 수하주에게 전달되기 위해 도착항의 CFS에 들러 Devanning 된다.	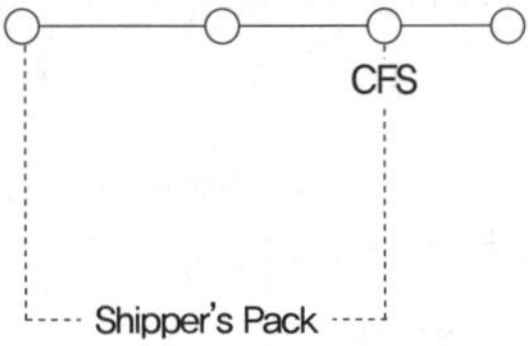
CFS/CY (LCL/FCL) (Pier/Door)	출발지의 CFS에서 혼재된 화물이 도착항에서는 단일 수하주에게 전달된다. 주로 Buyer's Consolidation에 적용되는 운송방법이다.	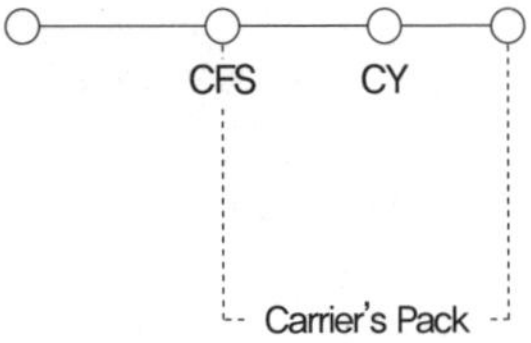
CFS/CFS (LCL/LCL) (Pier/Pier)	여러 명의 송하주로부터 모은 LCL 화물을 CFS에서 혼재하여 역시 여러 명의 수하주에게 인도하는 방법이다. 주로 Forwarder's Consolidation에 이용되는 운송방법이다.	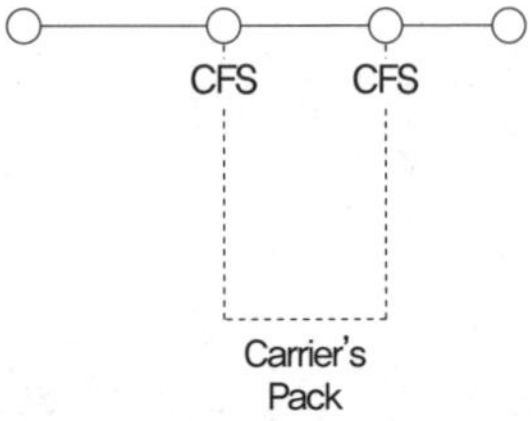

* FCL(Full Container Load) Cargo: 컨테이너 1개를 채우기에 충분한 양의 화물로서 CY Cargo라고도 함

** LCL(Less than Container Load) Cargo: 컨테이너 1개를 채우기에 부족한 소량화물로서 CFS Cargo라고도 함

*** CY(Container Yard): 컨테이너를 보관 · 집적하는 장소

**** CFS(Container Freight Station): 하주로부터 LCL화물을 접수하고 인도하는 장소

Q 182 컨테이너의 종류는?

컨테이너의 종류는 다음과 같다.

컨테이너의 종류

구분	종류
크기에 따라	• TEU(Twenty-feet Equivalent Unit): 8ft×8ft×20ft • FEU(Forty-feet Equivalent Unit): 8ft×8ft 6inch×40ft
재질에 따라	• Steel Container: 철제 컨테이너로 저가인 반면 무겁고 녹슬기 쉬움 • Aluminium Container: 알루미늄 컨테이너로 고가인 반면 가볍고 녹슬지 않음 • Fiber Glass Container: 합성수지 컨테이너
용도에 따라	• Dry Cargo Container: 일반적 화물 수송용 • Refrigerated(Reefer) Container: 냉동화물 수송용 • Solid Bulk Container: 사료·곡물 운송용 • Open Top Container: 위지붕이 없는 장척화물·기계류 등 수송용 • Tank Container: 액체화물 수송용 • Flat Rack Container: 버팀대만 있는 기계류 등 수송용 • Live-Stock(=Pan) Container: 생동물 수송용

Q 183 컨테이너의 화물적재량은?

컨테이너의 화물적재량은 다음과 같다.

컨테이너 화물적재량

구분	최대 적재중량(무게)	최대 적재용적(부피)
• TEU(8'×8'×20')	41,270lbs(파운드)	1,101ft^3
• FEU(8'×8'6"×40')	60,810lbs(파운드)	2,389ft^3

Q 184 컨테이너 터미널의 구조는?

컨테이너 터미널의 구조는 다음과 같다.

컨테이너 터미널

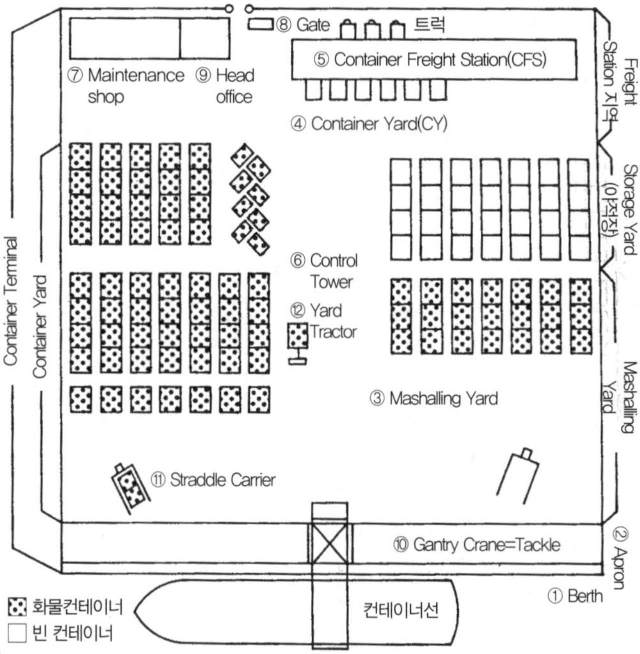

① Berth(안벽): 항만 내 선박계선시설을 갖춘 선박 접안장소
② Apron(에이프런): 안벽 접안 부분으로 Gantry Crane으로 화물을 선박에 적재·양하하는 곳
③ Marshalling(화물집하장): 적재될 또는 하역된 화물을 정렬해놓은 장소
④ Container Yard(CY): FCL화물을 인수·인도하고 보관하는 장소
⑤ Container Freight Station(CFS): LCL화물을 인수·인도하고 컨테이너에 적입(Stuffing 또는 Vanning) 또는 해체(Unstuffing 또는 Devanning) 작업을 하는 장소
⑥ Control Tower(통제탑): 컨테이너 터미널의 작업통제실
⑦ Maintenance Shop(정비소): 각종 장비를 정비 및 수리하는 장소
⑧ Gate(정문출입구): 화물 인수에 필요한 서류(E/P, I/P 등)를 확인하고 화물을 인수·인도하는 장소
⑨ Head Office(본부): 컨테이너 터미널의 행정적 사무본부
⑩ Gantry Crane(갠트리 크레인) 또는 Tackle(태클): 화물을 선박에 선적 또는 하역하는 기중기
⑪ Straddle Carrier(컨테이너 상하차 장비): 컨테이너를 트럭 등에 싣고 내리거나 근거리 운송을 하는 장비
⑫ Yard Tractor(야드 트랙터): 컨테이너 야드에서 컨테이너를 운반하는 트랙터

Q 185 운임의 종류와 구성은?

운임의 종류와 구성은 다음과 같다.

운임의 종류

구분	종류
운임구성요소 (운임 = 기본운임 + 할증료 + 추가요금)	• 기본운임(Basic Rate): 중량(Weight) 또는 용적(Measurement) 단위로 책정되며 둘 중 운임이 높은 쪽이 실제 운임으로 결정된다. 이때 운임산정의 기준이 되는 톤을 운임톤(Revenue Ton: R/T)이라 한다. • 할증료(Surcharge): 중량할증료(Heavy Lift Surcharge), 용적 및 장척할증료(Bulky/Lengthy Surcharge), 선혼할증료(Congestion Surcharge), 통화할증료(CAF: Currency Adjustment Factor), 유류할증료(BAF: Bunker Adjustment Factor), 수에즈운하 할증료(Suez Surcharge), 특별운항할증료(Special Operating Service Charge) 등 • 추가요금(Additional Charge): 외항추가운임(Outport Arbitrary), 선택항추가운임(Optional Charge), 부두사용료(Wharfage) • 체선료(Demurrage): 조출료(Dispatch Money)의 2배 • 지체료(Detention)
선내하역비 부담	• Berth Term(= Liner Term): 선적 및 양하비용을 선주가 부담 • FIO: 하주가 선적 및 양하비용을 별도 부담 • FI: 하주가 선적비용 부담(하역비용은 선주가 부담) • FO: 하주가 양하비용 부담(선적비용은 선주가 부담)

구분	종류
운임지불시기	• 운임선불(Freight Prepaid): 무역조건이 C&F = CFR, CIF 등인 경우 • 운임후불(Freight Collect): 무역조건이 FOB 등인 경우
운임산정기준 (Revenue Ton)	• 중량(Weight)기준 운임 • 용적(Measurement)기준 운임 • 종가운임(Ad Valorem): 가격기준 운임 • Box Rate: Ton당(Weight or Measurement) 운임에 기초한 운임산정방법의 번거로움을 줄이기 위해 Container당으로 정한 운임 −품목별 Box Rate(CBR: Commodity Box Rate): 화물을 몇 가지 품목으로 분류하여 Container당 얼마씩으로 정한 운임 −혼합품목별 Box Rate(MCBR: Mixed Commodity Box Rate): 한 컨테이너에 여러 종류의 화물을 혼합해서 Container당으로 정한 운임 • 품목별 무차별 운임(FAK Rate: Freight All Kinds Rate): 품목에 관계없이 톤 또는 용적(CBM)기준으로 일정하게 부과한 운임. 위에 말한 MCBR과 비슷한 개념이다.
수송지역/거리	• Local Rate: 선사가 육상운송료까지 Absorb하는 Port나 지역 또는 Port Equalization지역(미국의 경우 OCP, IPI, MLB 제외)의 화물에 부과되는 운임 • OCP Rate: 미국의 OCP지역(Overland Common Point: 로키산맥 이동지역) 화물에 적용되는 할인요금 • Through Rate: 2개 이상의 운송기관에 의해 운송되는 화물에 적용되는 운임(운송수단은 2개 이상의 다른 종류, 예컨대 선박 + 철도 등일 수도 있고 같은 종류, 즉 선박 + 선박일 수도 있음) • 복합운송운임(Multimodal Rate): 2개 이상의 다른 운송수단에 의해 복합운송인의 단일책임으로 운송되는 화물에 적용되는 운임

구분	종류
운송의 완성도	• 전액운임(Full Freight) • 비례운임(Pro Rata Rate): 운송계약의 일부만 이행했을 때, 거리에 비례해 지불하는 거리당 운임 • 반송운임(Back Freight): 화물이 반송되어 왔을 때 부과하는 운임 • 부적운임(Dead Freight): 선복(Space)을 예약했으나 계약한 전체 화물을 다 싣지 못했을 때 지불하는 운임
기타 정기선 운임동맹의 여러 가지 운임형태	• 표정운임(Tariff Rate) – 품목별운임(Commodity Rate): Tariff에 명시된 품목별로 적용되는 운임 – 등급별운임(Class Rate): Tariff에서 화물을 그룹 또는 등급별로 분류, 적용하는 운임 • 특별운임(Special Rate): Tariff에서 일반운임(Common Rate) 외에 특정 목적을 위한 운임 • 최저운임(Minimum Rate): 극소량 화물에 대해 운임이 일정액 이하로 산출될 때 선사의 원가를 보전하기 위하여 최소한 징수해야 하는 하한선을 정한 운임 • 자유운임(Open Rate): 운임동맹이 특정품목에 대해 동맹 내의 각 개별 선사에게 운임결정권을 허용하여 책정되는 운임 • Service Contract(S/C) Rate: 선사와 대량 하주 사이에 체결한 장기운송계약(S/C)에 따라 부과되는 운임 • TVR(Time Volume Rate): 기간별 · 물량별 우대운임으로서 일정 기간 동안 일정하게 정해진 품목을 싣는다는 조건부로 하주에게 할인혜택을 주는 운임(S/C의 체결기간은 보통 1년을 기준으로 하지만 TVR 체결기간은 6개월 이내가 보통이며 S/C가 상당히 포괄적인 할인운송계약인 데 비해 TVR은 한시적이고 제한적인 성격이 강함)

구분	종류
기타 정기선 운임동맹의 여러 가지 운임형태	• 독자행사운임(Independent Action Rate): 운임동맹 내에서 선사가 일반운임(Common Rate) 대신에 특별한 하주의 특별한 품목에 대하여 독자적인 재량권으로 할인운임을 제공할 수 있도록 되어 있는데 이때 제공되는 운임을 IA Rate라 함. 미국 신해운법에는 독자행사권(IA: Independent Action)을 행하기 위해서는 10일 전에 동맹사무국에 신고하면 되도록 되어 있다. • 계약운임(Contract Rate)/이중운임(Dual Rate): 일반운임(Common Rate) 외에 장기계약하주에게 주는 유리한 운임을 통틀어 이중운임(Dual Rate) 또는 성실계약운임(Loyal/Fidelity Rate)에 속한다고 볼 수 있다. 특히 전통적으로 동맹이 제공해온 할인운임(Rebate Rate)과 연불운임(Deferred Rebate Rate) 등이 이에 속한다.

Q 186 주요 해상항로는?

주요 해상항로는 다음과 같다.

주요 해상항로

유럽		• ALB(American Land Bridge): 극동 → 태평양 → 미대륙횡단(Bridge) → 대서양 → 유럽 • SLB(Siberian Land Bridge): 극동 → 시베리아대륙 철도횡단(Bridge) → 유럽
미국	북미동안	• MLB(Mini Land Bridge): 태평양 → 미대륙횡단 → 북미동안 • All Water Service: 태평양 → 파나마운하 → 북미동안
	북미내륙	• MBS(Micro Bridge Service) = IPI(Interior Point Inter-modal): 북미서안→미내륙 • Reverse IPI: 태평양 → 파나마운하 → 북미동안 → 미내륙 • OCP(Overland Common Point: 미내륙공통운송지점)운송: 북미서안 → 로키산맥 동쪽에 위치한 North Dakota 등의 내륙지점
	북미서안	• PNW(Pacific North West: 북미북서안항로) • PSW(Pacific South West: 북미남서안항로)

Q 187 B/L과 Air Waybill은 어떻게 다른가?

B/L은 유가증권으로 지시식의 경우 배서에 의하여 양도가능하며 반드시 B/L 원본(Original)을 제출해야만 가능하다. 그러나 Air Waybill은 비유가증권으로 기명식만 가능하며 Air Waybill의 원본이 아닌 사본(Copy)을 제출해도 수하인으로 확인되면 물품수령이 가능하다.

B/L과 Air Waybill의 차이점

B/L(선하증권)	Air Waybill(항공화물운송증)
• 유가증권(곧 돈임)	• 비유가증권(단순 운송계약체결 증거서류)
• 유통증권(배서하여 남에게 양도하면 곧 그 권리도 이전되어 유통됨)	• 비유통증권(유통이 금지됨)
• 대부분 지시식이지만 기명식도 가능	• 기명식만 가능
• Shipped, Received or On Board B/L	• Shipped or Received AWB
• Master B/L 또는 Forwarder B/L	• Master AWB 또는 Forwarder AWB

해상보험과
보상범위

Q 188 해상보험은 왜 부보하나?

B/L 약관상 운송인은 화물운송 중 운송인의 취급부주의로 인한 상업과실(Commercial Loss)에 대해서만 화주에게 손해배상책임을 지며 운송인이 좌우할 수 없는 해상손해(Marine Loss)에 대해서는 면책된다고 규정하고 있다. 따라서 화주가 해상손해를 보상받기 위해서는 해상적하보험(Marine Cargo Insurance)을 부보해야 한다.

Q 189 보험의 원칙은?

피보험자(The Insured 또는 The Assured)는 (피)보험목적(물)(SubjectMatter Insured)에 대하여 반드시 경제적 이해관계인 피보험이익(Insurable Interest)을 가져야 하며, 보험자(Insurer 또는 Assurer)에게 최대신의성실(Utmost Good Faith)에 입각하여 보험가액(Insurable Value), 보험금액(Insured Amount), 보험조건(Insurance Condition) 등을 고지하고, 합리적인 보험료(Insurance Premium)를 납부한 후 담보위험에 근인(Proximate Cause)한 손해를 실손보상의 원칙에 대하여 중복보상(Contribution)하지 않고 비례보상(Pro Rata)한다는 것이 보험의 원칙이다.

보험의 3대 기본원칙과 2소원칙 및 1설

구분	내용
3대 원칙	① 피보험이익(Insurable Interest): (피)보험목적(물)(SubjectMatter Insured)에 대한 피보험자(The Insured 또는 The Assured)의 경제적 이해관계 ② 최대신의성실(Utmost Good Faith): 피보험자는 보험자(Insurer)에게 신의성실에 입각한 고지 ③ 2소원칙에 의한 손해보상(Indemnity with two Subsidiary Principles)
2소 원칙	① 중복보험·중복보상제한(Contribution): 중복보상 시 피보험자는 손해발생 전보다 더 좋은 상황에 놓이게 되므로, 중복보험 시 실손보상의 원칙에 의하여 각 보험자는 비례보상(Pro Rata)함

구분	내용
2소 원칙	② 대위(Subrogation): 보험금(Claim)을 지급한 보험자는 피보험자의 지위를 대신하여 제3자에게 대위권(Rights of Subrogation)을 행사할 수 있음
1설	근인설(Doctrine of Proximate Cause): 담보위험에 근인(손해발생의 직접적 원인)한 손해만 담보함

Q 190 보험증권과 보험조건은?

해상적하보험에 사용되는 보험증권(Insurance Policy)에는 1779년 제정된 Lloyd's S. G. Policy(구증권)와 1982년 제정된 New Marine Policy(신증권)가 있다. 구증권에 첨부 사용되는 구약관상 보험조건에는 ICC(A/R), ICC(WA), ICC(FPA) 등이 있으며 신증권에 사용되는 신약관상 보험조건에는 ICC(A), ICC(B), ICC(C) 등이 있다.

Q 191 해상적하보험계약의 종류는?

해상적하보험계약을 체결하는 방법에는 크게 개별보험계약과 포괄(예정)보험계약이 있으며 그 차이점은 다음과 같다.

해상적하보험계약의 종류

구분	개별보험계약	포괄(예정)보험계약
내용	Facultative Insurance: 선적 시마다 개별적으로 보험계약 체결	• Floating Policy: 약정한 총부보금액 범위 내에 달할 때까지 모든 선적화물이 자동부보 • Open Cover: 약정기간(통상 1년) 동안 모든 선적화물이 자동부보 • Open Policy: 보험자와 피보험자 간 어느 일방이 중도 해지하지 않는 한 금액과 기간의 제한 없이 영구히 모든 선적화물이 자동부보
증권	Insurance Policy	• 포괄(예정)보험계약 시: 계약기간, 총부보금액 등만 포괄적으로 명시한 Insurance Policy가 발행됨 • 매선적시: Insurance Certificate(보험증서)가 발행됨

* 반복적으로 유사한 수출입을 할 경우 선적 시마다 개별보험계약을 체결하는 것은 시간낭비일 뿐만 아니라 보험료도 비싸므로 포괄(예정)보험계약을 체결하는 것이 일반화되고 있음.

Q 192 구증권 S. G. Policy에 첨부 사용되는 구약관 ICC(FPA), ICC(WA), ICC(A/R)의 담보범위는?

구증권 S. G. Policy에 첨부 사용되는 구약관상 보험조건별 담보범위는 다음과 같다.

구증권 S. G. Policy에 첨부 사용되는 구약관상의 ICC(FPA), ICC(WA), ICC(A/R) 보험조건

ICC(A/R)
- ICC(WA)
  - ICC(FPA)
    1. 본선 및 부선의 침몰, 좌초, 화재, 충돌(S. S. B. C.: Sinking, Stranding, Burning, Collision)로 발생한 화물의 전손(현실전손 및 추정전손) 및 분손(공동해손 및 단독해손)
    2. 악천후(Heavy Weather)로 발생한 전손 및 공동해손
    3. 선적, 환적, 양하작업 중 추락으로 발생한 포장당 전손
    4. 피난항에서 양하작업으로 발생한 손해
    5. 비용손해(손해방지비용, 구조비, 특별비용 등)
  6. 악천후(Heavy Weather)로 발생한 단독해손
7. 다음을 제외한 모든 손해
   가. 일반면책위험
      ① 피보험자의 고의적 비행에 의한 손해
      ② 보험목적물의 통상적 손해
      ③ 포장부적합으로 인한 손해
      ④ 보험목적물의 고유의 하자 또는 성질에 의한 손해
      ⑤ 지연으로 인한 손해
   나. 선박 및 운송용구의 불내항 및 부적합 면책

다. 전쟁위험(War Risk) 면책

라. 동맹파업위험(Strikes Risk) 면책

※ W/SRCC(War/Strikes, Riots and Civil Commotions: 전쟁/동맹파업, 소요 및 폭동위험)를 담보하려면 추가보험료(Additional Premium)를 납부해야 함.

* ICC(FPA) = Institute Cargo Clauses(Free from Particular Average): 협회적하약관(단독해손부담보) 조건
ICC(WA) = Institute Cargo Clauses(With Average): 협회적하약관(분손담보) 조건
ICC(A/R) = Institute Cargo Clauses(All Risks): 협회적하약관(전위험담보) 조건

해상적하보험증권(Marine Carge Insurance Policy)

HYUNDAI MARINE & FIRE INSURANCE CO., LTD.

178 SEJONGRO, CHONGRO-KU, SEOUL, KOREA CABLE: HYUNDAIMFINSURE TELEX: HDMFINS K27270
FAX : 02-735-0239

MARINE CARGO INSURANCE POLICY

Assured(s), etc. ② Gil Dong Trading Co., Ltd.

Policy No. ① PK 22305	Ref. No. ③ L/C No. IN48071
Claim, if any, payable at/in ⑥ New York, NY	Amount insured hereunder ④ US$ 14580. (Say US dollars Fourteen Thousand Five Hundred Eighty)
Claims are payable in Survey should be approved by: ⑦ Toplis & Harding, Inc. New York, NY	Conditions and Warranties ⑤ ICC(A)
Local Vessel or Conveyance ⑧	From (interior port or place of loading) ⑨
Ship or Vessel called the ⑩ Phoenix	Sailing on or about ⑪ May 2. 2020
at and from ⑫ Busan, Korea	transhipped at ⑬
arrived at ⑭ New York	thence to ⑮

ORIGINAL
DUPLICATE UNPAID

Subject-matter Insured ⑯

GL
in diamond
C/No. 1-130
MADE IN KOREA

200-Cartons of Porcelain Ware
Dinner Set and Tea Set

Subject to the following Clauses as per back hereof
[ ] Institute Cargo Clauses specified above
[ ] On-Deck Clause
[ ] Special Replacement Clause (applying to machinery)
[ ] Institute Classification Clause

Marks and Numbers as per Invoice No. specified above

Place and Date signed in ⑰ Seoul, Korea. May 2. 2020

Numbers of Policies issued ⑱ Original 2. Copy 3

㉑ IMPORTANT
PROCEDURE IN THE EVENT OF LOSS OR DAMAGE FOR WHICH UNDERWRITERS MAY BE LIABLE
LIABILITY OF CARRIERS, BAILEES OR OTHER THIRD PARTIES

[illegible]

INSTRUCTIONS FOR SURVEY

[illegible]

DOCUMENTATION OF CLAIMS

[illegible]

CONDITION

⑳ Notwithstanding anything contained herein or attached hereto to the contrary, this insurance is understood and agreed to be subject to English law and practice only as to liability for and settlement of any and all claims.

This insurance does not cover any loss or damage to the property which at the time of the happening of such loss or damage is insured by or would but for the existence of this Policy be insured by any fire or other insurance policy or policies except in respect of any excess beyond the amount which would have been payable under the fire or other insurance policy or policies had this insurance not been effected.

We, HYUNDAI MARINE & FIRE INSURANCE CO., LTD. hereby agree, in consideration of the payment to us by or on behalf of the Assured of the premium as arranged, to insure against loss damage liability or expense to the extent and in the manner herein provided.

In witness whereof, I/the *Undersigned* of HYUNDAI MARINE & FIRE INSURANCE CO., LTD. on behalf of the said *Company* have subscribed *My* Name in the place specified as above to the policies, the issued numbers thereof being specified as above, of the same tenor and date, one of which being accomplished, the others to be void, as of the date specified as above.

For HYUNDAI MARINE & FIRE INSURANCE CO., LTD.
⑲

By ______________________
AUTHORIZED REPRESENTATIVE

해상적하보험증권(Marine Carge Insurance Policy)

LG Insurance Co., Ltd.

LG - DA - DONG BLDG, 85 DA-DONG, CHUNG-KU SEOUL, KOREA

TELEPHONE : [illegible]
FACSIMILE : [illegible]
TELEX : [illegible]

MARINE CARGO INSURANCE POLICY

Assured(s), etc LG INTERNATIONAL CORP.

Policy No: 100219980024805 O/P No.: 0000097A9006574

Ref. No. CONT#9211N-M8980401

Claim, if any, payable at:
MATTHEWS MATSON & KELLY INC.
EMERSON NO, 304, 9 PISO, COL.CHAPULTEPEC MORALES, MEXICO,
MEXICO CITY, MEXICO
TEL) 52-5-531-9219
FAX) 52-5-531-4379

CLAIMS ARE PAYABLE IN USD

Amount insured
USD ***************265,730.30
(USD **************241,573.00 X***110.00 %
X*****1.0000

Survey should be approved by:

THE SAME AS ABOVE

Conditions Institute Radioactive Contamination Exclusion Clause.
Institute Cargo Clauses (All Risks)
Special Replacement Clause
On-Deck Clause(A)

Local Vessel or Conveyance | From(interior port or place of loading)

Ship or Vessel called the: SANUKI 15 | Sailing on or about: APR/26/ 2020

at and from: BUSAN,KOREA | transhipped at

arrived at: MEXICO CITY,MEXICO | thence to

Goods and Merchandises
LG ROOM AIR-CONDITIONER
MODEL:
LS-D1822CL 132 UNITS
LS-D2422CL 132 UNITS
LP-D3020CL 56 UNITS
LP-5020NC 41 UNITS

*CONTRACT NO.: 9211N-M8980401
*CONNECTING PIPE INCLUDED

Subject to the following Clauses as per back hereof
Institute Classification Clause, On-Deck Clause (A)(B)
Institute Radioactive Contamination Exclusion Clause
Co-Insurance Clause.

Marks and Numbers as per Invoice No. specified above.

Place and Date signed in SEOUL,KOREA APR/25/ 2020 No. of Policies issued TWO

☐ For the use only with the New Marine Policy Form

Notwithstanding anything contained herein or attached hereto to the contrary, this insurance is understood and agreed to be subject to English law and practice only as to liability for and settlement of any and all claims.

This insurance does not cover any loss or damage to the property which at the time of the happening of such loss or damage is insured by or would but for the existence of this Policy be insured by any fire or other insurance policy or policies except in respect of any excess beyond the amount which would have been payable under the fire or other insurance policy or policies had this insurance not been effected.

Further warranted free from the consequences of civil war, revolution, rebellion, insurrection, or civil strife arising therefrom, or piracy.

We, LG INSURANCE CO., LTD. hereby agree, in consideration of the payment to us by or on behalf of the Assured of the premium as arranged, to insure against loss damage liability or expense to the extent and in the manner herein provided.

In Witness whereof, I the Undersigned of LG INSURANCE CO., LTD. on behalf of the said Company have subscribed My Name in the place specified as above to the policies, the issued numbers thereof being specified as above, of the same tenor and date, one of which being accomplished, the others to be void, as of the specified as above.

☐ For the use only with the Old Marine Policy Form

1. Warranted free of capture, seizure, arrest restraint or detainment, and the consequences thereof or of any attempt thereat ; also from the consequences of hostilities or warlike operations, whether there be a declaration of war or not; but this warranty shall not exclude collision, contact with any fixed or floating object (other than a mine or torpedo), stranding, heavy weather or fire unless caused directly (and independently of the nature of the voyage or service which the vessel concerned or, in the case of a collision, any other vessel involved therein, is performing) by a hostile act by or against a belligerent power ; and for the purpose of this warranty "power" includes any authority maintaining naval, military or air forces in association with a power.

2. Warranted free of loss or damage

(a) Caused by strikers, locked workmen, or persons taking part in labour disturbances, riots or civil commotions;

(b) resulting from strikes, lock-outs, labour disturbances, riots or civil commotions.

3. (a) Should the risks excluded by Clause 1 (F.C. & S. Clause) be reinstated in this Policy by deletion of the said Clause, or should the risks or any of them mentioned in that clause or the risks of mines, torpedoes, bombs or other engines of war be insured under this Policy, Clauses (b) below shall become operative and anything contained in this contract which is inconsistent with Clause(b) or which affords more extensive protection against the aforesaid risks than that afforded by the Institute War Clauses relevant to the particular form of transit covered by this insurance is null and void.

(b) This policy is warranted free of any claim based upon loss of, or frustration of, the insured voyage or adventure caused by arrests restraints or detainments of Kings Princes Peoples Usurpers or persons attempting to usurp power.

The descriptions to be inserted in the following clause are shown as above. *Be it known that* as well in his or their own Name, as for and in the Name and Names of all and every other Person or Persons to whom the same doth, may, or shall [illegible] in part or in all, doth make Assurance, and cause himself or themselves and them and every of them, to be Assured, lost or not lost, at and from [illegible] any kind of Goods and Merchandises, in the good ship or vessel called the [illegible] whereof is Master, for this present Voyage [illegible] whosoever else shall go for Master in the said Ship, or by whatsoever other Name or Names the said Ship, or the Master thereof, is or shall be named or [illegible] beginning the Adventure upon the said Goods and merchandises from the loading thereof aboard the said Ship as above and shall so continue and [illegible] during her abode there, upon the said Ship, &c. and further, until the said Ship, with all her Goods and Merchandises whatsoever, shall be arrived at [illegible] and upon the Goods and Merchandises until the same be there discharged and safely landed, and it shall be lawful for the said Ship [illegible] proceed and sail to and touch and stay at any Ports or Places whatsoever without Prejudice to this Assurance. The said Goods and Merchandises [illegible] much as concerns the Assured by agreement between the Assured and Assurers in this Policy are and shall be valued at [illegible] Adventures and Perils which the said Company are contented to bear and do take upon themselves in the Voyage, they are, of the Seas, Men of War, [illegible] Enemies, Pirates, Rovers, Thieves, Jettisons, Letters of Mart and Countermart, Surprisals, Takings at Sea, Arrests, Restraints and Detainments of all Kings [illegible] and People, of what Nation, Condition, or Quality soever, Barratry of the Master and Mariners, and of all other Perils, Losses and Misfortunes that have [illegible] come to the Hurt Detriment or Damage of the said Goods and Merchandises, or any Part thereof ; and in case of any Loss or Misfortune, it shall be lawful [illegible] Assured, his or their Factors, Servants and Assigns, to sue, labour and travel for, in and about the Defence, Safeguard and Recovery of the said Goods [illegible] Merchandises, or any part thereof, without Prejudice to this Assurance, to the Charges whereof the said Company will contribute. And it is especially declared [illegible] agreed that no acts of the Assurer or Assured in recovering, saving, or preserving the property assured, shall be considered as a waiver or acceptance [illegible] abandonment. And it is agreed that this writing or Policy of Assurance shall be of as much Force and Effect as the surest Writing or Policy of Assurance [illegible] London. And so the Said Company are contented, and do hereby promise and bind Themselves to the Assured, his or their Executors, Administrators, or [illegible] for the true Performance of the Premises ; confessing themselves paid the Consideration due unto them for this Assurance, at and after the rate of arranged

Per Cent N.B.-Corn, Fish, Salt, Fruit, Flour and Seed are warranted free from Average, unless general, or the Ship be stranded; Sugar, To[illegible] Hemp, Flax, Hides and Skins are warranted free from Average, under Five Pounds per cent. ; and all other Goods, also the Ship and Freight are warranted free from Average, under Three Pounds per cent., unless general, or the Ship be stranded, sunk or burnt.

All questions of liability arising under this policy are to be governed by the laws and customs of England.

IN WITNESS whereof, I the Undersigned of The LG INSURANCE Co., Ltd. on behalf of the said Company have subscribed My Name in the place s[illegible] as above to the policies, the issued numbers thereof being specified as above, of the same tenor and date, one of which being accomplished, the other[s] void, as of the date specified as above.

In the event of loss or damage arising under this Policy, no claims will be admitted unless a survey has been held with the approval of this Company's Office or Agents specified in this Policy.

In case of loss or damage, please follow the "IMPORTANT" clause printed on the back hereof.

For LG INSURANCE CO., LTD.

PRESIDENT

Q 193 신증권 New Marine Policy에 사용되는 신약관 ICC(A), ICC(B), ICC(C)의 담보범위는?

신증권 New Marine Policy에 사용되는 신약관상 보험조건별 담보범위는 다음과 같다.

신증권 New Marine Policy에 사용되는 신약관상 ICC(A), ICC(B), ICC(C) 보험조건

ICC(C): 1~6
ICC(B): 1~10
ICC(A): 1~11

1. 화재 또는 폭발로 발생한 손해
2. 본선 또는 부선의 좌초, 침몰, 전복으로 발생한 손해
3. 육상운송용구의 전복 또는 탈선으로 발생한 손해
4. 피난항에서 화물의 하역 중 발생한 손해
5. 공동해손으로 인한 손해
6. 투하로 인한 손해
7. 지진, 분화, 낙뢰로 인한 손해
8. 갑판상 유실로 인한 손해
9. 본선, 부선, 선창, 운송용구, 컨테이너, 지게차 또는 보관장소에 해수, 호수, 강물의 침입으로 인한 손해
10. 본선, 부선으로 선적 또는 하역작업 중 바다에 떨어지거나 갑판에 추락하여 발생한 포장당 전손
11. 다음을 제외한 모든 손해
    가. 일반면책위험
        ① 피보험자의 고의적 비행에 의한 손해
        ② 보험목적물의 통상적 손해
        ③ 포장부적합으로 인한 손해
        ④ 보험목적물의 고유의 하자 또는 성질에 의한 손해

⑤ 지연으로 인한 손해
⑥ 운송인의 채무불이행으로 인한 손해
⑦ 핵무기로 인한 손해
나. 선박 및 운송용구의 불내항 및 부적합 면책
다. 전쟁위험(War Risk) 면책
라. 동맹파업위험(Strikes Risk) 면책
※ W/SRCC(War/Strikes, Riots and Civil Commotions: 전쟁/동맹파업, 소요 및 폭동 위험)를 담보하려면 추가보험료(Additional Premium)를 납부해야 함

Q 194 부가위험담보조건이란?

해상운송 중의 화물을 ICC(A/R)나 ICC(A)로 부보하는 것이 보상범위가 가장 넓지만 보험료가 상대적으로 비싸므로 화물의 특성을 고려하여 ICC(FPA), ICC(WA)나 ICC(C), ICC(B) 조건에 다음과 같은 부가위험담보조건을 추가하여 부보함으로써 좀더 저렴한 보험료로 효과적인 보상을 받을 수 있다.

부가위험담보조건

- T.P.N.D.(Theft, Pilferage & Non-Delivery): 도난, 발하 및 불착손 담보조건
- J.W.O.B.(Jettsion & Washing Over-Board): 투하 및 유실손 담보조건
- C.O.O.C.(Contact with Oil and/or Other Cargo): 유류 및/또는 기타 화물과 접촉손 담보조건
- R.F.W.D.(Rain and/or Fresh Water Damage): 우담수손 담보조건
- Leakage and/or Shortage: 누손 및/또는 부족손 담보조건
- Breakage: 파손 담보조건
- Hook & Hole: 구손 담보조건
- Denting & Bending: 곡손 담보조건
- Sweat & Heating: 응결수분 및 열손 담보조건
- Contamination: 오염손 담보조건
- Spontaneous Combustion: 자연발화손 담보조건
- Mould & Mildew: 곰팡이손 담보조건
- Rats & Vermin: 서충손 담보조건
- Rust & Oxidation: 녹 및 산화손 담보조건

Q 195 보험기간은?

해상적하보험은 기간보험(Time Insurance)이 아닌 구간보험 또는 항해보험(Voyage Insurance)으로 S. G. Policy에서는 선적항과 도착항까지 항구간(Port to Port) 담보가 원칙이었으나 협회적하약관(ICC)이 등장하면서 송하인 창고에서 수하인 창고까지 창고 간(Warehouse to

Warehouse) 담보가 원칙이 되었다.

보험기간 도설

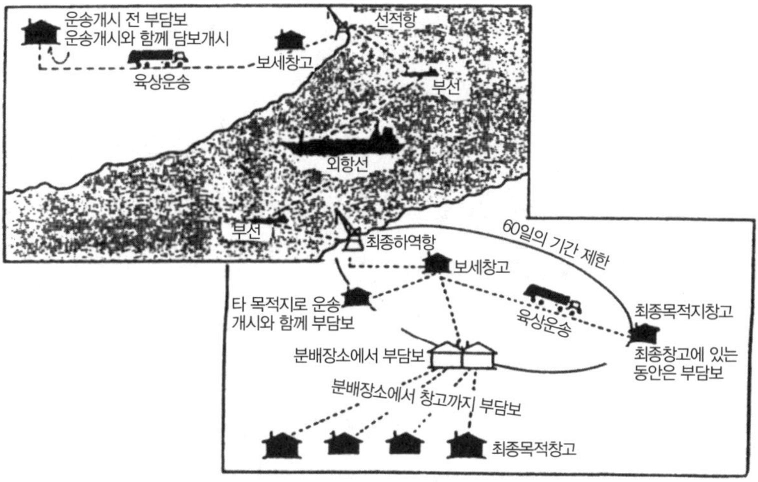

보험기간

보험개시	보험종료
화물이 운송개시를 위해 보관창고 창고에서 보험의 목적이 “맨 처음 이동할(first moved) 때”	다음 중 어느 것이든 먼저 생길 때 • 최종목적지 수하인 창고에 “양하 완료 시(on completion of unloading)” • 통상의 운송과정이 아닌 보관, 할당, 분배를 위한 장소에 “양하 완료 시(on completion of unloading)” • 타 목적지로 운송개시 순간 • 최종양하항 외항본선에서 하역완료 후 60일까지(우리나라는 수입의 경우 30일까지로 제한함)

Q 196 ITE(Inland Transit Extension: 내륙운송확장담보조건)란?

협회적하약관(ICC)의 운송조항(Transit Clause)상 보험기간은 위와 같이 창고 간(Warehouse to Warehouse) 담보가 원칙이고 우리나라 해상적하보험요율은 항구 간(Port to Port) 담보조건의 요율이므로 육상운송을 담보하려면 추가보험료를 지불하고 ITE를 추가부보해야 한다(국내 ITE와 해외 ITE를 각각 별도로 부보해야 함).

Q 197 ISE(Inland Storage Extension: 내륙보관확장담보조건)란?

화물이 통상의 운송과정에서 중간창고나 보세창고에서 보관 중에 최종양하항 외항본선에서 하역완료 후 60일이 경과하면 보험은 종료하므로 추가보험료를 지불하고 ISE(30 days)를 부보하면 30일 더 연장 담보되어 본선하역 후 90일까지 담보된다(ISE(60 days), ISE(90 days) 등이 있음).

Q 198 손해발생 시 보험금 청구는 어떻게 하나?

손해발생 시 피보험자는 먼저 그 손해가 담보위험으로 인해 보상되는 손해인지 보상되지 않는 손해인지 판별하고 보상손해인 경우는 지체 없이 보험자에게 서면 또는 구두로 통보한 후 전손 및 분손에 필요한 서류를 준비하여 클레임을 청구해야 한다.

해상적하보험의 구상절차

보험개시	클레임 절차
피보험자의 클레임 통지 및 손해방지·경감	손해발생 즉시 보험자에게 클레임을 통지(Claim Notice)하고 운송회사에도 클레임을 제기하며 화물의 손해방지·경감조치를 해야 함
보험자의 클레임 임시접수 및 손해 검정인 지정	피보험자로부터 클레임을 통보받은 보험자는 클레임을 임시로 접수하고 손해검정인(Surveyor)을 지정하여 손해조사를 하도록 함
피보험자 및 보험자의 정식클레임 신청 및 접수	피보험자는 Surveyor의 손해조사 결과에 따라 다음과 같은 서류를 구비하여 정식클레임 신청을 하고 보험자는 클레임을 정식으로 접수함 ※ 클레임 신청 시 구비서류 • Letter of Claim(보험금 청구서한) • Insurance Policy(Original)(보험증권 원본) • B/L(분손 시는 사본, 전손 시는 원본 모두)

보험개시	클레임 절차
피보험자 및 보험자의 정식클레임 신청 및 접수	• Commercial Invoice(상업송장 사본) • Letter of Claim against Carrier and Their Reply(운송인에 대한 클레임청구서 사본 및 이에 대한 회신) • Sea Protest(해난보고서: 해난이 있었을 경우) • Letter of Abandonment(위부장: 추정전손시)
보험금 수령	보험자는 상기 클레임 신청서류를 검토하고 담보위험으로 인한 손해일 경우 보험금을 지급하고 피보험자를 대위하여 운송인 등으로부터 지급보험금을 회수함

Q 199 손해의 종류는?

손해의 종류는 크게 물적손해와 비용손해로 구분할 수 있다. 물적손해는 전손과 분손으로 분류할 수 있다. 전손은 다시 현실전손과 추정전손으로 구분되며 분손은 다시 공동해손과 단독해손으로 구분된다.

비용손해 중 구조료(Salvage Charge)는 비계약에 의한 구조보수이고, 구조비(Salvage Awards)는 계약에 의한 구조보수이며, 특별비용(Particular Charge)은 피보험목적물의 안전을 위하여 피보험자나 제3자가 지출한 공공해손 및 구조료 이외의 비용이고, 손해방지비용

클레임통지서(Claim Notice)/보험금 청구서한(Letter of Claim)

YOKU

YOKU SYSTEMS PTE LTD

BLOCK 1020 HOUGANG AVENUE 1 #04 3502
[illegible]
TEL 2837922 2836940 FAX (65) 2816620

4 April 1999

SAMSUNG FIRE & MARINE INSURANCE CO., LTD VIA FAX NO. 758 7810
Samsung Insurance Building
87, Eul Jiro 1 Ga, Choong-Ku
Seoul Korea
Attn : Mr J S Hwang/Marine Claim Section

Dear Sirs/Madam

NOTIFICATION OF MISSING CARGO

MAWB	: 180-3682 2402
FLIGHT	: KE 631/27-3-94
NO. PACKAGE	: 1 SKD (15 CARTONS) - 150 PCS
CONTENT	: SAMSUNG HARD DISK DRIVES, MODEL : SHD-3172A

We, Yoku Systems Pte Ltd, are the cargo consignee of MAWB 180-3682 2402 which was shipped by Samsung Corporation through Korean Airline KE631 and arrived at Changi Airport, Singapore on 27 March 1999 at 2130 hours and this cargo's invoice (no.CI466940323041) value is US$63,300.00 .

We received 1 SKD made up of 15 cartons which is 150 pcs only. The value we received is US$31,650.00 The other balance of 1 SKD, 15 cartons (150 PCS) was missing.

On 29 March 1999 we were informed by our forwarder, Freight Express International Ltd that this cargo was unlocated at Changi Airport. Immediately, we sent a fax message to the Cargo Tracing Dept. of SATS (Singapore Airport Terminal Services Pte Ltd) requesting a written advice on the unlocated cargo.

You are kindly requested to survey this case and to compensate our loss immediately.

For your easy reference, attached are some documents for your perusal.

- Airway Bill No. 180 3682 2402
- Shipper's Invoice No. : C1466940323041
- SATS' reply fax dated 31 March 1999
- Marine Cargo Insurance policy No. OEA-948200218

Your prompt action in this matter is appreciated.

Yours faithfully
Yoku Systems Pte Ltd

Clara Tan
Assistant Manager

(Sue & Labour Charge)은 반드시 피보험자나 그 대리인이 지출한 손해 방지 비용으로 손해조사비용(Survey Fee)과 함께 보험금액에 추가하여 보상된다.

손해의 종류

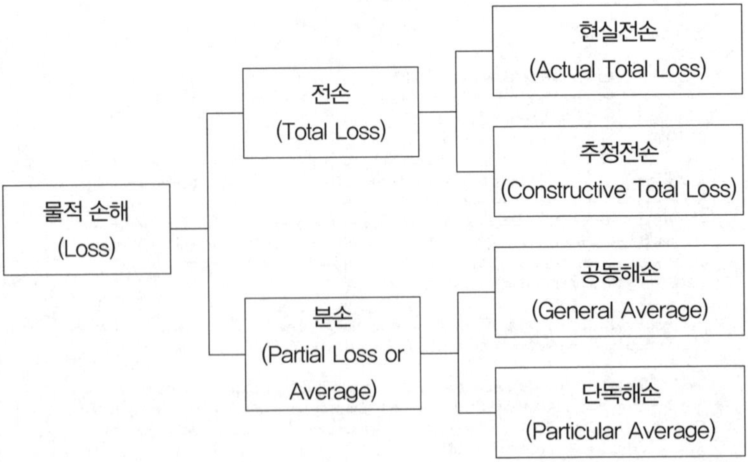

Q 200 보험금의 지급방법은?

보험금의 지급방법은 다음과 같다.

초과보험 및 일부보험의 보험금 지급방법

구분	전액보험 (Full Insurance)	초과보험 (Over Insurance)	일부보험 (Under Insurance)
개념	보험가액(Insurable Value) = 보험금액 (Insured Amount)	보험가액 〈 보험금액	보험가액 〉 보험금액
보험금(Claim) 지급방법 예: $10분손	\$100 = \$100 $\$10 \times \frac{\$100}{\$100} = \$10$	\$100 〈 \$110 $\$10 \times \frac{\$110}{\$110} = \$11$	\$100 〉 \$90 $\$10 \times \frac{\$90}{\$100} = \$9$

* 해상적하보험에서 보험금액(Insured Amount)은 송장금액(Invoice Amount)의 100%에 10%의 희망이익(Expected Profit 또는 Anticipated Profit)을 더한, 즉 송장금액의 110%를 부보하는 것이 일반적이다(아무런 언급이 없으면 CIF 또는 CIP 가격의 110%를 부보해야 함).

Q 201 소손해면책조항과 공제조항의 차이점은?

소손해면책조항(Franchise(Memorandum) Clause)과 공제조항(Deductible (Excess) Clause)의 차이점은 다음과 같다.

Franchise(Memorandum) Clause와 Deductible(Excess) Clause의 차이점

구분	Franchise Clause	Deductible Clause
Insurance Policy상 표시	ICC(WA) 3% = ICC(WA) 3% franchise	ICC(WA) in excess of 3% = ICC(WA) 3% deductible
L/C상 표시	• Subject to average payable if amounting to 3% • To pay average of amounting to 3%	• Subject to average payable in excess of 3% • To pay average in excess of 3%
보상방법 예 • 2% 분손 시 • 3% 분손 시 • 5% 분손 시	• 보상되지 않음 • 3% 보상 • 5% 모두 보상	• 보상되지 않음 • 3%−3% = 0(보상되지 않음) • 5%−3% = 2%만 보상

* WAIOP(With Average Irrespective of Percentage): 분손 시 퍼센트에 관계없이 보상됨(즉, 위의 예에서 2%의 분손도 보상됨).

수출대금은 어떻게 받나

Q 202 수출대금회수를 위한 준비서류는?

수출통관절차를 거쳐 선적이 완료되고 해상적하보험의 부보가 끝나면 수출자는 제반서류를 갖추어 수출대금의 회수단계에 이르게 된다.

수출대금을 회수(Nego)하기 위해 제시되어야 하는 서류는 신용장상에 명시되어 있다.

일반적으로 수출대금을 회수하기 위한 준비서류에는 신용장(L/C), 환어음(B/E: Bill of Exchange = Draft), 선하증권(B/L: Bill of Lading) 보험증권(Insurance Policy), 상업송장(Commercial Invoice), 포장명세서(Packing List), 원

산지증명서(C/O: Certificate of Origin), 영사송장(Consular Invoice) 등이 있다. 이들 서류 중 신용장은 Nego 후 매입은행으로부터 다시 돌려받고 여타 서류는 신용장개설은행에 송부된다.

수출대금회수를 위한 준비서류

구분	종류 및 내용
기본 서류	• L/C(신용장) 원본: Nego 후 매입사실 기재 후 다시 돌려받음 • Draft 또는 B/E(환어음): 수출상이 Nego은행으로부터 수출대금을 받았다는 영수증으로부터 출발하여 오늘에 이르며(수출상이 발행), 환어음의 지급인도 원칙적으로 신용장개설은행이 되어야 함 • B/L(선하증권) 또는 Air Waybill(항공화물운송장): L/C상 서류제시기일 이내 제시되어야 함 • Insurance Policy(보험증권) 또는 Insurance Certificate(보험증서): 보험증권의 부보일자가 B/L상의 선적일자 이전이어야 함 • Commercial Invoice(상업송장): 수출물품에 대한 계산서 및 대금청구서 역할을 하는 것으로서 수출상이 발행함(L/C의 내용과 엄격히 일치해야 함)
보완 서류	• Packing List(포장명세서): 상업송장의 보조역할을 하는 것으로 수입상의 취급 편의를 위하여 수출상이 작성함 • C/O(Certificate of Origin: 원산지증명서): 수출물품의 원래 생산지를 증명하는 서류로서 대한상공회의소에서 발급됨 • GSP(Generalized System of Preference) C/O(일반특혜관세 원산지증명서): 선진국이 개발도상국으로부터 특정상품을 수입할 경우 관세감면의 특혜를 주는데 이것을 GSP 제도라 하며, GSP 수혜대상국가 및 GSP 수혜대상품목일 경우 시청에서 GSP C/O를 발급받아 제시하면 선진국의 수입상이 관세감면의 특혜를 받을 수 있음

구분	종류 및 내용
보완 서류	• GSTP(Global System of Trade Preference) C/O(개발도상국 간 무역 특혜 원산지증명서): 개도국 간 특정상품의 수출입에 대한 특혜관세를 적용하기 위한 원산지증명서로서 역시 시청에서 발급됨 • Consular Invoice(영사송장): 수입국에서 수입관세징수 시 기준이 되는 서류로 관세를 경감시키기 위해 고의로 부정한 서류를 작성할 우려가 있으므로 수출국 주재 수입국 영사가 발급함 **※ L/C상 'Visaed, Legalized, Notarized Document'라는 말은 영사송장과 같은 목적으로 요구되는 것이며 별도의 영사송장을 발급받지 않고 당해서류에 영사의 서명만 있으면 됨** – Visaed Commercial Invoice: 상업송장에 영사가 서명 – Ligalized Commercial Invoice: 상업송장 및 선하증권에 영사가 서명 – Notarized Commercial Invoice: 수출자가 작성한 상업송장에 상공회의소가 부서하고 영사가 정당하다고 인정하는 서명이 있어야 함 • Customs Invoice(세관송장): 영사송장과 같은 목적으로 징구되나 영사가 작성하거나 Visa(사증)를 받지 않고 단지 수출자가 각국별 소정양식을 사용하여 작성함 • Certificate of Weight Measurement(중량 및 용적증명서): 수출자 또는 제3자가 작성 • Certificate of Inspection(검사증명서): 수출자 또는 지정 검사기관이 발행 • Certificate of Health(위생증명서): 검역기관 등에서 발급

상업송장(Commercial Invoice)

COMMERCIAL INVOICE

SELLER **HAJAE TEXTILE CO., LTD.** 7TH FL, TAE YANG BLDG, 44-2, YEOEUIDO-DONG YOUNGDEUNGPO-KU, SEOUL, KOREA TEL :(02) 783-3990 (9 LINES) E-MAIL:hajae@ktnet.co.kr/hajae11@ktnet.co.kr FAX :(02) 784-1051/2/3	INVOICE NO AND DATE 981112-2092 NOV. 12, 2020 L/C NO AND DATE 85374/2092 OCT. 29, 2020
CONSIGNEE TO ORDER HAJAE TEXTILE CO. LTD 7TH FLOOR, TAE YANG BLDG., 44-2 YEO EUI-DO DOG, YEOUNGDEUNGPO-KU SEOUL, KOREA	NOTIFY M/S. BUCKLE PTY LTD PO BOX 170 SUMMER HILL NSW 2130 AUSTRALIA OTHER REFERENCES
DEPARTURE DATE NOV. 17, 2020	
VESSEL/FLIGHT MAERSK OCEANIA V-SA9877 — FROM BUSAN, KOREA	TERMS OF DELIVERY AND PAYMENT CFR SYDNEY, AUSTRALIA LETTER OF CREDIT (AT SIGHT)
TO SYDNEY, AUSTRALIA	

SHIPPING MARKS	GOODS DESCRIPTION	QUANTITY	UNIT PRICE	AMOUNT
B.K	PU COMPOSITION LEATHER			
	U.K. PATTERN			
PU COMPOSITION LEATHER	BLACK COLOR 24ROLLS	5,973SF	@$0.81/SF	USD4,838.13
COLOR:BLACK	BROWN COLOR 7ROLLS	1,584SF	@$0.81/SF	USD1,283.04
Q'TY:	============			
R/NO:1-24	TOTAL :	7,557SF		USD6,121.17
MADE IN KOREA				

B.K
PU COMPOSITION LEATHER
COLOR:BROWN
Q'TY:
R/NO:25-31
MADE IN KOREA

*** REMARKS ***
THE FINAL PROCESS OF MANUFACTURED GOODS FOR WHICH SPECIAL RATE ARE CLAIMED HAS BEEN PERFORMED IN REPUBLIC OF KOREA AND NOT LESS ONE HALF OF THE FACTORY WORKS COST OF THE GOODS ARE PRESENTED BY THE VALUE OF LABOR MATERIALS OF REPUBLIC OF KOREA.

YOURS TRULY,
HAJAE TEXTILE CO., LTD.

J. S. CHUNG, PRESIDENT

포장명세서(Packing List)

PACKING LIST

SELLER	INVOICE NO AND DATE / L/C NO AND DATE
HAJAE TEXTILE CO., LTD. 7TH FL, TAE YANG BLDG, 44-2, YEOEUIDO-DONG YOUNGDEUNGPO-KU, SEOUL, KOREA TEL :(02) 783-3990 (9 LINES) E-MAIL: hajae@ktnet.co.kr/hajae11@ktnet.co.kr FAX :(02) 784-1051/2/3	INVOICE NO AND DATE 981112-2092 NOV. 12, 2020 L/C NO AND DATE 85374/2092 OCT. 29, 2020
CONSIGNEE TO ORDER HAJAE TEXTILE CO. LTD 7TH FLOOR, TAE YANG BLDG., 44-2 YEO EUI-DO DOG, YEOUNGDEUNGPO-KU SEOUL, KOREA	NOTIFY M/S. BUCKLE PTY LTD PO BOX 170 SUMMER HILL NSW 2130 AUSTRALIA
DEPARTURE DATE NOV. 17, 2020	OTHER REFERENCES
VESSEL/FLIGHT MAERSK OCEANIA V-SA9877 FROM BUSAN, KOREA	
TO SYDEY, AUSTRALIA	

SHIPPING MARKS	GOODS DESCRIPTION		QUANTITY	NET WEIGHT	GROSS WEIGHT	MEASUREMENT
B.K PU COMPOSITION LEATHER COLOR:BLACK Q'TY: R/NO:1-24 MADE IN KOREA	PU COMPOSITION LEATHER U.K. PATTERN					
	BLACK COLOR	24ROLLS	5,973SF			
	BROWN COLOR	7ROLLS	1,584SF			
	================================					
	TOTAL :		7,557SF	1,200KGS	1,250KGS	1.860CBM
B.K PU COMPOSITION LEATHER COLOR:BROWN Q'TY: R/NO:25-31 MADE IN KOREA						

YOURS TRULY,

HAJAE TEXTILE CO., LTD.

J. S. CHUNG, PRESIDENT

원산지증명서(C/O: Certificate of Origin)

Form No. KCCI-1 (1988. 11. 1

1. Seller

Gil Dong Trading Co., Ltd.
159 Samsung-Dong, Kangnam-Ku,
Seoul, Korea

ORIGINAL

CERTIFICATE OF ORIGIN

issued by

THE KOREA CHAMBER OF COMMERCE & INDUSTRY

Seoul, Republic of Korea

원 산 지 증 명 서

대한상공회의소

2. Consignee

TO ORDER OF JOHNSON IMPORTS INC.

4. Buyer (if other than consignee)

JOHNSON IMPORTS INC.
1350 BROADWAY
NEW YORK, NEW YORK 10018.

3. Particulars of Transport (where required)

FROM : BUSAN, KOREA
TO : NEW YORK
CARRIER :
SAILING ON OR ABOUT : APR. 25. 2020.

5. Country of Origin

REPUBLIC OF KOREA.

6. Invoice Number and Date

CY87S-022-4 APR. 25. 2020.

7. Shipping Marks	8. Number and Kind of Packages; Description of Goods	9. Gross Weight or Other Quantity
	LADIES 55PCT RAMIE 45PCT COTTON SWEATERS. CAT. 845.	
G. T.	(55% RAMIE 45% COTTON 2/17'S).	800 DOZ.
	STYLE NO. 4794FX GT/FXMR.	/////
NEW YORK		
S/#: 4794FX GT/FXMR	★ L/C NO. Y 178792	
E/#: 1		
Q'TY: 2 DOZ.	////////	
C/#: 1-400		
MADE IN KOREA.		
///////		

10. Other Information

The Korea Chamber of Commerce & Industry hereby certifies, on the basis of relevant invoice and other documents, that the above mentioned goods originate in the country shown in column 5.

Q 203 화환어음 매입의뢰는 어떻게 하나?

위와 같은 서류가 준비되면 수출업자는 수출대금을 회수하기 위해 거래하는 외국환은행에 비치된 화환어음 거래약정서에 수출자가 날인하고 명판 및 인감신고서를 제출하여 화환어음 거래약정을 체결한다(최초 거래 시에만). 그러고 나서 수출 시마다 거래외국환은행에 비치된 환어음 매입신청서에 준비된 운송서류 등을 첨부한 화환어음을 외국환은행에 매입 또는 추심을 의뢰한다.

환어음

NO. SH 1234 **BILL OF EXCHANGE** Date : Nov. 12. 2020 Seoul, Korea

FOR USD6,121.17

AT XXXXXXXXXXXXXXXXXXXXX SIGHT OF THIS ORIGINAL BILL OF EXCHANGE(DUPLICATE UNPAID)

PAY TO THE ORDER OF **Shinhan Bank**

THE SUM OF SAY US DOLLARS SIX THOUSAND ONE HUNDRED TWENTY ONE AND CENTS SEVENTEEN ONLY.

VALUE RECEIVED AND CHARGE THE SAME TO ACCOUNT OF BUCKLE PTY LTD

ANZ BANKING GROUP LTD 10/20 MARTIN PLACE, SYDNEY NSW 2020,

DRAWN UNDER AUSTRALIA

L/C NO. 85374/2092 DATED OCT 29, 2020

TO AUSTRALIA AND NEW ZEALAND BANKING GROUP LIMITED 10/20 MARTIN PLACE,

SYDNEY NSW 2020 AUSTRALIA

CO., LTD.

J. S. CHUNG PRESIDENT

(27-0225) (20. 8×9. 3) (85. 3. 20) 1/2

7101
실행:1 조회:5

담 당	책임자	결재권자

수출화환어음매입(추심) 신청서

REF·NO	30571690353	매입	매입일 1998-11-18	재매입구분 DIRECT	재매입은행	0
고객	182045207	(주)하재교역 정증수			결제방법	A/S
조건/일수	1- 0	통화 USD	매입액 6,121.17		승인번호	0

외화대체	0.00	환가료	₩18,417	추심료	₩0
적용환율 1286.30	집중환율 1303.00	대체료	₩0	우편료	₩10,000
신고번호	E42061060618	하자내용	0 0 0 0	수출형태	
만기일		선적일	1998-11-17	가격조건	30
LC일자/NO	1998-10-29- 85374/2092			상대국	AU
INTEREST	0.00	DEDUCT	0.00	재매입번호	
DRAFT조건/일수	1- 0			선차기금액	0.00
계열사	0				

DOCUMENTS		DRAFT	COMM INV	CUST INV	PKG LIST	N/W LIST	CERT ORIGIN	INSPECT CERT	CERT	INS POL	A·W·B	B/L		S/A
OPEN BANK	1 ST	2	2		2							3/3	1C.	2.
	2 ND													
DRAWEE BANK														

AMOUNT	USD6,121.17	TENOR & MATURITY	AT SIGHT
L/C(CONTRACT)	DATE OCT 29, 1998 NO 85374/2092	수출신고번호	130-10-98-010606618
COMMODITY	FABRIC	HS CODE	4109.00-1000
PRICE TERM	CFR SYDNEY	DESTINATION	SYDNEY, AUSTRALIA

신용장(계약서) 불일치 내용	L4206-811-01PUT u$5516.81

매 입	외화환거래약정	
대 전	수입결제지급	
처 리	원화계좌번호	

[illegible]

성명 인

(은행사용란)

매입·추심	1·매입 2·추심	CIF번호		수출신고번호	E42061060618
계열사		재매입	0·DIRECT 1·RE...	승인번호	
결제방법	5	결제조건일수	1	재매입은행	
가격조건	30.	수출형태	64-1	DRAFT조건일수	
선적일	98.11.17	수입국	AU.	하자내용	
상품코드	4109.00 1000	LC일자	98.10.29	L/C번호	85374/2092
통관일	98.11.12	통관구분		통관금액	u$5.663
EDI신청번호		할증금액		할인금액	
확정만기일		재매입REF		선차기금액	
통화	u$	손익 1		요율 1	금액
매입금액	6.121.17	2		2	
외화대체		3		3	
포지션		우편료	10,—		
고객환율		집중율			

Q 204 매입은행의 서류심사는 어떻게 하나?

수출업자로부터 화환어음 매입의뢰를 받은 매입은행은 제시된 서류들이 L/C 조건과 일치하는지를 엄격히 심사하고 일치될 경우에 화환어음의 매입을 결정한다. 제시되는 서류별 검토내용은 다음과 같다.

매입은행의 주요 서류 검토내용

구분	주요 검토내용
Commercial Invoice (상업송장)	• L/C의 수익자가 발행하였는가? • L/C의 개설의뢰인 앞으로 발행되었는가? • 상품명세가 L/C의 그것과 일치하는가? • 요구하는 부수는 맞는가? • 기타 L/C상의 지시사항과 일치하는가?
B/E(환어음)	• L/C의 수익자가 발행하였는가? • L/C상의 어음지급인 앞으로 발행되었는가? • L/C 번호는 같은가? • 서류제시 시한 이전에 제시되었는가? • L/C금액을 초과하지 않았는가? • L/C상의 어음기간과 일치하는가? • 기타 L/C상의 지시사항과 일치하는가?
B/L(선하증권)	• 서류제시 시한 이전에 제시되었는가(Stale B/L 여부 확인)? • 상품명세는 L/C의 그것과 일치하는가?

구분	주요 검토내용
B/L(선하증권)	• 선적항과 하역항은 L/C의 그것과 일치하는가? • 분할선적과 환적 허용 여부는 L/C의 그것과 일치하는가? • Sipped B/L, Received B/L, On Board B/L 중 어떤 것인가? • 수하인(Consignee)란은 L/C의 그것과 일치하는가? • 운임 지불 여부는 L/C의 그것과 일치하는가? • 원본 및 사본의 수는 맞는가? • 수리불가한 B/L(Charter Party B/L, Dirty B/L 등)은 아닌가? • 기타 L/C상의 지시사항과 일치하는가?
Insurance Policy(보험증권) 또는 Insurance Certificate (보험증서)	• 지명도 있는 보험회사가 서명, 발행한 것인가? • 선적일자 이전에 부보되었는가? • 부보상품명세는 L/C의 그것과 일치하는가? • 부보금액은 L/C의 그것과 일치하는가? • 보험조건은 L/C의 그것과 일치하는가? • 선적항과 하역항은 L/C의 그것과 일치하는가? • 부보통화는 L/C의 그것과 일치하는가? • 기타 L/C상의 지시사항과 일치하는가?

Q 205 화환어음매입 및 수출대금의 수령은?

서류심사 결과 하자가 없어 화환어음을 매입하기로 결정한 매입은행은 환가료(Exchange Commission), 전신료(Cable Charge) 등 제반수수료와 무역금융 대출금을 공제하고 수출대금을 지급한다.

수출업자가 받는 수출대금은 일반적으로 외화수출금액에 환율을 곱하여 원화로 결제받는다. 일람출급 환어음의 경우는 외화수출금액에 일람출급 환어음 매입률을 적용하고 기한부 환어음의 경우는 기한부 환어음 매입률을 적용한다.

환어음 매입 및 수출대금계산

구분	수출대금 계산방법
일람출급 환어음 (Sight B/E)	수출대금(원화) = 수출금액(외화)×일람출급 환어음 매입률 • 일람출급 환어음 매입률 = 전신환매입률－환가료 • 환가료(우편일수 이자) = 연환가요율× $\frac{9\sim12}{360}$ ×매매기준율 • 연환가요율(연금리) = LIBOR(90days) 등 실질조달금리 + 1% (Margin) ※ LIBO = London InterBank Offered Rate(런던은행간 대출금리) • 장부가격 = 매매기준율에서 원단위 미만을 절사한 환율
기한부 환어음 (Usance B/E)	수출대금(원화) = 수출금액(외화)×기한부 환어음 매입률 • 90days after sight의 경우 '기한부 환어음 매입률 = 일람출급 환어음 매입률－Usance 기간(90일) 환가료' • 90days after the date of Shipment의 경우 '기한부 환어음 매입률 = 전신환매입률－Usance 기간(90일) 환가료' ※ Usance(90일) 환가료 = 연환가요율× $\frac{\text{Usance(90일)}}{360}$ ×매매기준율

* L/G(Letter of Guarantee) Nego 시, 즉 하자매입 시는 상기 연환가요율에 1.5%포인트를 가산한 요율을 적용함.

** 환율구조

• 현찰매도율(cash selling rate): ₩818.40/ $ (매매기준율의 + 2.0% 수준)
• 전신환매도율(telegraphic transfer selling rate): ₩809.50/ $ (매매기준율의 + 1.0% 수준)
• 매매기준율(market average exchange rate): ₩806.30/ $ (시장평균환율)
• 전신환매입률((telegraphic transfer buying rate): ₩803.10/ $ (매매기준율의 − 1.0% 수준)
• 현찰매도율(cash buying rate): ₩794.20/ $ (매매기준율의 − 2.0% 수준)

*** 시장평균환율제도와 매매기준율
현행 우리나라 환율제도인 시장평균환율제도(Market Average Exchange Rate System)의 매매기준율이란 원화를 대가로 미달러화를 매매할 때 기준이 되는 환율로 금융결제원 자금중개실에서 거래된 은행 간 거래환율을 가중평균하여 산출한 시장평균환율을 말한다.

**** 표준우편일수
• 일본엔화(¥), 홍콩달러화(HK $), 싱가포르달러화(S $), 말레이시아링커르화(M $): 9일
• 기타통화: 10일
• 재매입 시: 통화구분 없이 12일

시장평균환율 산출(예)

은행 간 거래환율(A)	거래량(B)	거래금액(C) = A×B
₩805.00: US $1 ₩806.00: US $1 ₩807.00: US $1	US $10,000 US $10,000 US $20,000	₩8,050,000 ₩8,060,000 ₩16,140,000
합계	US $40,000(D)	₩32,250,000(E)
시장평균환율	E/D = ₩32,250,000/US $40,000 = ₩806.30/US $	

Q 206 하자서류는 어떻게 처리하나?

수출업자가 제시한 서류가 L/C 조건과 일치해 아무런 하자가 없

으면 앞에서 설명한 바와 같이 수출대금을 회수할 수 있지만 서류에 하자가 있으면 수출대금을 회수할 수 없다. 따라서 하자서류가 발견되었을 경우는 유효기간 내에 즉시 하자서류를 정정 내지는 재발급하여 교체하면 된다. 그러나 시간 여유가 없는 경우는 Collection Base, Cable Confirmation, L/G Negotiation 등에 의한 수출대금 회수 방법이 있다. 위와 같은 방법이 불가능할 경우는 부득이 신용장 자체를 변경해야 한다.

하자 있는 서류의 매입방법

구분	하자서류 매입방법
시간 여유가 있을 경우	• L/C 조건과 일치하도록 하자 있는 서류를 정정 내지는 재발급함
시간 여유가 없을 경우	• 화환어음을 추심한 후 대금이 회수되면 지급하는 방법(Collection Base) • L/C 개설은행에 하자내용을 통보하여 대금지급 여부를 전신조회한 후 매입하는 방법(Cable Confirmation) • L/C 개설은행의 대금지급 거절 시 매입대금 및 그동안의 이자를 매입은행에 상환(with Recourse)하겠다는 각서(L/G: Letter of Guarantee)를 징구하고 매입하는 방법(L/G Negotiation): 연환가요율에 1.5% 가산요율 적용

관세환급이란 무엇인가

Q 207 관세환급이란?

관세환급이란 세관에서 일단 징수한 관세 등을 특정한 요건에 해당하는 경우에 그 전부 또는 일부를 되돌려주는 것을 말한다.

현행 관세법상에는 과오납 환급과 위약물품의 관세환급 등이 있으며, 수출용 원재료에 대한 관세 등 환급에 관한 특례법(약칭 관세환급특례법)상에는 수출용 원자재에 대한 관세환급이 규정되어 있다. 일반적으로 관세환급은 관세환급특례법상의 관세환급을 말한다.

일반내수용 수입의 경우 관세를 환급해주지 않고 수출용 원자재 수입의 경우만 환급해주는 이유는 수출상품의 가격경쟁력을 제고

하기 위해서다.

Q 208 관세환급의 방법과 절차는?

관세환급의 방법과 절차는 다음과 같다.

관세환급 방법과 절차

구분	내용
관세환급 방법	• 개별(정식)환급: 정액환급률표에 게재되지 않은 수출물품의 경우 수출용 원자재 수입 시 납부한 관세 등을 환급신청서와 수출신고필증 및 수입신고필증과 소요량증명서를 일일이 제시하고 환급금액을 계산하여 환급하는 방법 • 간이(정액)환급: 수출물품의 생산자가 종업원 300명 이하 중소기업으로, 수출물품별로 환급금액을 사전에 정한 정액 환급률표에 따라 환급신청서와 수출신고필증만 제시하면 환급해주는 방법(대행수출 시는 수출자 인감증명서가 첨부된 수출대행계약서를 추가하여 위탁자도 환급신청 가능) • 자동간이환급: 수출물품의 생산자가 종업원 300명 이하 중소기업으로 직전 2년간 매년도 환급실적이 4억 원 이하인 경우 환급금액을 사전에 정한 정액 환급률표에 따라 수출신고필증만 발행되면 환급신청을 하지 않고도 자동으로 환급해주는 방법

구분	내용
환급신청 기간	원칙적으로 선적이 확인된 수출신고필증의 수출신고필한 날로부터 2년 이내
환급신청 기관	전국 세관, 출장소 또는 수출신고필기관의 지정환급은행
환급금의 지급	• 환급신청을 받은 환급신청기관(세관 등)은 신청내용을 심사하여 환급금을 결정한 후 당해금액을 신청인에게 지급할 것을 내용으로 하는 지급지시서를 환급신청인이 지정한 환급은행에 송부하고 환급신청인에게는 환급금 및 환급방법을 기재한 환급통지서를 교부함 • 환급신청인이 환급통지서를 환급은행에 제시하고 환급금지급을 신청하면 환급은행은 지급지시서와 대조확인한 후 환급금을 지급함 • 자동간이환급은 수출신고필증만 발행되면 환급신청을 하지 않고도 자동적으로 거래은행에 환급금을 지급함

환 급 신 청 서(갑)

처 리 기 간
기본(10품목): 5일

① 환급신청자
주 소 서울시 강남구 삼성동 159
상 호 (주) 길동무역
성 명 대표이사 홍 길 동 ㊞

사업자등록번호
2 1 1 1 8 2
0 5 6 4 9

② 제조자
상 호 (주) 돌이산업
성 명 대표이사 김 돌 이

사업자등록번호
1 1 2 8 1
3 5 3 4 8

③ 신청번호

기관부호	구분	※ 일련번호
010	2	8795

④ 신청일자 1993. 4. 14.
⑤ 결정일자 1993. 4. 18.
⑥ 신청자구분 1 수출자 ② 수출위탁자 3 완제품공급자

수 출 사 항								
⑦ 품 명 규 격		⑫ H S		⑭ 개별사유	구분 / 세종	⑯ 정 액	⑰ 개 별	⑱ 합 계
⑧ 신고번호및란번호	⑩ 형태	⑬ 수 량		단위				
⑨ 면허일자	⑪ 금액(FOB$)	⑮ 물 량		단위				
(1란) 100% POLYESTER WOVEN FABRIC KING CHIRMAN JACQUARD IN GREY					⑲ 관세		₩824,660	₩824,660
		5 4 0 7 6 0		0 1	⑳ 방위세			
		- 0 C 0 0			㉑ 내국세			
010-21-123456-4	01	107,500		SM	㉒ 방위세			
93. 4. 1.	US$144,604	13,196		KG	㉓ 계		₩824,660	₩824,660
(2란)					관세			
					방위세			
		-			내국세			
					방위세			
					계			
㉙ 지급은행	은 행 명	OO은행 무역센터 본(지)점		합계(란)	㉔ 관세		₩824,660	₩824,660
	코드번호	905			㉕ 방위세			
	온라인구좌번호	070-13-04149-5			㉖ 내국세			
					㉗ 방위세			
					㉘ 계		₩824,660	₩824,660

환급특례법 시행령 제 15 조 제 2 항의 규정에 의하여 환급신청하오니
승인하여 주시기 바랍니다.

수수료
없 음

수출보험이란 무엇인가

Q 209 수출보험이란?

우리나라의 수출보험제도는 수출자가 비상위험(수입국의 환거래 제한, 수입제한, 전쟁 · 혁명 · 내란 등) 또는 신용위험(수입자의 채무 불이행, 파산 등)의 발생으로 수출물품을 수출할 수 없게 되거나 수출대금을 회수하지 못하게 됨으로써 입게 되는 손실을 정부출연금으로 조성된 '수출보험기금'으로 보상해주는 비영리 정책보험제도다.

Q 210 수출보험의 종류는?

수출보험의 종류는 다음과 같다.

수출보험(신용보증) 종목

<table>
<tr><th colspan="2">대상거래</th><th>보험(보증)종목</th><th>주요 내용</th><th>보험계약자</th></tr>
<tr><td rowspan="5">상품수출</td><td rowspan="3">단기거래
(일반상품)</td><td>단기수출보험</td><td>신용장 및 무신용장방식 2년 이내 수출거래의 선적 전 수출불능 및 선적 후 대금회수불능 위험 담보</td><td>수출자</td></tr>
<tr><td>수출어음보험</td><td>화환어음이 발행되는 신용장 및 무신용장방식 단기수출거래의 선적 후 대금회수불능 위험 담보</td><td>외국환은행</td></tr>
<tr><td>농수산물수출보험</td><td>농산물수출에 따른 선적 전 수출불능, 선적 후 대금회수불능, 가격상승위험 담보</td><td>농수산물 수출자</td></tr>
<tr><td rowspan="2">중장기거래
(자본재)</td><td>중장기수출보험
-공급자 신용</td><td>-공급자신용거래에 의한 대금회수불능위험 담보</td><td>수출자</td></tr>
<tr><td>-구매자 신용</td><td>-전대차관, 직접대출 등 구매자 신용거래에 의한 대금회수불능 위험 담보</td><td>외국환은행</td></tr>
</table>

대상거래	보험(보증)종목	주요 내용	보험계약자
해외공사	수출보증보험 해외공사보험 -건설 · 엔지니어링 -장비	은행의 보증서 발급에 따른 위험 담보 -건설공사에 따른 수출불능 및 대가미회수위험 담보 -건설장비 수용 등 위험	외국환은행 해외건설 업체
해외투자	해외투자보험	투자원금 및 배당금 등의 회수불능 위험 담보	투자자
시장개척	시장개척보험	시장개척을 위해 무역박람회 등에 참가하는 등 비용을 지출하였으나, 예상만큼 수출이 되지 않음에 따른 손실 보상	수출자
단기거래 (수출금융)	수출신용보증	선적 전후 수출금융을 제공한 금융기관이 동 대출금을 회수하지 못하여 입게 되는 손실을 무조건 보상	외국환은행

PART 3

수입절차와 실무

수입승인의 요건

Q 211 수입승인 및 사전허가 대상품목은?

무역업신고필자가 상대방과 매매계약을 체결하고 대외무역법의 수출입공고 및 수출입별도공고상 수입제한승인품목으로 지정되어 있는 경우는 관련협회나 조합 등의 수입승인을 받아야 한다. 또한 40여 개 특별법의 통합공고상 수입제한승인품목인 경우는 관련기관의 수입승인 또는 사전수입허가를 받아야 한다.

수입품목의 관리체계

구분	관련법규 및 내용
수입자동 승인품목	대외무역법의 수출입공고 및 수출입별도공고와 40여 개 특별법의 통합공고상 제한 또는 금지품목이 아닌 품목
수입제한 승인품목	대외무역법의 수출입공고 및 수출입별도공고와 40여 개 특별법의 통합공고상 관련협회나 조합 등의 수입승인을 받아야만 수입 가능한 품목
수입금지품목	대외무역법의 수출입공고 및 수출입별도공고와 40여 개 특별법의 통합공고상 수입이 금지된 품목
수입선다변화품목 (1999. 7. 1 폐지)	대외무역법의 수입처 다변화공고상 과거 5년간 무역역조가 가장 큰 국가(일본)로부터 수입 시 제한되는 품목

Q 212 수입승인의 요건은?

물품을 수입하고자 하는 자는 무역업 신고를 했다 하더라도 수입제한승인품목의 경우 수입 시마다 관련협회나 조합 등으로부터 수입승인(I/L: Important License)을 받아야 하며, 반드시 수입승인 내용에 따라 수입을 이행해야 한다.

수입승인요건 및 구비서류

구분	내용
수입승인요건	• 무역신고필자 • 대외무역법의 수출입공고 및 수출입별도공고와 40여 개 특별법의 통합공고상 수입제한승인품목 • 수입품목의 품목분류(HS)가 적절할 것 • 수입제한 및 금지지역이 아닐 것
수입승인 시 구비서류	• 수입승인 신청서 • Purchase Note 또는 Offer Sheet • 수입대행계약서(대행수입 시)

*** 수입자동승인품목은 수입승인제도가 폐지됨.**

Q 213 산업통상자원부장관의 인정을 얻어야 하는 특정 수입형태는?

산업통상자원부장관의 인정을 얻어야 수입이 되는 거래형태는 다음과 같다.

산업통상자원부장관의 인정을 얻어야 하는 특정수입형태

특정거래형태	해당사항
• 수탁판매수입 • 임차수입 • 외국인수수입	• 판매계약기간 종료 후 판매 잔량을 6개월 초과하여 재수출 시 • 임차계약기간 만료 후 3개월 초과하여 재수출 시 • 다음 이외의 품목 - 산업설비 수출 시 소요되는 외국기자재 - 해외건설사업용 외국기자재 - 해외직접투자에 필요한 외국기자재 - 기타 용역사업 및 수산업에 사용하기 위해 현지에서 필요한 물품

Q 214 수입결제방법의 원칙은?

수입결제방법의 원칙은 다음과 같다.

수입결제방법의 원칙

구분	원칙
지급통화	모든 외국통화(실무상 29개 환율고시통화) 및 우리나라 원화
결제시기	일람불조건 및 기한부조건
결제기관	외국환은행 경유(극히 예외적으로 당사자 간 직접결제 허용)
결제금액	전액결제 원칙(수수료는 공제 가능)

Q 215 수입결제방법에 대한 신고사항은?

수입결제방법에 대한 신고사항은 미가공 금을 중계무역할 경우 일부에만 해당될 뿐 수입결제방법은 신고 불요사항이다.

한국은행총재에게 신고해야 하는 수입거래

- 금중계무역 시 수입대금을 30일 초과하여 지급, US$5만 초과 시
- 일반거래 시 사전송금방식(1년 초과), US$2만 초과 시

* 상기의 경우를 제외하고는 수출입결제방법에 제한이 없음

수입승인(신청)서

처리기간
3 일

[별지 제3-2호 서식](용)

① 수입자 (상호, 주소, 성명) 무역업등록번호 671110 서울시강남구삼성동159 (주)길동무역 대표이사 홍 길 동 (서명 또는 인)	⑥ 송 화 인 SMITH & JONES . INC
② 위탁자 (상호, 주소, 성명) 사업자등록번호 211-62-05649 서울시성동구중곡동40-5 (주)진영산업 대표이사 이 진 연 (서명 또는 인)	⑦ 결제조건 대금결제방법 : 신용장( ), 추심어음( ), 송금환( ), 기타방식( ) 금 액 US$42:000
③ 원산지 U.S.A ④ 선적항 L.A	결제기간 AT SIGHT
⑤ 사후관리 은행명 0 0은행 0 0지점	⑧ 가격조건 C.I.F PUSAN

⑨ HS 부호	⑩ 품명 및 규격	⑪ 단위 및 수량	⑫ 단 가	⑬ 금액(FOB)
4301.20 0000	RAW RABBIT FUR SKIN	20,000PCS	US$1.1	US$22,000
4302.19	RAW FOX FUR SKIN FOR GARMENT, WHITE	10,000PCS	US$2.0	US$20,000
///				
	TOTAL	30,000PCS		US$42,000

⑭ 추천조건	⑱ 승인조건
⑮ 추천유효기간	⑲ 승인 유효기간
⑯ 추천번호	⑳ 승인번호
⑰ 위의 사실을 확인하고 수입을 추천합니다. 년 월 일 추천자 (인)	㉑ 위의 신청사항을 대외무역법 제19조 제1항 및 동법 시행령 제25조 제1항의 규정에 의하여 승인합니다. 년 월 일 승인권자 (인)

대외무역법 시행령 제36조제2항의 요건에 해당한 경우에는 본 수입승인의 유효기간은 유효기간중이라도 만료된 것으로 봅니다.

Q 216 수입승인의 유효기간은?

수입승인의 유효기간은 원칙적으로 1년이지만 6개월 범위 내에서 연장 가능하다. 그러나 플랜트수입(산업설비수입)의 경우는 최장 20년까지 가능하다.

수입승인 유효기간 및 유효기간 연장

구분	유효기간	유효기간 연장
원칙	수입승인일로부터 1년	6개월 범위 내
예외	최장 20년 범위 내	20년까지
비고	—	• 연장승인신청 없을 시: 과태료 부과하고 각 3개월씩 2회까지 직권연장승인 • 구비서류: 당초 I/L 및 수출입승인 유효기간 연장승인 신청서, 연장사유 설명서

Q 217 수입제한승인품목의 수입승인사항 변경은?

수량, 단가 등의 변경은 당초 수입승인기관으로부터 변경승인을 받아야 하며, 품목분류 및 품명과 규격, 중량 등의 변경은 세관장으로부터 변경승인을 받아야 한다. 그리고 기타의 경우는 변경승인을 받을 필요가 없으며 통관 시 세관공무원이 정정표시를 한다.

수입승인사항의 변경

	당초 수입승인기관 변경승인	세관장 변경승인	변경승인 불요 (세관공무원 등이 정정표시함)
변경사항	수량, 단가 등	품목분류 및 품명, 규격 및 중량	기타
구비서류	• 당초 I/L • 수입승인사항 • 변경승인 신청서 • 변경사유 증빙서류	좌동	—
비고	I/L 유효기간 내에 신청	—	

Q 218 수입승인이 면제되는 경우는?

수입제한승인품목 중 소액거래, 견본품 등에 대해서는 신속한 수입과 원활한 거래가 이루어지도록 수입승인이 면제되고 세관장의 확인만으로 수입이 가능하다.

수입승인의 주요 면제대상

- 무상반입하는 샘플 및 광고용 물품
- 샘플 또는 광고용품의 제조용 원료
- 수입된 물품의 보충, 하자보증 이행, 수리 또는 검사 등을 위해 반입하는 물품
- 무상반입하는 Label, Tag 등의 부자재

Q 219 수입대행이란?

우리나라는 대외무역법상 무역업신고를 필한 자만 수입을 할 수 있다. 따라서 무역업신고를 하지 않은 자(대행의뢰자)가 수입계약을 체결하고 물품을 수입하려면 무역업신고를 한 자(대행자)와 수입대행계

약을 맺고 무역업신고업체인 대행자 명의로 수입해야 한다.

수입대행 시 대행자는 반드시 무역업신고필자여야 하며 대행의뢰자는 통상 무역업신고가 없는 자인데 무역업신고업체라 하더라도 여하한 사정으로 여타 무역업신고업체에 수입대행을 위탁할 수 있다.

Q 220 수입대행의 종류는?

수입대행의 종류는 다음과 같다.

수입대행의 종류

구분	내용
수출용 원자재의 수입대행	수입대행을 의뢰하여 수출용 원자재를 수입(수출입공고 적용 제외, 무역금융지원, 관세환급 등 수출용 원자재 수입에 따른 혜택은 수입대행의뢰자도 수혜 가능)
내수용 물품의 수입대행	자가생산물품의 원료 수입대행과 단순판매목적 수입대행이 있음

수입대행계약서

① 수입대행자(갑) 서울 강남구 삼성동 159-1
(주)한국무역 홍길동
수입위탁자(을) 서울 중구 회현동 2가 10-1
(주)화현무역 김현수

상기 당사자간에 다음 조항에 의거 수입대행계약을 체결함에 있어 편의상 수탁자를 갑이라 칭하고 위탁자를 을이라 칭한다.

다 음

② 제1조 갑은 을의 요청에 의하여 다음 상품을 수입대행한다.

품 명	규 격	수 량	단 가	금 액($)	원 산 지	비 고
100%	Ladies					
Polyester	S/S	1,000	US$ 10	US$10,000	Italy	
Knitwear	L/S	1,000	US$ 15	US$15,000	"	
	//////	//////////	//////////	//////////////	////	

③ 제2조 을은 본 계약 체결과 동시에 위 수입품에 대한 확정오퍼 금액의 (20)%에 해당하는 일금 (3,638,000)을 계약보증금(선적서류 인수보증금)으로 갑에게 예치한다.

④ 제3조 확정오퍼는 을의 부담으로 하고 본건 대행수수료 불당 일금 (X)원씩 총액 (40,000) 원정을 을은 갑에게 지불키로 한다.
부득이한 사정으로 개설된 신용장이 취소될시 을은 상기 대행수수료를 반환 청구할 수 없다.

⑤ 제4조 을은 선적서류 인수자금(제비용 포함)을 B/L 도착후 3일 이내에 부담하여야 하며 이를 지체하여 갑의 대불시에는 을은 대행료를 불당 ( )원씩 추가 지불하고, 완제일까지 년 ( )%의 해당 금액을 지체가산금조로 갑에게 지급하여야 하며, 20일이상 연체시에는 을이 갑에게 예치한 계약보증금은 갑에게 귀속되고 갑은 일방적으로 물품을 관에 처분할 수 있다.
단, 갑의 임의 처분시 발생하는 손해금이 있을시는 을은 갑에게 변상하여야 한다.

⑥ 제5조 을이 제시한 확정오퍼로 인하여 발생하는 사고 및 제법규에의 저촉, 편의상 갑의 명의로 관공서에 제출되는 각서, 기타 증빙서류에 대한 책임 및 천재지변 등 불가항력으로 발생하는 손해에 대해서는 을이 부담하고 갑은 이에 대한 책임을 지지 아니한다.

⑦ 제6조 을은 수입신용장 개설 및 통관시 소요되는 제세공과금과 부대비용 일체를 부담한다.

⑧ 제7조 을은 수입허가 유효기일 이전에 수입 통관을 완료하기 위한 조치를 취하여야 하며, 이의 불이행으로 인하여 발생하는 과태료 및 행정상의 제반책임은 을이 부담하여야 한다.

제8조 본 계약상 갑·을간에 이의가 있을시는 일반 상관례에 의한다.

후일에 증하기 위하여 본 계약서 2통을 작성하고 각자 이에 서명 날인하여 1통씩 보관키로 한다.

서기 2020 년 1 월 11 일

⑨ 수입대행자(갑) 서울 강남구구 삼성동 159-1
(주)한국무역
홍길동 (인)

수입위탁자(을) 서울 중구 회현동 2가 10-1
(주)화현무역
김현수 (인)

신용장은 어떻게 개설하나

Q 221 신용장의 개설절차는?

수입자는 수입제한승인품목의 경우 I/L을 받은 다음 신용장에 의한 대금결제방식의 경우 L/C를 개설해야 한다.

L/C 개설절차

구분	내용
L/C 개설 신청	• I/L 발급받은 후 • L/C 개설신청 시 구비서류 –수입신용장 개설 신청서(Application for Letter of Credit)(전면) 및 담보차입증·신용장거래약정서(배면) –I/L(수입제한승인품목의 경우) –Offer Sheet(상품명세서가 as per offer……일 경우) –보험증권(CIF, CIP 등과 같이 수출자 부보조건일 경우는 제외)
L/C 개설 신청서류 심사	L/C 개설의뢰인으로부터 L/C 개설신청서류를 접수받은 L/C 개설은행은 서류내용의 진위성과 타당성을 점검하고 타당성이 인정되면 L/C를 개설함
L/C 개설	• 우편에 의한 개설(Mail Credit) –약식전보(Short Cable) 수반하는 우편신용장 개설: 우편으로 개설되는 신용장의 주요 내용을 Short Cable로 사전예고(Preliminary Advice, Pre-Advice)하고 (Details (to) follow 또는 Mail confirmation will follow 문언 삽입), 추후 정식 우편신용장을 우송하는 방법 –약식전보 없이 우편신용장 개설 • 전신에 의한 개설(Cable Credit) –정식전보(Full Cable)로 개설하는 전신신용장: 전신료 과다 –암호(Code, Cypher)로 개설하는 전신신용장: 주로 본·지점 간 이용 –유사신용장(Similar Credit)에 의한 전신신용장: Similar(Refer, Repeat) to our previous Credit No. 123 of Dec. 1, 2020 except–등과 같이 가장 간단한 전신개설 신용장

취소불능화환신용장발행신청서
(APPLICATION FOR IRREVOCABLE DOCUMENTARY CREDIT)
COMMERCIAL BANK OF KOREA

Cable Address COMBANK
Mailing Address P. O. Box Central 126
Telex Number K 24611-6 SEOUL
22723-5

AT SIGHT L/C및 내국수입 USANCE
지 급 보 증 용

TO : COMMERCIAL BANK OF KOREA, LTD.
Dear Sirs :
We request you to establish by ☐ cable ☐ air mail an irrevocable Credit on the following terms and conditions.

Advising Bank COMMERCIAL BANK OF KOREA LTD., TOKYO BRANCH
Cable Address　　　Date JUNE 10, 2020
Credit Number

② Applicant KORYO MULSAN CO., LTD. C.P.O. BOX 123, SEOUL, KOREA
① Beneficiary JAPAN HAMADA CO., LTD. 1 ITCHOME, MARINOUCHI, TOKYO JAPAN
③ Amount US$5,500.-(USDLS FIVE THOUSAND AND FIVE HUNDRED ONLY.)
④ Expiry Date AUGUST 31, 2020
⑤ Tenor of Draft XXXX At XXXX Sight For 100 % of Invoice Value

Documents : Please indicate by placing X Mark in applicable box
⑥ ☐ **Full set of clean on board ocean bills of lading**, made out to the order of the Commercial Bank of Korea Ltd marked "Freight PREPAID" and "Notify accountee"
⑦ ☐ **Marine Insurance policy or certificate in duplicate**, endorsed in blank for 110% of the invoice value. Insurance policies or certificates must expressly stipulate that claims are payable in the currency of the drafts and policies or certificates must also indicate a claim settling agent in Korea. Insurance must include : Institute Cargo Clauses : ICC(A)
⑧ ☐ **Signed commercial invoice in** QUINTUPLICATE
⑨ ☐ **Packing list in** DUPLICATE
⑩ ☐ **Other document(s) (if any)** CERTIFICATE OF ORIGIN IN DUPLICATE
⑪ Commodity Description

Name of Commodity	Quantity	Unit Price	Amount
INDUSTRIAL OVERLOCK SEWING MACHINE	5 SETS	CIF 1,100	US$5,500.00
*********************	5 SETS	******	US$5,500.00
Country of Origin JAPAN			

⑫ Shipment From KOBE, JAPAN　To PUSAN KOREA　Latest AUGUST 10, 2020
Partial shipments are NOT PERMITTED　Transhipment is NOT PERMITTED
Documents must be presented within 21 days after the date of issuance of B/L or other transportation documents
⑬ Special condition(s) : All banking charges including postage, advising and payment commission outside Korea are for account of Beneficiary　Shipment by KOREAN VESSEL ⑭
⑮

위와 같이 신용장발행을 신청함에 있어서 위 기재사항이 수입허가(승인)사항과 틀림없음을 확인하고 따로 제출한 수입거래약정서의 각 조항에 따를 것을 확약하며 아울러 위 수입화물에 관한 모든 권리를 귀행에 양도하겠읍니다.

인감대조

Except so far as otherwise expressly stated, this credit is subject to the "Uniform Customs and Practice for Documentary Credits" (1983 Revision) International Chamber of Commerce, Publication No. 400

신청인 KORYO MULSAN CO., LTD. ㊞
주 소 C.P.O.BOX 123 SEOUL, KOREA
X X X

지급보증확인	Checked By	Approved By

계	대 리	차 장	부 점 장

Q 222 신용장의 조건변경은?

L/C 당사자(Applicant, L/C Opening Bank, Beneficiary, Confirming Bank) 전원의 동의 없이는 L/C 내용의 변경 또는 취소가 불가능하다.

L/C 조건변경 절차

구분	내용
L/C 조건 변경신청	• I/L을 먼저 변경한 다음 L/C 조건변경 신청 • 구비서류 –수입승인사항 변경승인서 –신용장 조건변경신청서(Application for Amendment to Letter of Credit)
L/C 조건 변경신청서 심사 및 L/C 조건 변경통지	• L/C 개설은행은 L/C 조건변경신청서 접수 후 타당하면 L/C 조건을 변경하고 L/C 개설통지에 준하여 L/C 조건변경을 통지함 • 가장 일반적인 L/C 조건변경사항 –L/C 금액의 증감 –L/C 기한의 연장 –분할선적 및 환적 허용 여부 변경 –선적항 및 도착항 변경 –품목 변경 –L/C의 취소 등

APPLICATION FOR AMENDMENT OF L/C

지급보증용

TO : THE COMMERCIAL BANK OF KOREA

ADVISING BANK

THE COMMERCIAL BANK OF KOREA LTD.
TOKYO BRANCH.

TO BE ADVISED BY [XX] CABLE [ ] AIRMAIL

With regards to our OUR L/C NO M1701406NS11421 DTD JUNE 4, 2020

FOR U$27,450.- IN FAVOR OF A.B.C. CO. LTD. C.P.O. BOX 123 TOKYO, JAPAN.

PLS LET US AMEND AS FOLLOWS: (MARKED BY X X X)

- [XX] AMOUNT INCREASED BY U$3,000.- TO U$30,450.-
- [XX] AMOUNT DECREASED BY U$2,200.- TO U$25,250.-
- [XX] THE LATEST SHIPMENT DATE EXTENDED UNTIL OCT. 31, 2020
- [XX] THE EXPIRY DATE EXTENDED UNTIL NOV. 21, 2020
- [XX]
  - "SHIPMENT TO BE MADE FROM LOS ANGELES INSTEAD OF NEW YORK"
  - "DESTINATION SHOULD BE PUSAN INSTEAD OF INCHON"
  - "NOW THIS CREDIT IS TRANSFERABLE"
  - "UNIT PRICE CHANGED FROM @U$1,100 TO @U$1,110"
  - "COMMODITY SIZE NOW SHOULD READ 20CM X 25CM INSTEAD OF 8" X 10""
  - "PLEASE DELETE THE SPECIAL INSTRUCTION NO 2"
  - "PLEASE INSERT THE WORD "IN SEOUL, KOREA" INTO EXPIRY DATE CLAUSE"

ALL OTHER CONDITIONS REMAIN UNCHANGED.

In Consideration of your having consented to the aforesaid alteration(s), the applicant uncoditionally promises and agrees to accept upon presentation relative documents made out or all drafts drawn under the terms of credit as amended, to pay drafts on maturity without fail, and to assume all the responsibilities as pledged in the original application. The applicant hereby undertakes the payment with the amount of the Letter of Credit inclusive of all expenses incurred in this connection.

"Subject to Uniform Customs and Practice for Documentary Credits 1983 Revision), International Chamber of Commerce publication No. 400"

Date: JUNE 10, 2020

Applicant C.D.C. CO. LTD. C.P.O. BOX 456 SEOUL, KOREA

Tel. No. XXX - XXXX

Checked by	Approved by	Assistant manager		Cable charge	
		Vouchers	Cable/Mail	Commission	

13(1)B-19C

(2)

Q 223 신용장 개설에 따른 비용은?

L/C 개설에 따른 비용으로는 크게 수입보증금과 L/C 개설 수수료가 있다.

L/C 개설에 따른 제비용

구분	내용
수입보증금	L/C 개설시 수입대금결제의 담보를 위하여 L/C 개설은행이 수입자로부터 징수: 은행 자율
L/C 개설 수수료 (Term Charge)	• 일반재수입: 3개월마다 0.17~0.18% 사이 은행 자율(최저 8,000원) • 수출용 원자재 수입 시: 3개월마다 0.1%(최저 8,000원) • 징수기간: L/C 유효기일까지(Usance L/C일 경우 Usance 기간까지)
전신료	은행 자율
기타	은행 자율

* 확인수수료: 3개월마다 0.16%(최저 US$30)
** 인수수수료: 3개월마다 0.4%(최저 US$30)
*** L/C 조건 변경수수료: 건당 4,000원(증액 · 기간 연장 시 Term Charge 참조)

운송서류의 인수와 수입대금 지불 방법

Q 224 운송서류인수 및 수입대금결제의 절차는?

수출자가 상품을 선적한 후 L/C상 요구하는 운송서류와 환어음을 발행하여 매입은행으로부터 수출대금을 회수하면 매입은행은 동 운송서류와 환어음을 L/C 개설은행 앞으로 송부(추심)하게 된다.

매입은행으로부터 운송서류를 접수한 L/C 개설은행은 동 운송서류가 L/C 조건과 일치하는지를 엄격히 심사한 후 수입자에게 운송서류를 인도하고 수입대금을 결제받는다.

운송서류 인수 및 수입대금결제의 절차

구분	내용
선적서류의 접수 및 검토	• 개설은행은 매입은행으로부터 Covering Letter(매입대금 추심의뢰장), 운송서류, 환어음 접수 • L/C 조건과 일치하는지 엄격히 검토
선적서류의 내도 통지	• 선적서류가 L/C 조건과 일치되면 수입자에게 선적서류의 내도를 통지함
선적서류 인도 및 수입대금결제	• 환어음의 지급인이 –L/C 개설의뢰인인 경우: L/C 개설은행은 수입자로부터 수입대금결제 후 매입은행에 대금결제 –L/C 개설은행인 경우: L/C 개설은행은 매입은행에 대금결제 후 수입자로부터 대금회수 –제3자의 결제은행인 경우: 결제은행으로부터 개설은행의 예치금계정의 차기통지서(Debit Advice)를 받은 후 수입자에게 수입대금 회수 • 수입어음결제 –결제기한: 운송서류 도착일로부터 7일 이내(4일째부터 지체료 부과, 8일째부터는 연체료 부과) –결제금액: 수입금액(US$)×전신환 매도율

화물도착통지서(Arrival Notice)

EASTERN SHIPPING COMPANY, LTD. AGENTS

ARRIVAL NOTICE A/N No. 76/90

TO: DOO SUNG CO., LTD PORT OF PUSAN, KOREA DATE: NOV. 17, 2020

CARGO LISTED BELOW IS DUE TO ARRIVE ABOARD SUBJECT VESSEL ON OR ABOUT NOV. 20, 1990① DELIVERY ORDER CAN BE OBTAINED BY PRESENTING DULY ENDORSED ORIGINAL BILL(S) OF LADING TO THIS OFFICE, OR BANK GUARANTEE THAT ORIGINAL BILL(S) OF LADING WILL BE OBTAINED AND SURRENDERED.②

S.S. "NEDLLOYD COLOMBO" VOY. V-6033 FROM DURBAN, SOUTH AFRICA

(TRANSHIPMENT CARGO: 1ST CARRIER .... VOY. .... FROM ....)

B/L NO.	MARK	NO. PKGS.	DESCRIPTION OF CARGO	WEIGHT(#)	CUBIC(FT)
DB7	MSC C/O. GN ORS. 261 C/NO. : 1-120 SOUTH AFRICA	120CTNS	120CTNS OF ASBESTOS	16,411KGS	21.024CBM

SHIPPER: AROMA JUNE ASBESTOS S. A(PTY) LTD. DURBAN, SOUTH AFRICA.

NOTIFY PARTY DOO SUNG CO., LTD. SEOUL, KOREA

Note: All charges beyond end of ship's tackle INCLUDING STORAGE for account of cargo. Vessel or Agents assume no responsibility for security, delivery or damage to cargo after delivery to receiving agency.

PLEASE TELEPHONE THIS OFFICE PRIOR TO DISPATCHING TRUCKS TO TAKE DELIVERY.

EASTERN SHIPPING CO., LTD. AGENTS

SEOUL	PUSAN	INCHEON	YOSU
777-7911	44-0045~8	72-0218	2-4106
777-8681	44-2877	72-0220	
22-3333	23-9374		
23-9375			

Q 225 수입화물 선취보증서(L/G)란?

수입화물 선취보증서(L/G: Letter of Guarantee)는 수입물품은 이미 도착하였으나 운송서류가 도착하지 않았을 경우 운송서류 내도 이전에 수입자와 L/C 개설은행이 연대보증한 보증서를 선박회사에 B/L 원본 대신 제출하고 수입화물을 인도받는 보증서다.

수입화물선취보증서(L/G: Letter of Guarantee)

구분	내용
L/G 발급 및 특성	L/G는 형식적으로 수입자가 선박회사 앞으로 발행하고 L/C 개설은행은 보증인으로서 서명하는 데 불과하나 실질적으로 L/C 개설은행이 발행하는 증서로 간주됨(보증인의 존재가 L/G의 본질적 효력발생 요건이기 때문)
L/G 발급 신청서류	• 수입화물 선취보증서(L/G) 발급신청서 • Arrival Notice(화물도착통지서) • B/L 사본 • Commercial Invoice 사본 • Packing List 사본 • 기타
L/G 발급 시 수입대금결제	• L/G 발급일로부터 20일 이내 • Usance 수입의 경우 Usance일로부터 20일 이내
L/G 발급 수수료	• 건당 7,000원
L/G 발급 보증료	• 대상금액: L/G 발급금액 • 요율: 연 3.0% • 징수기간: L/G 발급일로부터 수입대금결제일까지 • 최저요금: 건당 8,000원

수입화물선취보증신청서
(Application For Letter of Guarantee)

계	대	리

선박회사명 (Shipping Co) KOREAN AIR LINES ①	⑥ 신용장(계약서)번호 (Number of Credit) · MI701905NS06260 ⑦ L/G번호 (L/G Number)
	⑧ 선하증권번호 (Number of B/L) 74343043
송하인 (Shipper) ② KOBNACK CO., LTD. TOKYO JAPAN	⑨ 선박명 (Vessel Name) KOREAN AIR LINES
	⑩ 도착(예정)일 (Arrival Date) JAN, 24, 2020
	⑪ 항해번호 (Voyage No) KE713
상업송장금액 (Invoice Value) ③ ¥ 600,000.-	⑫ 선적항 (Port of Loading) TOKYO
	⑬ 도착항 (Port of Discharge) KIMHAE AIPRORT KOREA

④ 화물표시 및 번호 (Nos. & Marks)	⑤ 포장수 (Packages)	⑭ 상품명세 (Description of Goods)
WOOJIN BUSAN P/NO.1 MADE IN JAPAN	1SET	Weather Facsimile receiver MOdel: FAX-108 Maker: Furuno Electric co. Complete set S/NO.7552321 L/C NO. M1701405NS06260 issuing by tha Commercial Bank, Ltd. seoul.

본인은 위 신용장등에 의한 관계 선적서류가 귀행에 도착하기 전에 수입화물을 인도받기 위해 수입화물 선취보증을 신청하며 본인이 따로 제출한 수입화물 선취보증서(LETTER OF GUARANTEE) 에 귀행이 서명함에 있어 다음 사항에 따를 것을 확약합니다.

1. 귀행이 수입화물 선취보증서에 서명함으로써 발생하는 위험과 책임 및 비용은 모두 본인이 부담하겠읍니다.
2. 본인은 귀행의 요청이 있으면 언제든지 위 수입화물을 귀행에 인도하겠읍니다.
3. 본인은 위 수입화물에 관한 관계 선적서류를 제3자에게 담보로 제공하지 않았음을 확인하며, 또한 귀행의 서면 동의없이 이를 담보로 제공하지 않겠읍니다.
4. 본인은 위 수입화물에 관한 관계 선적서류가 도착할 때에는 신용장 조건과의 불일치 등 어떠한 흠에도 불구하고 이들 서류를 반드시 인수하겠읍니다.

2020 년 2 월 1 일

신청인 홍 길 동 ㉑

주 소 서울시 강남구 삼성동 159

Tel. 551-1234

인감대조

주식회사 한국상업은행 앞

수입화물선취보증서(L/G: Letter of Guarantee)

Date :

Shipping Co. KOREA AIR LINES	Number of Credit M1701905NS06260	L/G No.
	Number of B/L 7343043	
Shipper KOBNACK CO., LTD. TOKYO JAPAN	Vessel Name KOREAN AIR LINES	
	Arrival Date MAY, 24, 2020	
	Voyage No. KE713	
Invoice Value ¥ 600,000.-	Port of Loading TOKYO	
	Port of Discharge KIMHAE AIRPORT KOREA	

Nos. & Marks	Packages	Description of Goods
WOOJIN BUSAN P/NO.1 MADE IN JAPAN	1SET	Weater Facsimile Receiver Model :FAX-108 Maker :Furuno Electric co. Complete set S/NO, 7552321 L/C NO M1701905NS6260 issueing by the commercial bank,Ltd., SEOUL.

In consideration of your granting us delivery of the above mentioned cargo which we declare has been shipped to our consignment, but Bills of Lading of which have not been received, we hereby engage to deliver you the said Bills of Lading as soon as we receive them and we further guarantee to indemnify yourselves and/ or the owners of the said vessel against any claims that may be made by other parties on account of the aforesaid cargo, and to pay to you on demand any freight or other charges that may be due here or that may have remained unpaid at the port of shipment in respect to the above-mentioned goods.

In the event of the Bills of Lading for the cargo herein mentioned being hypothecated to any other bank, company, firm or person, we further guarantee to hold you harmless from all consequences whatsoever arising therefrom and furthermore undertake to inform you immediately in the event of the Bills of Lading being so hypothecated.

Yours faithfully

Party claiming right of delivery

We hereby guarantee to surrender to you the corresponding Bills of Lading. Kindly be advised that this guarantee shall be automatically null and void upon your acknowledging receipt of the corresponding Bills of Lading which are to be endorsed and presented to you by bank for the only purpose of the redemption of this letter of guarantee.

Authorized Signature.

Bank.

Q 226 운송서류의 대도(T/R)란?

운송서류의 대도(T/R: Trust Receipt)는 수입자가 자금사정이 여의치 않아 수입대금을 결제하기 전이라도 수입화물을 처분해 그 판매대금으로 수입대금을 결제할 수 있도록 하는 동시에 L/C 개설은행은 그 화물에 대한 담보권을 상실하지 않도록 하는 제도다.

T/R에 의해 수입화물의 점유권은 L/C 개설은행으로부터 수입자에게 이전되지만 이러한 사실을 모르는 선의의 제3자에게는 L/C 개설은행이 대항할 수 없으므로 T/R은 전적으로 수입자를 신용하는 경우에만 취급해야 한다.

계	대 리	차 장	부점장

수입화물대도(T/R) 신청서

주식회사 한국상업은행
앞

본인은 아래 신용장 등에 의하여 도착된 수입화물을 대도 신청함에 있어서 은행 여신거래 기본약관, 따로 제출한 수입거래약정서 및 양도담보 계약서의 모든 조항에 따를 것을 확약합니다.

선하증권 기타	번 호: KCBU 008M 발행일: 2020.3.4 발행인: 남성해운
대도 (T/R) 금액	금 액: US$ 213,074.34 (원화 :a:670 ₩ 142,759,797. 여울 소계이율
신용장등	번 호: M 1701 403 ES 01234 발행일: 2020.3.10 금 액 US$500,000.-
물품명세	물품명: Raw Hide 화물표시 및 번호: Dongnam BUSAN NO.1/25 수 량: 232,886LBS(4,249pcs) 단 가: @50.25/pc 금 액: us$213,074.34
	선적항: seattle, u.s.a 선 명: Neptune Diamond 도착항: busan,korea. 도착(예정일): 2020.7.5

선적서류	선하증권	항공화물운송장등	상업송장	보험서류	포장명세서	원산지증명서	중량용적증명서	검사증명서	기타
통수	/		/		/				

2020 년 3 월 11 일

신청인 길동무역(주) ㊞

주 소 서울 강남구 삼성동 159

인감대조

수입통관은 어떻게 하나

Q 227 수입통관 절차는?

수입물품은 선적항 출항 전, 도착항 입항 전, 보세구역 도착 전 또는 보세구역 장치 후 세관에 수입신고를 해야 한다. 세관에서는 수입신고된 물품과 I/L 사항이 부합되는지를 확인하고 수입자가 수입관세 등을 납부하면 수입신고필증을 교부한다. 이러한 과정을 거쳐 수입신고필증을 교부받음으로써 내국물품이 되어 처분이 가능하다.

수입통관 절차 도해

수입신고(출항 전, 입항 전, 보세구역 도착 전, 보세구역 장치 후) → 통관심사(서류심사 및 물품검사 · 감정) → 수입신고수리

→ 수입관세 납부 (수입신고수리 후 15일 이내) → 수입신고필증 교부 → 보세구역 반출

특정물품의 통관지세관 지정

특정물품	특정세관(출장소)
한약재	서울, 부산, 용당, 인천, 김포, 김해
귀석과 반귀석(제71류). 단 원석은 제외	서울, 김포, 김해, 익산, 국제우편출장소
고철	부산, 용당, 동래, 사상, 양산, 인천, 포항, 울산, 마산, 창원, 목포, 군산, 광양, 천안(동래, 마산, 울산, 창원, 군산, 목포, 천안의 경우에는 해당세관 관할구역 내 실수요자에 한함)
해체용 선박	부산, 용당, 인천, 포항, 마산, 울산
수산물(0302, 0303, 0305. 단 0305는 염장 또는 염수장한 것에 한함)	수입물품의 입항지세관, 수원세관(도소매업진흥법에 의한 공동집배송단지(경기도 용인군 수지면 동천리) 내의 냉동 · 냉장창고 장치분에 한함). 다만 수출용 원자재는 수산물 제조 · 가공업체 소재지 관할세관도 가능

Q 228 수입신고시기 및 구비서류는?

수입신고시기 및 구비서류 등은 다음과 같다.

2020 수입신고시기 및 구비서류

구분	내용
수입 신고시기	• 출항 전 신고: 항공기 운송 시, 선박 운송 시(일본, 홍콩, 중국, 대만) • 입항 전 신고: 선적항 출항 후 입항 전 신고 • 보세구역 도착 전: 보세구역에 반입하지 않고 수입신고 • 보세구역 장치 후 신고: 보세구역 반입 후 수입신고(주로 심사 · 검사 대상품목)
수입 신고서류	• 수입신고서 • I/L(수입제한승인품목의 경우) • Commercial Invoice • Packing List • B/L 사본 • 기타(C/O 등)
수입신고인	화주, 관세사, 관세사법인, 통관법인
통관심사	수입신고를 접수한 세관은 수입신고 서류의 서면심사 및 현품검사(해당 시) 후 적법하면 수입신고 수리함
관세납부	수입신고 수리 후 15일 이내에 세관 또는 세관 및 수입상 소재 관할 행정구역 협력 금융기관에 자진 납부
수입신고필	수입신고 수리 후 관세를 납부하고 납부서를 세관에 제출하면 수입신고필증이 교부되며 이로써 외국물품이 아닌 내국물품이 되어 보세구역 반출이 가능함

수입신고시기 구분에 따른 통관절차 비교표

구분	출항 전 신고	입항 전 신고	입항 후 보세구역 도착 전 신고	보세구역 장치 후 신고
신고시기	선박(항공기) 출항 전	선박(항공기) 출항 후 입항(하선(기)신고) 전	입항 후 당해 물품이 반입될 보세구역 도착 전	당해 물품이 보세구역 도착 후
신고대상 물품	항공기로 수입되는 물품과 일본·중국·대만·홍콩에서 선박으로 수입되는 물품	제한 없음	제한 없음	제한 없음
신고대상 업체	담보면제 및 포괄담보 운영에 관한 고시에 의한 담보면제 한도액 또는 담보사용 한도액이 있거나 신고수리 전에 담보를 제공하거나 미리 관세를 납부하고자 하는 업체. 다만 컨테이너 화물은 FCL에 한함	좌 동	제한 없음	좌 동
신고세관	입항예정지 세관(부산항은 부산세관 검사 1, 2과)	입항예정지 세관(부산항은 부산세관 검사 1, 2과)	입항지·내륙지 세관 불문	보세구역을 관할하는 세관
검사대상 여부 통보시기	선박(항공기)이 출항하였음을 입증하는 자료제출일(출항신고서 및 적하목록)	수입신고일	수입신고일	수입신고일
검사생략물품의 신고수리시기	적하목록 제출 후	적하목록 제출 후	보세구역 도착일	수입신고일 이후
검사대상물품의 신고수리시기	검사 후	검사 후	검사 후	검사 후

수 입 신 고 필 증

즉시수리

고지번호:062109610000827

※ 처리기간:3일

①신고자 광양관세사무소

②수입자 (주) 포스틸 | 842653 A

통관고유부호

③납세의무자 주소 서울시 강남구 역삼동 824 | 포스틸**-1 ~~83-2-01-6~~

사업자등록번호

상호 (주) 포스틸

성명 신 성 휴 외2인 | 220-81-04666

④무역대리점

⑤공급자 TRANS WORLD MATALS LTD | KZTRA0001K

⑥세관·과	⑦신고번호			⑧통관계획	⑨신고구분
062-10	18701-20-7101144-			B	B
⑩신고일 20/08/13	⑪거래구분 11	⑫종류 A	⑬결제방법 LU		
⑭입항일 20/08/13	⑮국내도착항 광양항	⑯선기명 RUDNYY	KZ 국적\		
⑰운송형태 10BU	⑱적출국 KZ(KAZAK)	⑲B/L(AWB)번호 FS-1			
⑳화물관리번호		㉑반입일 20/08/13	㉒관세사기재 - -		
㉓검사(반입)장소062-46000-00051 본선		㉔징수형태 13	㉕예비란		

㉖품명·규격	㉗세번부호 / ㉘과세가격(CIP)		㉙세종	㉚세율	㉛감면율	㉜세액	㉝감면·분납 유예부호
(001란) FERRO SILICOCHROME:	7202.50-0000		관	기가 (5.00%)		33,267,374	
SPECIFICATION: SI:35-45%	$ 814,050			( )			※내국세세종
CR:35-45% C :0.1% MAX	₩ 665,347,485						
P:0.03% MAX S:0.01% MAX	㉞순중량 1,005,000	단위 KG					
SIZE: 10-50MM(90 % MIN) 1,005.00 MT	㉟수량	단위 /	부		(A)	69,861,485	
FOBUSD 742,333.00	㊱원산국·표시유무·방법·형태 KZ - - -		㊲C/S검사구분 S		㊳검사방법변경	㊴예비란	
			관	( )			
	$			( )			※내국세세종
	이 하			여	백		
	㉞순중량	단위					
	㉟수량	단위 /	부				
	㊱원산국·표시유무·방법·형태 - - -		㊲C/S검사구분		㊳검사방법변경	㊴예비란	

㊵결제금액(인도조건·통화종류·금액)	㊶환율	㊷운임	㊸보험료
FOB - USD - 742,333	817.3300	KRW- 58,289,523	KRW- 326,932

㊹총중량 1,005,000 단위 KG	㊺포장개수 종류 1 VO	㊻관세 33,267,370	㊼가산금액 / ㊽공제금액
㊾포장기호·번호 FERROSILICOCHROME 48 (AGAINST 70112) CONTR.MIN-96030/B-021		㊿특소세	과세가격합계 예 1 란 $ 814,050 ₩ 665,347,485
		교통세	타법령에 의한 구비요건 타법령겸
		주세	
첨부서류	I-16Q8-607-EU-01038	교육세	세관기재란
		농특세	수입신고수리 광양세관 담당자
		부가세 69,861,480	
		신고지연 가산세	
		총계 103,128,650	보석, 귀비소, 부동산 접착제, 비철금속, 외 세수리일자(/ /)

Q 229 보세구역이란?

보세구역은 수출의 경우 수출신고필 후 수출상품의 반입 가능한 구역을 말하며, 수입의 경우 수입신고필 전 반입 가능한 구역을 말한다.

보세구역의 종류

- 보세구역
  - 지정보세구역(국영)
    - 지정장치장: 통관하고자 하는 물품의 일시적 장치 장소
    - 세관검사장: 통관하고자 하는 물품의 검사를 위한 장소
  - 특허보세구역(민영)
    - 보세장치장(영업용·자가용): 세관장 특허받은 외국물품 장치장
    - 보세창고(영업용·자가용): 세관장 특허받은 통관 전 물품 보관장소
    - 보세공장(자가용): 세관장 특허받은 외국물품(원자재) 제조·가공하는 공장
    - 보세건설장(자가용): 세관장 특허받은 외국물품(기계·장비) 사용하는 건설공사장
    - 보세전시장(영업용): 세관장 특허받은 외국물품 전시장
    - 보세판매장(영업용): 세관장 특허받은 외국물품 판매장

Q 230 보세운송이란?

보세운송은 수입의 경우 수입신고필 전 국내운송을 말한다(일반 내륙운송이란 수입의 경우 수입신고필 후 국내운송을 말한다).

보세운송의 내용

구분	내용
보세운송 신고인	화주, 관세사 또는 보세운송인
보세운송 신고서류	수출시: 수출신고필증으로 일괄처리 수입시: 보세운송 신고서, B/L Copy, 기타 담보제공자료 등
보세운송인	세관장에 등록한 보세운송업자만 가능
보세운송 기간	관세청장이 지정: 통상 수출 시 30일 이내, 수입 시 7~18일 이내(위반 시 과징금 부과)

Q 231 관세의 종류는?

국제무역이론상 세계 각국은 자유무역을 함으로써 세계 전체의 후생복지를 증진한다. 그러나 세계 각국은 자국의 국내산업 보호, 국제수지 개선, 재정수입 등의 목적으로 관세를 부과하여 자유무역을 제한하고 보호무역을 하는 것이 현실적이다.

관세의 종류는 관세 부과 기회에 따라 수출세와 수입세, 관세의 부과목적에 따라 재정관세와 보호관세, 관세의 부과방법에 따라 종가세와 종량세 그리고 관세의 부과근거에 따라 국정관세와 협정관세로 구분할 수 있다.

관세의 종류

분류기준		종류 및 내용
기회	수출세(Export Duty)	재정수입, 전략물자 수출제한, 국내가격 앙등 방지 등의 목적으로 수출 시에 부과되는 관세
	수입세(Import Duty)	국내산업 보호, 국제수지 개선, 재정수입 등의 목적으로 수입 시에 부과되는 관세
목적	재정관세(Revenue Duty)	재정수입 목적으로 부과되는 관세
	보호관세(Protective Duty)	국내산업 보호를 목적으로 부과되는 관세
방법	종가세(Ad Valorem Duty)	가격기준으로 부과되는 관세
	종량세(Specific Duty)	수량기준으로 부과되는 관세
근거	국정관세(General Duty)	국가법률에 의거 부과되는 관세
	협정관세(Conventional Duty)	국제협정에 의거 부과되는 관세

Q 232 우리나라의 관세율 구조는?

우리나라의 관세율 구조는 다른 나라와 마찬가지로 여러 가지 관세율이 경합되는 경우가 많다. 이러한 경우 실제로 적용되는 세율을 실행세율이라 한다.

세율 적용순서는 ① 탄력관세(덤핑방지관세, 보복관세, 긴급관세, 상계관세), ② 국제협정관세 및 편익관세(③, ④, ⑤ 세율보다 낮은 경우에 한함), ③ 탄력관세(조정관세, 물가평형관세, 계절관세, 할당관세), ④ 잠정관세, ⑤ 기본관세 순이다.

Q 233 관세의 산출방식은?

수입 시 관세를 산출하는 방법은 수입물품에 대한 관세의 과세가격(CIF 수입가격×관세환율)에 실행관세율을 적용하면 된다.

관세의 산출방법

무역조건	관세산출방법
CIF 수입 시	CIF 가격×과세환율×관세율
C&F 수입 시	(C&F + 보험료)×과세환율×관세율
FOB 수입 시	(FOB 가격 + 운임 + 보험료)×과세환율×관세율

* 과세환율: 전주 전신환매도율 평균환율

우리나라 관세율 구조 및 적용순위

- 국정세율
  - 기본세율 ⑤: 국회가 의결한 세율
  - 잠정세율 ④: 일정한 경제상황 도래 시까지 한시적으로 적응하기 위해 국회가 의결한 세율
  - 탄력세율: 국제무역 환경변화에 탄력적으로 대응하기 위해 행정부에 위임한 세율
    - ①
      - 덤핑방지관세: 시장지배 등의 목적으로 수출국 국내가격 또는 제3국 수출가격보다 부당하게 싸게 판매하는 덤핑을 방지하기 위한 관세
      - 보복관세: 국내 수출품 및 선박, 항공기 등에 타국이 부당한 차별적 조치 시 보복하기 위한 관세
      - 긴급관세: 특정상품 수입과다로 국내 피해산업 보호를 위한 관세
      - 상계관세: 외국의 수출지원금 상품 수입으로 국내 피해산업 보호를 위한 관세
    - ③
      - 조정관세: 수입개방 확대로 국내 피해산업 보호를 위한 관세
      - 물가평형세: 국내물가 안정을 위해 인상 또는 인하하는 관세(수입가 급락 시 차익관세로 인상, 수입가 급등 시 활척관세로 인하)
      - 계절관세: 계절적 가격등락이 심한 수입품의 경우 국내 물가안정을 위해 인상 또는 인하하는 관세
      - 할당관세: 일정 Quota(수입수량 할당)까지는 무세 또는 저세율, 그 이상 수입분에 대해서는 고세율을 적용하는 이중관세
    - ② 편익관세: 국제협정상 협정국에 부과하는 저세율의 협정관세를 우호적으로 비협정국에도 편의상 적용하는 관세
- 협정세율 ②: 국제협정상 결정된 세율(③, ④, ⑤ 세율보다 낮은 경우만 우선 적용)

Q 234 수입 시 부과되는 기타 세액의 산출방법은?

수입상품에 부과되는 수입세에는 상기 관세 외에도 상품 종류에 따라 부과되는 특별소비세, 주세, 교육세 등의 부가가치세가 있다.

수입 시 부과되는 기타 세액의 산출방법

구분	대상품목	과세가격	세율(%)	비고
특별소비세	고급사치품	관세의 과세가격 + 관세	10~20	
주세	주류	관세의 과세가격 + 관세	10~150	
교육세	특별소비세품목	특별소비세액	30	
	주세품목	주세액	30	주세율 80% 이상
			10	주세율 80% 미만
부가가치세	모든 과세품목	모든 과세액 합계	10	

* FOB Busan 수입가격이 $1,000,000이고 운임이 $150,000이며 보험료가 $50,000일 경우, 이 품목의 관세가 8%이고 특별소비세가 30%이면 관세, 특별소비세, 교육세, 부가가치세 및 총 수입세금은 다음과 같다.
  · 관세 = ($1,000,000 + $150,000 + $50,000) × 8% = $96,000
  · 특별소비세 = ($1,200,000 + $96,000) × 30% = $388,800
  · 교육세 = $388,800 × 30% = $116,640
  · 부가가치세 = ($1,200,000 + $96,000 + $388,800 + $116,640) × 10% = $180,144
  · 총수입세금 = $781,584

PART 4

무역클레임의 예방과 해결방법

무역클레임이 발생하는 원인

Q 235 무역클레임의 개념은?

클레임(Claim)은 당사자 간 거래계약의 일부 또는 전부의 불이행으로 말미암아 발생하는 손해를 거래상대방에게 청구하는 것을 말한다.

클레임에는 수출업자와 수입업자 간에 계약 불이행에 따른 무역클레임(Business Claim 또는 Claim to Trade Dispute)과 화주가 선박회사나 보험회사에 대하여 손해배상을 청구하는 손상화물에 대한 손상화물클레임(Claim on Damaged Cargo)이 있는데, 일반적으로 클레임이라 할 때는 전자의 무역클레임을 말한다.

Q 236 무역클레임의 발생원인은?

무역을 하다보면 예기치 못한 클레임이 발생하는 경우가 있는데, 무역클레임의 발생원인은 매매계약체결 시 부주의 등으로 인한 직접적 원인과 양국 간 상관습의 차이 등에 의한 간접적 원인이 있다. 무역클레임에는 손해배상청구, 대금지급거절, 대금감액요청 등 금전을 내용으로 하는 클레임과 화물의 인수거절, 계약이행 청구, 잔여 계약분의 해제요청 등 금전 이외의 청구를 내용으로 하는 클레임이 있다.

무역클레임의 제기절차와 제기시한

Q 237 무역클레임의 제기절차는?

무역클레임의 제기절차

구분	내용
물품검사 및 통지	매수인은 물품수령 후 지체 없이 검사하고 하자가 발견된 즉시 매도인에게 통지해야 함
무역클레임 제기	• 하자 발견 후 매수인은 매매계약서상 약정된 클레임 제기 기한 내에 클레임을 제기해야 함 • 클레임 제기 시 상대방에게 제출할 구비서류 – 클레임진술서(6하원칙에 따라 작성) – 손해청구액 명세서 • 손해액과 제비용 입증서류(Survey Report 등)

매수인은 물품을 수령한 후 하자가 발견되면 지체 없이 매도인에게 클레임통지(Claim Notice)를 하고 매매계약서상에 약정된 클레임 제기 기한 내에 클레임진술서(Claim Statement) 등을 구비하여 정식 클레임을 청구해야 한다.

Q 238 무역클레임의 제기시한은?

무역클레임의 제기시한은 일반적으로 매매계약서상에 '클레임은 물품수령 후 14일 이내에 서면으로 제기할 것' 등과 같이 명확히 명시된다. 그러나 매매계약서 등에 클레임 제기시한을 명시하지 않은 경우 구미의 상관례는 일반적으로 '물품수령 후 상당한 기간 내(within a reasonable time)'에 클레임을 제기해야 한다. 여기서 상당한 기간은 화물의 성질에 따라 검사하고 하자를 발견하는 데 소요되는 합리적인 기간을 의미한다.

한편 우리나라는 물품수령 후 지체 없이 검사하고 하자 발견 즉시 클레임을 제기해야 한다. 단 하자를 즉시 발견할 수 없는 경우는 물품수령 후 6개월 이내에 클레임을 제기해야 한다(상법 제69조). 그러나 고의적 하자의 경우는 물품인수일로부터 10년 이내에 클레임을 청구할 수 있다(민법 제766조).

무역클레임의 제기시한

국가	관련법	클레임 제기시한
한국	상법(제69조)	• 물품수령 후 지체 없이 검사하고 하자 발견 즉시 클레임을 제기해야 함 • 단 하자를 즉시 발견할 수 없는 경우는 물품수령 후 6개월 이내에 클레임을 제기하면 됨
	민법(제766조)	고의적 하자의 경우는 물품인수일로부터 10년 이내에 클레임을 청구해야 함
미국	통일상법전 (UCC 제2-606조)	상당한 기간 내, 합리적 기간 내 (within a reasonable time)
국제협약	Warsaw Oxford Rules for CIF Contract, 1932(제19조)	합리적인 검사 기회(a reasonable opportunity of inspection)와 검사완료 후 3일 이내(within 3 days from the completion of such inspection) 통지해야 함
	The United Nations Convention on The Sales Contract on International Goods(국제물품 매매계약에 관한 UN협약: 일명 Vienna협약)(제39조)	실행가능한 단기간 내에 검사하고 합리적인 기간 내에 통지해야 함(늦어도 물품수령 후 2년 이내)

* 일본은 한국과 동일함.

클레임통지서(Claim Motice)

WILSON & CO., LTD.
50 Liberty Street, New York,
N.Y. 10005, U.S.A.

Haesung Ind. Co., Ltd. — *December* 15, 20___
C.P.O. Box 7917
Seoul, Korea

Gentlemen;

We have just received 150 *cases of chinaware you shipped by M.S. Arirang on our order No.* 689 *of August* 15, 2020, *but regret to inform you that cases of No.* 3 *and* 6 *are broken and their contents were badly damaged by the faulty packing.*

The details and amount of claim will be submitted to you as soon as we will obtain an authentic Survey Report thereof.

Your truly,
WILSON & CO., INC.

Phillip Adams
Vice-President

PA/jc

무역클레임을 해결하는 방법

Q 239 무역클레임의 해결방법은?

무역클레임을 해결하는 방법에는 당사자 간 해결방법과 제3자가 개입하여 해결하는 방법이 있다.

무역클레임의 해결방법

구분	무역클레임의 해결방법
당사자 간 해결	• 클레임 제기 포기(Waiver of Claim): 장래거래에 이익을 가져올 경우 • 화해(Amicable Settlement): 당사자 간 자주적인 교섭과 양보로 분쟁해결(화해성립 시 확정판결과 동일한 효력)

구분	무역클레임의 해결방법
제3자 개입 해결	• 알선(Intermediation): 제3자가 조언(강제구속력이 없음) • 조정(Conciliation): 제3자인 조정인이 제시하는 조정안에 대해 당사자가 합의함으로써 분쟁해결(조정안에 합의하면 화해에 의한 판정으로 처리) • 중재(Arbitration): 제3자인 중재인의 판정에 의해 분쟁해결(뉴욕협약상 법원의 확정판결과 동일한 효력) –중재신청 구비서류: 중재합의서(매매계약서 원본 또는 사본), 중재신청서, 청구의 근거서류, 중재요금 및 비용예납 –매매계약서상의 표준중재조항(Standard Arbitration Clause) "All disputes, controversies or differences which may arise between the parties, out of or in relation to or in connection with this contract, or for the breach thereof, shall be finally settled by arbitration in Seoul, Korea in accordance with the Commercial Arbitration Rules of the Korean Commercial Arbitration Board and under the Laws of Korea. The award rendered by the arbitratior(s) shall be final and binding upon both parties concerned." (이 계약으로부터 또는 이 계약과 관련하여 또는 이 계약의 불이행으로 말미암아 당사자 간에 발생하는 모든 분쟁, 논쟁 또는 의견 차이는 대한민국 서울특별시에서 대한상사중재원의 상사중재규칙 및 대한민국 법에 따라 중재인에 의하여 최종적으로 해결한다. 중재인(들)에 의하여 내려지는 판정은 최종적인 것으로 당사자 쌍방에 대하여 구속력을 가진다.)

* 소송(訴訟, Litigation)은 국가기관인 재판소의 판결에 의하여 강제적으로 해결하는 제도로 국제간의 거래에서는 거래상대가 법역을 달리하므로 우리나라의 재판권이 상대국에 미치지는 못한다는 문제점이 있다.

클레임 해결(Settlement of Claim)

HAESUNG INDUSTRIAL CO., INC.

c.p.o.Box 7917, Seoul Korea

Messrs. Wilson & Co., Inc. *Seoul, October 15, 20*

50 Liberty Street

New York, N.Y. 10005

U.S.A

Gentlemen:

We are very sorry to learn from your letter of October 5, that our Shipment of your Order No. 100 was inferior in quality.

Upon tracing our records, we find that our shipping clerk shipped sample No. 5 Cotton Goods instead of those of sample No. 10 for which your order was given.

We are very sorry for this carelessnness on out part. In order to adjust your claim at this time, we would like either to send you the right goods as soon as possible or to give you a special allowance of 20% off the invoice amount.

Please accept our apologies for the inconvenience we have caused you and let us know which of the above two adjustments is preferable to you

Yours very truly,

HAESUNG IND. CO., LTD

(Signed)

M.Y. Song

Director, Trading Dept.

MYS / mba

중재신청서

The Korean Commercial Arbitration Board

43RD FLOOR, TRADE TOWER (KOREA WORLD TRADE CENTER)
159, SAMSUNG-DONG, KANGNAM-KU, SEOUL 135-729, KOREA
Trade Center P.O. Box 50, CABLE: ARBITRATION
TEL: 551 - 2000—19. FAX: (02) 551-2020

To: The Korean Commercial Arbitration Board

REQUEST FOR ARBITRATION

1. Full Names and Addresses of Parties:
   (1) Claimant : Name of Corporation (1) GANADA Co., Ltd.
   Address (2) 159, Somsung-Dong, Kangmang-Ku, Seoul, Korea
   Name of Representative (3) Hong, Kil-Dong
   Name and Address of Agent, if any:
   Name (4) Son, Oh-Kong
   Address (5) 57-4 Sukcheon-Dong, Songpa-Ku Seoul, Korea

   (2) Respondent : Name of Corporation (6) ABC Corp., Inc.
   Address (7) 140 West 51st Street, New York, NY 10020-1203
   Name of Representative (8) James Lee

2. Purport of Request (Claim or Relief sought; amount, if any) :
   (9) As attached

3. Grounds for Request and Method of Proof : As attached
   (10)

Signature / Name : (11) Hong, Kil-Dong

Dated : (12) 2020. 3. 20.

Enclosures:
1. Signed copies of this request for arbitration .... five copies
2. The original or certified copy of the document evidencing agreement on arbitration under the Rules of the Korean Commercial Arbitration Board. .... five copies
3. The original or reproduced copy of documentary evidence, if any, proving the claim stated in this Request for Arbitration .... five copies
4. Certificate of Incorporation .... one copy
5. A power of attorney, in case where the request is made by an agent .... one copy

Q 240 중재판정의 효력과 뉴욕협약이란?

모든 국가를 구속시키는 국제적 사법제도는 아직 없다. 따라서 무역은 법역을 달리하는 두 국가 간의 상거래이므로 분쟁발생 시 어느 한 국가의 법률에 의한 분쟁해결 시 타방에 대한 강제집행의 한계성이 있다.

즉 법원판결의 국제적 효력은 각국 법률에 따라 상이하다. 우리나라의 법률질서에 적합할 수 있는 일정한 요건을 갖춘 경우에만 제한적으로 그 효력을 인정한다.

그러므로 국제무역에서는 일반적으로 매매계약서상에 분쟁발생 시 국제 상관례에 기초를 둔 국제상사중재원의 상사중재규칙에 따른다고 명시하는 것이 일반적이다.

그리고 상사중재원의 판정은 뉴욕협약상 양 당사자를 구속한다. 단 뉴욕협약에 가입하지 않은 국가는 강제구속력이 없다.

UN경제사회이사회의 주도하에 1958년 6월 10일 미국 뉴욕에서 '외국 중재판정의 승인 및 집행에 관한 국제연합협약(The United Nations Convention on Recognition and Enforcement of Foreign Arbitral Awards: 약칭 뉴욕협약)'이 채택됨으로써 뉴욕협약 체약국 간에는 외국 중재판정의 승인 및 집행이 보장받게 되었다.

중재판정의 효력은 법원의 확정판결과 동일한 효력을 가진다. 그러나 강제집행을 하기 위해서는 별도로 법원의 집행판결로 중재판정의 적법성이 선언되어야만 강제집행력이 부여된다.

뉴욕협약 가입국 현황

(2019년 7월 17일 현재 160개국)

Afghanistan	Cyprus	Latvia	Rwanda
Albania	Czech Republic4	Lebanon	San Marino
Algeria	Democratic Republic	Lesotho	Sao Tome and
Andorra	of the Congo	Liberia	Principe
Angola	Denmark	Liechtenstein	Saudi Arabia
Antigua and Barbuda	Djibouti	Lithuania	Senegal
Argentina	Dominica	Luxembourg	Serbia2
Armenia	Dominican Republic	Madagascar	Singapore
Australia	Ecuador	Malaysia	Slovakia4
Austria	Egypt	Maldives	Slovenia2
Azerbaijan	El Salvador	Mali	South Africa
Bahamas	Estonia	Malta	Spain
Bahrain	Fiji	Marshall Islands	Sri Lanka
Bangladesh	Finland	Mauritania	St. Vincent and the
Barbados	France	Mauritius	Grenadines
Belarus	Gabon	Mexico	State of Palestine
Belgium	Georgia	Monaco	Sudan
Benin	Germany5,6	Mongolia	Sweden
Bhutan	Ghana	Montenegro7	Switzerland
Bolivia(Plurinational	Greece	Morocco	Syrian Arab
State of)	Guatemala	Mozambique	Republic10
Bosnia and	Guinea	Myanmar	Tajikistan
Herzegovina2	Guyana	Nepal	Thailand
Botswana	Haiti	Netherlands	Trinidad and Tobago
Brazil	Holy See	New Zealand	Tunisia
Brunei Darussalam	Honduras	Nicaragua	Turkey
Bulgaria	Hungary	Niger	Uganda
Burkina Faso	Iceland	Nigeria	Ukraine11
Burundi	India	North Macedonia2,8	United Arab Emirates
Cabo Verde	Indonesia	Norway	United Kingdom of
Cambodia	Iran(Islamic Republic	Oman	Great Britain and
Cameroon	of)	Pakistan	Northern Ireland12
Canada	Ireland	Panama	United Republic of
Central African	Israel	Papua New Guinea	Tanzania
Republic	Italy	Paraguay	United States of
Chile	Jamaica	Peru	America
China3	Japan	Philippines	Uruguay
Colombia	Jordan	Poland	Uzbekistan
Comoros	Kazakhstan	Portugal9	Venezuela (Bolivarian
Cook Islands	Kenya	Qatar	Republic of)
Costa Rica	Kuwait	Republic of Korea	Viet Nam
Côte d'Ivoire	Kyrgyzstan	Republic of Moldova	Zambia
Croatia2	Lao People's	Romania	Zimbabwe
Cuba	Democratic Republic	Russian Federation	

PART

5

무역의 바이블, 인코텀즈 2020

인코텀즈의 제정과 개정경위

Q 241 인코텀즈(Incoterms)란?

국제무역은 법규 및 관례가 서로 다른 국가 간에 이루어지므로 분쟁이 자주 발생하였다. 특히 FOB, CIF 등 인도조건의 해석에서 위험 및 비용 부담에 대하여 분쟁이 많았다.

이처럼 무역조건에 대한 해석이 각국의 상관습에 따라 상이하므로 ICC(International Chamber of Commerce: 국제상업회의소)가 제정한 무역조건의 해석에 관한 국제규칙(International Rules for the Interpretation of Trade Terms)이 바로 Incoterms(약칭International Commercial Terms)다.

Q 242 인코텀즈 이외의 무역조건 관련 국제규칙은 없나?

인코텀즈 이외에도 무역조건 관련 국제규칙은 대표적으로 다음과 같은 두 가지가 있다.

1. Revised American Foreign Trade Definitions, 1941(개정미국무역정의)
2. WarsawOxford Rules for CIF Contract, 1932(CIF 계약에 관한 워소-옥스퍼드 규칙)

Revised American Foreign Trade Definitions, 1941(개정미국무역정의)상 FOB는 내륙, 부두, 공항 등에 두루 사용할 수 있는 조건이며, 특히 FOB (on) Vessel은 수출화물이 선적항의 본선에 적재완료된 시점에 위험 및 비용이 분기된다.

WarsawOxford Rules for CIF Contract, 1932(CIF 계약에 관한 워소-옥스퍼드 규칙)상 CIF는 수출물품이 선적항의 본선에 적재완료된 시점에 위험이 이전되며, 비용은 수출상이 도착항까지 운임 및 보험료를 추가 부담한다.

Q 243 인코텀즈의 개정경위는?

인코텀즈는 1936년 제정되어 1953년, 1967년, 1976년, 1980년, 1990년, 2000년, 2010년 및 최근인 2020년에 8차 개정되어 오늘에 이르고 있다,

Q 244 인코텀즈는 강제 구속력이 있는가?

인코텀즈는 국제규칙이지만 그 자체만으로는 강제 구속력이 없다. 따라서 반드시 매도인과 매수인이 매매계약을 체결할 때 매매계약서상 인코텀즈 규정에 따른다는 명시적 표시를 해야만 구속력이 있다.

Q 245 인코텀즈 사용 시 표기 방법은?

앞에서 언급한 바와 같이 인코텀즈는 반드시 매매계약서상 인코텀즈 규정에 따른다는 명시적 표시를 해야만 구속력이 있으며, 인코텀즈 사용 시 표기방법은 다음과 같다.

FOB Busan port Incoterms 2020

또는 FOB Busan port, Incoterms 2020

Q 246 인코텀즈의 역할은?

국제무역은 법규 및 관례가 서로 다른 국가 간에 이루어지므로 분쟁이 자주 발생하였다. 특히 FOB, CIF 등 인도조건의 해석에서 위험 및 비용 부담에 대하여 분쟁이 많았다. 인코텀즈는 국제무역에서 매도인과 매수인 간에 위험의 이전과 비용의 부담범위에 대하여 명확히 규정함으로써 분쟁을 사전에 예방하는 역할을 한다.

Q 247 인코텀즈와 계약서 내용이 상이할 경우 무엇이 우선하는가?

인코텀즈 규정과 매매계약서상 내용이 상이할 수도 있다. 이 경우는 당사자 간에 합의한 매매계약서 내용이 인코텀즈 규정보다 우선한다.

Q 248 최근 개정된 인코텀즈 2020이 출현되었음에도 인코텀즈 2010이나 인코텀즈 2000도 사용 가능한가?

가장 최근 개정된 것이 인코텀즈 2020이지만 당사자 간에 합의만 하면 인코텀즈 2010도, 인코텀즈 2000도 사용 가능하다.

이 경우 표시방법은 다음과 같다.

예 1: DAT Seattle port Incoterms 2010

예 2: DES Seattle port, Incoterms 2000

Q 249 인코텀즈를 변형하여 사용하는 것이 가능한가?

인코텀즈는 강제 규정이 아니므로 계약 당사자 간에 인코텀즈를 변형해 사용할 수 있다. 인코텀즈보다 계약 당사자 간 합의가 우선하므로 인코텀즈의 변형 사용이 가능하다.

예 1: "FOB stowed": 매도인이 선적비용뿐만 아니라 선적 후 갑판 위에서 적재하는 비용도 부담하는 조건이다.

예 2: "DDP, VAT unpaid": 매도인이 수입관세는 지불하지만 부가가치세는 매수인이 지불하는 조건이다.

예 3: "EXW, loaded": 매도인이 상차해주는 조건이다.

그러나 당사자 간에 분쟁이 발생할 경우 객관적인 해석 기준이 없으므로 가능한 한 인코텀즈를 사용하는 것이 바람직하다. 위의 예3에서 "EXW, loaded"를 매도인이 상차해주는 조건으로 간주할 수도 있고 매수인이 상차해주는 조건으로 간주할 수도 있기 때문이다.

Q 250 신용장 거래에 가장 적합한 인코텀즈는?

인코텀즈는 대금결제방법과는 무관하다. 따라서 인코텀즈는 모든 대금결제방법에 두루 사용할 수 있다. 즉 신용장(L/C: Letter of Credit) 거래에는 물론 전신환(TT: Telegraphic Transfer) 거래에도 사용 가능하다. 예컨대, FOB 조건의 경우 L/C는 물론 모든 거래방법에 사용 가능하다. 바꾸어 말하면 L/C 거래 시에 인코텀즈 2020의 11개 무역조건 무엇이든 사용 가능하다.

Q 251 인코텀즈의 위험이전과 소유권이전은 관련이 있는가?

인코텀즈의 11개 무역조건을 규정한 위험이전(Transfer of risk)과 물품에 대한 소유권의 이전(Transfer of title/ownership to the goods)은 전혀 무관하다. 인코텀즈에는 물품의 소유권 이전에 대하여는 어떤 언급도 없다. 인코텀즈에는 위험과 비용 이전에 대하여만 명시되어 있다.

소유권 이전은 대금결제와 관련되며 인코텀즈는 대금결제와 전혀 관련이 없다. 예컨대, FOB의 경우 물품이 선적항 본선 갑판 위에 안

착할 때 위험과 비용이 이전되지만 대금결제는 선불일 수도 있고 후불일 수도 있다.

Q 252 선하증권에도 인코텀즈가 표시되는가?

선하증권을 발행하는 선사는 고객인 화주가 요구하는 대로 선하증권을 발행한다. 선사는 선하증권 발행시기도 물품을 받은 즉시 발행하든 선적 후 발행하든 고객 화주가 요구하는 대로 발행해주고 운임만 받으면 되기 때문이다. 따라서 선하증권에 운임선불(Freight Prepaid), 운임후불(Freight Collect)만 표시되며 인코텀즈는 표기되지 않는다.

Q 253 해상보험에 관하여 명시한 인코텀즈 조건은?

일반적으로 보험을 부보할지 부보하지 않을지는 계약 당사자 재량이다. 그러나 인코텀즈 2020의 CIF 및 CIP 조건은 매도인이 보험을 부보하도록 명시되어 있다. 두 조건 모두 위험이전시점과 비용분기점이 상이하기 때문이다. 즉 두 조건 모두 매수인의 부탁으로 매도인이 대신 부보하기 때문에 보험에 관한 부보규정을 명시하고 있다.

Q 254 인코텀즈는 국내거래에도 사용 가능한가?

인코텀즈는 국제거래뿐만 아니라 국내거래에도 사용 가능하다. 인코텀즈 규칙에 명확히 명시되어 있다.

인코텀즈 2020의 특징

Q 255 인코텀즈 2020의 구성은?

인코텀즈 2020은 다음과 같이 11개 조건으로 구성되어 있다.

11 Rules at a glance

RULES FOR ANY MODE OF TRANSPORT

EXW – Ex Works

FCA – Free Carrier

CPT – Carriage Paid To

CIP – Carriage and Insurance Paid to

DAP – Delivered At Place

DPU – Delivered at Place Unloaded → **Replaces DAT (Delivered At Terminal)**

DDP – Delivered Duty Paid

RULES FOR SEA AND INLAND WATERWAY TRANSPORT ONLY

FAS – Free Alongside Ship

FOB – Free On Board

CFR – Cost and Freight

CIF – Cost Insurance and Freight

Q 256 인코텀즈 2020에서 새로 등장한 무역조건은?

인코텀즈 2020에서 새로 등장한 무역조건은 DPU다. 그러나 인코텀즈 2010의 DAT를 명칭만 변경한 것이다.

Q 257 인코텀즈 2010에서 사라진 무역조건은?

인코텀즈 2010에서 사라진 무역조건은 DAT이다. 그러나 인코텀즈 2010의 DAT가 인코텀즈 2020에서 DPU로 변경된 것이므로 엄격히 말하면 사라진 것이 아니라 명칭만 변경한 것이다.

Q 258 인코텀즈 2010의 DAT가 폐기되고 새로 DPU가 등장한 이유는?

인코텀즈 2010의 DAT 조건은 사용지침(Guidance Note)에서 "Terminal"이라는 용어를 광범위하게 정의하여 터미널은 물론 지붕 유무를 불문하고 모든 장소가 포함하도록 정의되었다.

그렇다면 인코텀즈 2010에서 DAT와 DAP의 유일한 차이점은 DAT 조건은 매도인이 물품을 도착운송수단으로부터 양하 후 매수인에게 인도해야 했고, DAP 조건은 매도인이 물품을 도착운송수단으로부터 양하하지 않고 도착운송수단에 적재된 상태에서 매수인에게 인도해야 했다.

인코텀즈 2010 개정 당시 매도인의 위험부담 순서로 배열한다면 당초 도착운송수단에 적재된 채 인도되는 DAP가 앞에 배열되고 도착운송수단에서 양하 후 인도되는 DAT가 나중에 배열되어야 했다.

따라서 인코텀즈 2020에서는 DAT(Delivered At Terminal)를 DPU (Delivered at Place Unloaded)로 명칭을 변경하고, 매도인의 위험부담범

위 순서에 따라 매도인이 도착운송수단에 적재된 채 인도되는 DAP를 앞에 배열하고, 매도인이 도착운송수단에서 양하 후 인도되는 DPU를 그다음에 배열하게 되었다.

Q 259 인코텀즈 2020의 CIF 및 CIP 조건에서 최소부보조건은?

인코텀즈 2010에서는 CIF 및 CIP 조건 모두 최소부보의무는 ICC (C)였다. 그러나 인코텀즈 2020에서 CIF 조건의 최소부보의무는 기존의 ICC(C)와 동일하고 CIP 조건의 부보의무는 ICC(A)로 확대되었다.

개정 당초에는 CIF 및 CIP 조건 모두 ICC(A)로 확대하려 했으나 1차 상품의 경우 ICC(C)로 부보하는 경우가 많아 이를 감안하여 CIF 조건의 최소부보의무는 기존의 ICC(C)와 동일하고, CIP 조건의 부보의무는 ICC(A)로 확대되었다.

그러나 인코텀즈 2020에서 이번에 개정된 CIP 조건의 담보범위 확대는 그다지 중요하지 않은 내용이다. 왜냐하면 CIF 조건에서도 계약당사자 간에 담보범위가 넓은 ICC(A)로 하고 거래가격을 높게 계약할 수 있으며, CIP 조건에서도 계약당사자 간에 담보범위가 좁은

ICC(C)로 하고 거래가격을 낮게 계약할 수 있기 때문이다.

Q 260 인코텀즈 2020의 FCA 조건에서 본선적재표시 선하증권도 사용 가능한가?

계약 당사자 간에 물품이 FCA 조건으로 매매되고 해상으로 운송될 경우, 매도인이나 매수인(신용장거래 시 거래은행)이 본선적재표기(on-board notation) 선하증권(B/L)을 요구할 수 있다. 그러나 FCA 조건에서 매도인의 인도의무는 물품이 선적되기 전 매수인이 지정한 장소에서 운송인에게 인도 시 종료된다.

그리고 선사는 운송계약상 통상 물품이 실제로 선적된 후 선적(on board) 선하증권(B/L)을 발행하는 것이 일반적이다. 이러한 국제상관례를 감안하여 인코텀즈 2020 FCA 조건의 A6/B6 조항에서 매도인과 매수인이 합의한 경우 매수인은 선사로 하여금 매도인에게 본선적재 선하증권을 발행하도록 지시할 수 있게 새로 규정하였다. 그러나 매도인은 선적에 대하여는 어떠한 의무도 없음을 강조하였다.

Q 261 인코텀즈 2020의 FCA, DAP, APU 및 DDP 조건에서 자신의 운송수단에 의한 운송이 가능한가?

인코텀즈 2010에서는 물품이 매도인으로부터 매수인에게 운송되어야 하는 경우 제3자 운송인에게 아웃소싱하여 물품을 운송하는 것으로 가정되었다. 그러나 인코텀즈 2020에서는 매수인이나 매도인이 운송을 제3자 운송인에게 아웃소싱할 수도 있고, 매도인이나 매수인 자신의 운송수단에 의한 운송도 가능함을 명시적으로 규정하였다.

즉 인코텀즈 2020의 FCA 조건에서 매수인은 자신의 물품을 수취하기 위하여 자기 운송수단을 사용할 수 있으며, DAP 및 DPU 조건에서 매도인은 운송을 제3자 운송인에게 아웃소싱하지 않고 자기 운송수단을 사용할 수 있다.

Q 262 인코텀즈 2020의 11개 조건 내의 조항 배열순서는?

물품의 인도 및 인수, 위험이전, 운송 및 보험 등 중요도에 따라 배열 순서를 변경하였다.

Incoterms 2010 각 조건 내의 조항 배열	Incoterms 2020 각 조건 내의 조항 배열
A1. General Obligation 일반의무(개정 후와 동일)	A1. General Obligation 일반의무(개정 전과 동일)
A2. Licences, authorizations, security clearances and otherformalities 허가, 인가, 보안통관 및 기타절차(개정 후 A7)	A2. Delivery /Taking delivery 인도/인수(개정 전 A4)
A3. Contracts of carriage and insurance 운송계약과 보험계약(개정 후 A4와 A5 분리)	A3. Transfer of risks 위험이전(개정 전 A5)
A4. Delivery/Taking delivery 인도/인수(개정 후 A2)	A4. Carriage 운송(개정 전 A3)
A5. Transfer of risks 위험이전(개정 후 A3)	A5. Insurance 보험(개정 전 A3)
A6. Allocation of costs 비용분담(개정 후 A9)	A6. Delivery/transport document 인도/운송 서류(개정 전 A8)
A7. Notices to the buyer/the seller 매수인/매도인에 대한 통지(개정 후 A10)	A7. Export/Import Clearance 수출/수입 통관(개정 전 A2)
A8. Delivery document/Proof of delivery 인도서류/인도의 증명(개정 후 A6)	A8. Checking/packing/marking 검사/포장/화인(개정 전 A9)
A9. Checking – packing – marking 검사–포장 – 화인(개정 후 A8)	A9. Allocation of costs 비용분담(개정 전 A6)
A10. Assistance with information and related costs 정보에 관한 협조 및 관련 비용(개정 후 A4, A7, A9)	A10. Notices 통지(개정 전 A7)

Q 263 인코텀즈 2020 비용분담 조항의 특징은?

인코텀즈 2010에서는 매도인과 매수인이 부담할 비용 부담에 대한 내용이 여러 조항에 있으므로 A6. Allocation of costs(비용 분담) 조항에 매도인과 매수인이 부담할 비용 부담에 대한 내용을 포괄적으로 규정하였다.

그러나 인코텀즈 2020에서는 매도인과 매수인이 부담할 비용 부담에 대한 내용이 앞의 여러 조항에 명시되어 있지만 다시 한번 A9. Allocation of costs(비용 분담) 조항에 매도인과 매수인이 부담해야 하는 비용을 운임, 보험료, 통관비용, 보안비용 등 구체적으로 일목요연하게 나열하여 명시하였다.

이렇게 개정된 이유는 매도인과 매수인이 각자 부담해야 할 비용을 최종적으로 한눈에 쉽게 알 수 있도록 하기 위해서다.

Q 264 인코텀즈 2020의 보안 관련 의무 및 비용은?

인코텀즈 2010에서는 보안 관련 요건이 A2/B2(Licenses, authorizations,

security clearances and other formalities: 허가, 인가, 보안통관 및 기타 절차)와 A10/B10(Assistance with information and related costs: 정보에 관한 협조 및 관련비용)에 강력하지 않고 미미하게 규정되어 있었다.

그러나 인코텀즈 2020에서는 테러 등을 고려하여 보안 관련 의무를 강화하여 A4(Carriage: 운송)와 A7(Export/Import Clearance: 수출통관)에 강화된 보안 관련 의무를 명시하고 보안 관련 비용도 A9/B9(Allocation of costs: 비용분담)에 명확히 규정하였다.

Q 265 인코텀즈 2020의 11개 무역조건별 서두에 있는 사용자를 위한 안내 지침은?

인코텀즈 2010에서는 11개 무역조건별 서두에 "안내 지침(Guidance Note)" 내용이 위험이전 위주로 내용이 1페이지 내외였다.

그러나 인코텀즈 2020에서는 11개 무역조건의 서두에 "사용자를 위한 안내 지침(Explanatory Notes for Users)"으로 변경되면서 위험이전은 물론 비용부담과 수출입절차 등의 설명이 추가되어 설명 내용이 3페이지 내외로 확대되었다.

인코텀즈 2020의 11개 무역조건별 내용

Q 266 육상운송, 해상운송, 항공운송, 복합운송 등 모든 운송수단에 사용 가능한 조건은?

인코텀즈 2020에서 육상운송, 해상운송, 항공운송, 복합운송 등 모든 운송수단에 사용할 수 있는 무역조건은 다음 7가지 조건이다.

EXW: Ex Works

FCA: Free Carrier

CPT: Carriage Paid To

CIP: Carriage and Insurance Paid to

DAP: Delivered At Place

DPU: Delivered at Place Unloaded

DDP: Delivered Duty Paid

Q 267 해상운송에만 사용 가능한 조건은?

인코텀즈 2020에서 해상운송 및 내륙수로에만 사용할 수 있는 무역조건은 다음과 같은 4가지다.

FAS: Free Alongside Ship

FOB: Free On Board

CFR: Cost and Freight

CIF: Cost, Insurance and Freight

Q 268 EXW란?

EXW(Ex Works)는 공장인도조건으로 수출국가 수출상의 공장 장소가 지정된다.

- 위험이전: 매도인의 작업장 구내에서 매수인이 임의처분할 수 있도록 물품 인도 시
- 비용 부담: 매도인은 '위험이전'까지 제 비용 부담
- 통관: 수출통관 및 수입통관 모두 매수인

Q 269 FCA란?

FCA(Free Carrier)는 운송인인도조건으로 수출국 공장이나 여타 장소가 지정된다.

- 위험이전: 매도인이 매수인이 지정한 운송인에게 수출통관된 물품 인도 시(매도인 공장 내에서 인도 시는 적재 인도, 영업구내가 아닌 경우 적재된 채 인도)
- 비용 부담: 매도인은 '위험이전'까지 제 비용 부담(선적선하증권 및 자가운송 가능)
- 통관: 수출통관은 매도인/수입통관은 매수인

Q 270 CPT란?

CPT(Carriage Paid To): 운송비지급인도조건으로 수입국의 지정목적지가 기재된다.

- 위험이전: 물품이 약정된 일자 또는 기간 내에 지정목적지까지 운송할 운송인의 보관하에 또는 후속운송인이 있을 경우 최초 운송인에게 물품인도 시
- 비용 부담: 매도인은 FCA 조건 + 지정된 목적지까지 물품운송비 부담
- 통관: 수출통관은 매도인/수입통관은 매수인

Q 271 CIP란?

CIP(Carriage and Insurance Paid to)는 운송비보험료지급인도조건으로 수입국의 지정목적지가 기재된다.

- 위험이전: 물품이 약정된 일자 또는 기간 내에 지정목적지까지 운송할 운송인의 보관하에 또는 후속운송인이 있을 경우 최초 운송인에게 물품인도 시
- 비용 부담: 매도인은 CPT 조건+지정된 목적지까지 적하보험료 부담(부보: ICC(A) 또는 ICC(All Risks))
- 통관: 수출통관은 매도인/수입통관은 매수인

Q 272 DAP란?

DAP(Delivered At Place)는 도착장소인도조건으로 수입국의 지정목적지가 기재된다.

- 위험이전: 지정목적지에서 도착운송수단에 실린 채 양하 준비된 상태로 매수인의 처분하에 놓인 때
- 비용 부담: 매도인은 '위험이전'까지 제 비용 부담(자가운송 가능)
- 통관: 수출통관은 매도인/수입통관은 매수인

Q 273 DPU란?

DPU(Delivered at Place Unloaded)는 도착지양하인도조건으로 수입국의 지정목적지가 기재된다.

- 위험이전: 도착운송수단으로부터 양하된 상태로 지정목적지에서 매수인의 처분하에 놓인 때
- 비용 부담: 매도인은 '위험이전'까지 제 비용 부담(자가운송 가능)
- 통관: 수출통관은 매도인/수입통관은 매수인

Q 274 DDP란?

DDP(Delivered Duty Paid): 관세지급인도조건으로 수입국의 지정목적지가 기재된다.

- 위험이전: 약정된 일자 또는 기간 내에 매도인이 지정된 수입국 내의 목적지점에서 도착운송수단에 적재된 채 매수인의 임의처

분하에 인도한 때

- 비용 부담: 매도인은 '위험이전'까지 제 비용 부담(자가 운송 허용) +관세
- 통관: 수출통관 및 수입통관 모두 매도인

Q 275 FAS란?

FAS(Free Alongside Ship)는 선측인도조건으로 수출국의 선적항구가 지정된다.

- 위험이전: 물품을 지정선적항의 부두에 또는 부선으로 본선의 선측에 인도했을 때 또는 그렇게 인도된 물품을 조달한 때
- 비용 부담: 매도인은 '위험이전'까지 제 비용 부담
- 통관: 수출통관은 매도인/수입통관은 매수인

Q 276 FOB란?

FOB(Free On Board)는 본선인도조건으로 수출국의 선적항구가 지정된다.

- 위험이전: 물품을 지정선적항에서 본선에 적재했을 때(on board) 또는 그렇게 인도된 물품을 조달한 때
- 비용 부담: 매도인은 '위험이전'까지 제 비용 부담
- 통관: 수출통관은 매도인/수입통관은 매수인

Q 277 CFR란?

CFR(Cost and Freight)은 운임포함인도조건으로 수출국의 선적항구가 지정된다.

- 위험이전: 물품을 지정선적항에서 본선에 적재했을 때(on board) 또는 그렇게 인도된 물품을 조달한 때

- 비용 부담: 매도인은 FOB 조건+목적항까지 운임 부담
- 통관: 수출통관은 매도인/수입통관은 매수인

Q 278 CIF란?

CIF(Cost, Insurance and Freight)는 운임보험료포함인도조건으로 수출국의 선적항구가 지정된다.

- 위험이전: 물품을 지정선적항에서 본선에 적재했을 때(on board) 또는 그렇게 인도된 물품을 조달한 때
- 비용 부담: 매도인은 CFR 조건+목적항까지 보험료 부담(부보: ICC(C) 또는 ICC(FPA))
- 통관: 수출통관은 매도인/수입통관은 매수인

PART
6

초보자도 할 수 있는
무역영어

무역영어는 초보자도 가능한가

Q 279 무역영어란?

영어는 전 세계 어느 국가에서든 의사소통이 가능하므로 만국공용어라고도 한다. 국제무역을 수행하는 데서 수많은 다양한 언어가 있는 국가 간에 각국 언어가 사용될 경우 의사소통 및 해석에 따른 어려움이 많이 야기된다. 따라서 국제무역은 거의 대부분 영어로 이루어진다.

무역영어(Business English)는 국제간의 상거래인 무역을 하는 데 사용되는 영어로 거래제의서신, 물품매도확약서, 매매계약서, 신용장, 선하증권, 보험증권, 상업송장, 환어음 등 무역거래 전반에 수반되는 무역통신문과 거래상대방과 거래교섭에 수반되는 무역회화를 총칭한다.

무역을 하려면 무역실무 및 무역영어에 관한 충분한 지식이 있어야 하는데, 이는 거래제의에서부터 선적을 완료하고 대금회수에 이르기까지 일련의 무역절차가 일정한 관행과 무역영어로 이루어지기 때문이다.

Q 280 무역영어는 초보자도 가능한가?

앞에서 살펴본 바와 같이 무역영어는 무역통신문과 무역영어회화로 구분할 수 있다. 무역통신문은 거래제의서신, 물품매도확약서, 매매계약서, 신용장, 선하증권, 보험증권, 상업송장, 환어음 등 무역거래에 수반되는 영문무역서류를 의미하며 무역영어회화는 거래상대방과 거래교섭에 수반되는 영어회화를 의미한다.

무역통신문은 국제무역의 수행에 따르는 영문무역서류를 작성하고 해석할 수 있는 수준이면 충분하며 무역영어회화는 일반생활영어와 동일하다. 그러나 무역통신문을 올바르게 작성하고 해석하려면 수출입절차 단계별로 요구되는 영문무역서류를 이해해야 한다.

따라서 무역실무를 모르고 오직 영어만 능통하다고 무역영어를 잘하는 것은 아니다. 즉 꽃피는 봄날 등 미사여구를 써서 많은 분량의 글을 작성하는 것은 무역통신문 작성에서 금기사항이다. 무역통신문은 일정한 틀에 박힌 양식에 꼭 필요한 내용만 간단명료하게 작성하며 거래내용만 명확히 전달되면 충분하다. 따라서 무역통신문은 중학교 영어 수준이면 초보자도 누구나 작성하고 해석할 수 있다.

단지 공부를 위한 영어는 잘 익혀지지 않지만 무역으로 돈을 벌기 위한 영어는 단 한번에 귀가 뚫린다는 것을 무역을 경험한 사람이면 누구나 공감할 것이다.

무역통신문은 어떻게 작성하나

Q 281 무역통신문의 작성원칙은?

무역영어는 대개 권리와 의무가 수반되기 때문에 정확하고 분명해야 하며 간단하면서도 완벽하고 정중한 태도로 작성해야 한다.

무역통신문의 작성원칙

원칙	설명
① 정확성(Correctness)	• 내용과 형식에서 정확하게(특히 문법 및 문장구조면에서)
② 명료성(Clearness)	• 의미가 분명하고 쉽게(오해의 여지가 없게)

원칙	설명
③ 간결성(Conciseness)	• 용건만 간단히(지나친 생략으로 내용을 손상시키지 않는 범위 내에서)
④ 완벽(Completeness)	• 상대방이 알아야 할 것은 빠짐없이 완벽하게(특히 상대방이 문의한 내용은 상세하게)
⑤ 예의(Courtesy)	• 정중하고 우호적인 태도로(친선관계를 창출할 수 있도록)

Q 282 무역서신의 구성요소는?

무역서신의 구성요소는 서두, 작성일자, 수신인 주소, 서두인사, 본문, 결문인사, 서명 등 반드시 포함되어야 하는 필수 구성요소와 참조번호, 특정 수신인, 서신의 제목, 서신책임자 식별기호, 동봉물 표시, 사본 배부처, 추신 등 필요에 따라 표기되는 부수 구성요소로 되어 있다.

무역서신의 구성요소와 명칭

① 서두	LETTERHEAD	
② 날짜		Date
⑧ 참조번호		Reference No.
③ 수신인 주소	Inside Address ------------------------------ -- --	
⑨ 특정 수신인	Attention:	
④ 서두인사	Salutation:	
⑩ 서신의 제목	Subject	
⑤ 본문	-------------- Body of Letter -------------- --	
⑥ 결문인사		Complimentary Close,
회사명		Company's Name
⑦ (서명)		(Writer's Signature)
성명 및		Writer's Typed Name
직책		Title
⑪ 서신책임자 식별기호	Initials	
⑫ 동봉물 표시	Enclosures Direction	
⑬ 사본 배부처	Carbon Copy Notation	
⑭ 추신	-------------- Postscript -------------- --	

Q 283 무역서신의 필수 구성요소는?

① Letterhead(서두)

일반적으로 무역서신 용지 윗부분에 발신자의 상호, 주소, 전신약호, 전화번호, FAX번호 등이 인쇄되어 있는데 이것을 말한다.

② Date(작성일자)

작성일자를 표시하는 방법에는 American Style(예컨대 May 10, 2020)과 English Style(예컨대 10 May, 2020)이 있다.

③ Inside Address(수신인 주소)

수신인의 회사명과 주소를 기재하는 것으로 대개 3~4행으로 기재한다. Mr., Mrs., Dr. 등의 호칭은 이름 앞에 와야 하고 Manager, President 등의 직위를 나타내는 단어는 이름 뒤에 와야 한다.

④ Salutation(서두인사)

서신 본문이 시작되기 전 인사말로 우리말의 '근계(謹啓)(삼가 아룁니다)'에 해당한다. Salutation은 Inside Address에서 2행 정도 아래에 좌측여백선(Lefthand Marginal Line)부터 시작하며, Inside Address 수신인의 단·복수에 따라 Salutation을 맞춘다.

Salutation에는 American Style(예컨대 Dear Sirs:)과 English Style(예컨대 Dear Sirs,)이 있으며 예의 정도에 따라 다음과 같은 Salutation을 사

용한다.

⑤ Body of Letter(본문)

무역서신의 본문은 그 서신 본 내용의 행간(Between Lines)은 Single Space로 하고, 절간(Between Paragraph)은 Double Space로 하는 것이 일반적이다. 서신 내용이 2장 이상일 경우 다음 용지는 Letterhead가 없는 용지를 사용한다.

⑥ Complimentary Close(결문인사)

결문인사는 본문이 끝난 후 인사말로 본문 2행 아래 중앙에서 시작된다.

결문인사의 첫 글자는 대문자로 시작하고 끝에는 Comma(,)를 찍으며 예의 정도에 따른 결문인사의 종류는 표와 같다.

⑦ Signature(서명)

서명은 그 서한의 책임소재를 분명히 하기 위하여 자필로 해야한다.

예의 정도에 따른 Salutation의 종류

	Man	Woman
Most Formal	Sir,	Madam,
Formal	Dear Sir, My dear Sir,	Dear Madam, My dear Madam,

	Man	Woman
Less Formal	Dear My dear Mr. Kim, Mr. Kim,	Dear Mrs. Kim, My dear Mrs. Kim,
Friendly	Dear Kim, My dear Kim,	Dear Kim, My dear Kim,

Complimentary Close의 종류

	Complimentary Close	Remarks
Common Close	Yours truly, Yours very truly, Very truly yours, Yours faithfully, Faithfully yours,	always correct popular in U.S.A. most popular in U.S.A. most common in U.K. sometimes in U.K.
Formal Close	Respectfully, Yours respectfully, Respectfully yours, Very respectfully yours, Regards, Best regards,	
Personal and Friendly Close	Sincerely, Yours sincerely, Sincerely yours, Very sincerely, Most sincerely, Cordially, Cordially yours,	

무역서신의 부수 구성요소는?

⑧ Reference Number(참조번호)

Reference No.는 File No.라고도 하며 무역서신의 정리나 조회의 편의상 일련번호를 부여하는 것으로 Inside Address 위 Date 아래에 기재하는 것이 일반적이다.

⑨ Attention(특정 수신인)

Attention은 Particular Address로 서신내용의 성질에 따라 상대편 회사의 특정부서 또는 특정인에게 보내기를 원할 때 사용한다.

⑩ Subject of Letter(서신의 제목)

서신 전체의 내용을 한눈에 쉽게 파악할 수 있도록 'Re:'(~에 관한 건) 등을 명시하고 서신의 제목을 붙이는 것이 일반적이며 Underline을 하는 것이 좋다.

⑪ Initials(서신책임자 식별기호)

Initials는 Identification Marks라고도 하며 서신책임자의 책임소재를 명확히 하기 위하여 서명자(Signer), 서신작성자(Dictator) 및 타이피스트(Typist) 등의 성명 첫 글자를 서명란 아래 좌측 여백선에서부터 기재한다.

예컨대 Robert Brown이 Signer이고 William Samuelson이

Dictator 그리고 Jane Baker가 Typist인 경우 Initial은 'RB/WS/JB' 또는 'RB:WS:JB'로 표기한다.

⑫ Enclosures Direction(동봉물 표시)

서신에 동봉물이 있을 경우는 Initials 줄 밑에 'Encl.:B/L' 등으로 표기한다.

⑬ Carbon Copy Notation(사본 배부처)

서신작성자가 서신의 사본이 제3자에게 송부되었다는 것을 알릴 필요가 있을 경우에는 'C.C.:Mr. Robert Brown' 등과 같이 표기하면 그 내용이 Mr. Brown에게도 사본으로 송부되었음을 알리게 된다.

⑭ Postscript(추신)

본문에 누락된 내용이나 특히 강조할 사항을 추가로 명시할 때 사용한다.

Q 285 무역서신의 배열방식은?

무역서신의 배열방식에는 Blocked Style, Indented Style, Mixed Style 등이 있다.

Q 286 Blocked Style이란?

Date, Reference No., Letter Subject, Complimentary Close, Signature 부분을 제외한 무역서신의 모든 부분을 왼쪽 여백선에 수직으로 배치하며, Salutation, Body of Letter 및 Complimentary Close에만 구두점을 찍지 않고 개방하는 Open Punctuation을 사용하는 것이 일반적이다.

Blocked Style은 주로 미국계의 진취적인 회사에서 사용한다.

Block Form with Open Punctuation

NATIONAL INDUSTRIES, INC.
3800 East Elm Street
Des Moines, Iowa 50328

Mr. Henry J. Foster:
240 Wells Boulevard
Madison 5, Wisconsin *May 20, 20*

Dear Mr. Foster

This letter illustrates the block form with open punctuation.

Every line begins at the left margin, and no punctuation is used at the end of any line in the heading, the inside address, the salutation, or the complimentary close. Typists find this style a great convenience.

Many modern businessmen favor the streamlined appearance of such letters, although others hesitate to use a style that represents such a radical departure from the forms to which they have been accustomed.

Sincerely,

Morton Weller, Manager
Credit Department

MW:MB
Enclosures 2
C.C.: Mr. Terry Bell

Q 287 Indented Style이란?

Inside Address, Signature의 각 행과 Body의 각 Paragraph의 제1행을 윗줄보다 오른쪽으로 약 5 Space 이상 간격을 두고 시작하며, 대개 구두점을 찍는 Closed Punctuation을 사용한다. Indented Style은 주로 영국계의 보수적인 회사에서 사용한다.

Q 288 Mixed Style이란?

Mixed Style은 Semiblocked Form이라고도 하며 Body의 각 Paragraph의 제1행을 약 5 Space 이상의 간격을 두고 시작하는 것 이외에는 Blocked Style과 동일하다.

Indented Form with Closed Punctuation

WEST COST TIRE & BATTERY
458 W. Wells Street
Los Angeles, California

April 5, 20

Mr. K. S. Lee, Director,
Korea Mulsan Co., Ltd.,
C.P.O. Box 1983,
Seoul, Korea.

Dear Mr. Lee:

This letter illustrates the indented form with closed punctuation.

Before the typewriter came into common use for business correspondence, this form was widely employed. Many conservative organizations still use the indented form, but it now strikes the reader as oldfashioned.

Each line of the address is indented five spaces more than the preceding line. The beginning of each paragraph is indented five or ten spaces.

The complimentary close begins a few spaces to the right of the center of the page. Each line of the signature is indented three spaces from the beginning of the complimentary close. Closed punctuation is used in the address but not in the date and the signature.

Yours truly,

Larry Frank
Customer Service Dept.

Mixed Form with Open Punctuation

BELLINGHAM FURNITURE CO.
3947 N. Street N. W.
Washington, D.C. 20012

November 14, 20

Credit Department
General Range, Inc.
302 Trimble Street
Lansing, Michigan 49821

Attention: Mr. Samuels

Gentlemen:

The semiblocked form is the same as the blocked except that the paragraphs are indented five or more spaces.

This model letter illustrates other features common to many letters.

The attention line here is at the left margin, two lines below the inside address, and underlined. It need not be underlined, and in semiblocked form it could be indented with the paragraphs. It could also have been centered and typed in all capital letters without underscoring. If you wanted Mr. Samuel's name in the salutation, you would type his first name (or two initials) and his surname above Credit Department. Then you would omit the attention line and use "Dear Mr. Samuels" in the salutation.

An enclosure notation is usually abbreviated "Encl." and the specific item may be indicated – "Check."

Very truly yours,

William Hemphill
Purchasing Agent

WH:hb
Encl. – Check

자주 쓰는 틀에 박힌 무역영어

Q 289 '~을 통해서 귀사를 알았습니다'의 영작은?

Your name has been [given / recommended / supplied] to us by~.

We have got your name [through / from] ~.

Q 290 '~을 오퍼하다'의 영작은?

We [offer / are pleased to offer / would like to offer / wish to offer] you [that / of~ / as follows]

We [take / have] [pleasure in offering / the pleasure to offer] you the under-mentioning article(s) and details described as follows.
the following goods on the terms and conditions as stated below.

It takes [much / great] pleasure in offering you as follows.

Q 291 '~을 통지해주십시오'의 영작은?

Please inform / Would you please inform / We hope you will inform + us + that / of + ~.

Please inform	us	that	~.
Would you please inform		of	
We hope you will inform			

Q 292 '~을 해주시면 감사하겠습니다'의 영작은?

We	would	appreciate	it (very much) if you could ~.
	should	feel grateful	
		be obliged	

It would be (highly) appreciated if you could ~.

Q 293 '~을 유감스럽게 생각하다'의 영작은?

We ┌ are (very) sorry to inform ┐ you ┌ that ┐ ~.
   └ regret to inform   ┘   └ of   ┘

It is regrettable that ~.

To our regret, we inform you that ~.

Q 294 '~의 서한을 잘 받았습니다'의 영작은?

Thank you (very much) for your letter of April 1, informing us that~.

We have received your letter of April 1, Concerning~.

Q 295 '귀사의 서한에 답하여'의 영작은?

In reference / In response to your letter of April 1, We inform you that~.

- In reference
- In response

Q 296 '귀사의 서한에 이어서'의 영작은?

- Further to your letter of~,
- Referring to your letter dated~,

Q 297 '귀하의 요구에 따라'의 영작은?

- As requested,
- As instructed,
- At your request,

According to your request,
In compliance with your request,

Q 298 '~을 동봉하다'의 영작은?

We enclose / are enclosing / are sending / are attaching you~,

- We enclose you~,
- We are enclosing you~,
- We are sending you~,
- We are attaching you~,

Q 299 '~을 확신하다'의 영작은?

- We trust that ~.
- We assure that ~.
- We are sure that ~.
- We promise that ~.

Q 300 '조속한 회신을 기다리다'의 영작은?

We [look forward to receiving / are looking forward to / would appreciate / are waiting / are waiting for] your early reply.

You [early / prompt / immediate] reply would be (highly) appreciated (by us).

중앙경제평론사 Joongang Economy Publishing Co.
중앙생활사 | 중앙에듀북스 Joongang Life Publishing Co./Joongang Edubooks Publishing Co.

중앙경제평론사는 오늘보다 나은 내일을 창조한다는 신념 아래 설립된 경제 · 경영서 전문 출판사로서
성공을 꿈꾸는 직장인, 경영인에게 전문지식과 자기계발의 지혜를 주는 책을 발간하고 있습니다.

달인에게 배우는 **무역실무 300문 300답**

초판 1쇄 인쇄 | 2020년 2월 20일
초판 1쇄 발행 | 2020년 2월 25일

지은이 | 오시학(SiHak Oh)
펴낸이 | 최점옥(JeomOg Choi)
펴낸곳 | 중앙경제평론사(Joongang Economy Publishing Co.)

대　　표 | 김용주
책임편집 | 이상희
본문디자인 | 박근영

출력 | 삼신문화　종이 | 한솔PNS　인쇄 | 삼신문화　제본 | 은정제책사

잘못된 책은 구입한 서점에서 교환해드립니다.
가격은 표지 뒷면에 있습니다.

ISBN 978-89-6054-243-3(03320)

등록 | 1991년 4월 10일 제2-1153호
주소 | ㉾ 04590 서울시 중구 다산로20길 5(신당4동 340-128) 중앙빌딩
전화 | (02)2253-4463(代)　팩스 | (02)2253-7988
홈페이지 | www.japub.co.kr　블로그 | http://blog.naver.com/japub
페이스북 | https://www.facebook.com/japub.co.kr　이메일 | japub@naver.com
♣ 중앙경제평론사는 중앙생활사 · 중앙에듀북스와 자매회사입니다.

※ 이 책은《실전 무역교실 300문 300답》을 독자들의 요구에 맞춰 새롭게 출간하였습니다.

※ 이 도서의 국립중앙도서관 출판시도서목록(CIP)은 서지정보유통지원시스템 홈페이지(http://seoji.nl.go.kr)와
국가자료공동목록시스템(http://www.nl.go.kr/kolisnet)에서 이용하실 수 있습니다.(CIP제어번호:CIP2020003771)